全図解

世界最強部隊

アメリカ海軍SEALの

サバイバル・マニュアル

元SEAL隊員
クリント・エマーソン

小林朋子［訳］

三笠書房

はじめに――

あらゆる危機に備える〝究極〟の方法！

人間の運命を決めるのは、己を駆り立てて生き続ける覚悟がどれくらいできているか――それは生き残るために下す決断だ。耐え抜き、生き延びるためには、手段を選んではならない。

ベア・グリルス（冒険家）

これから紹介するスキルが「究極」と呼ばれるのには理由がある。高度な訓練を受けたシークレット・エージェント（秘密工作員）が、命がけの状況に直面する中で開発したこれらのスキルは、人間の忍耐力、緻密さ、そして創造力の限界を押し広げるものだからだ。それはたびたび、法律の境界線を超えることもある。

皆さんが手にしているこの本には、アメリカ海軍の特殊部隊である「ＳＥＡＬ《シール》」の元隊員である私が、特殊作戦の世界を参考にして編み出した実用的な情報が掲載されている。自衛の精神に満ちた皆さんと共有する情報の大半は、切迫した緊急事態に限ってのみ利用するものだ。

予期せぬ危険に遭遇したら、多くの場合、逃げるのが最も安全な選択である。銃で撃たれそうな場面に直面したら（188ページ参照）、最初の選択肢は走って逃げることであり、戦うのは最後の手段だ。強盗に貴金属を奪われそうになったら、潔く手渡そう。世界の終わりが本当にやってきたら……まあ、そうなれば打つ手はないのだが。

本書に述べられている情報を利用した結果、生じたと考えられる損傷については、利用法が適切であったか否かにかかわらず、著者と出版社は一切の責任を負わない。

本書の狙いは、究極のスキルを持つ一般市民の養成ではなく、絶体絶命の緊急事態で役立つかもしれない知識体系を、娯楽的要素を交えつつ提供することだ。

精神面で究極たれ。だが、決して興味本位で行動に移してはならない。他者の人権を尊重し、自国の法律を遵守し、悪用することのないよう切にお願いする。

元SEAL隊員　クリント・エマーソン

もくじ

PART 2 敵の領域に侵入する

PART 3 拠点・移動手段・武器を確保する

即席の武器をつくる

PART 4 追跡する／追跡から逃れる

PART 5 忍び込む

錠前をこじ開ける

鍵の複製をつくる

PART 6 情報を収集する

PART 7

敵を無力化する・防御する

PART 8 痕跡を消す

PART 9 絶体絶命のピンチを脱する

誘拐から逃れる

※本文に記載された製品や材料等はアメリカで流通するものであり、その一部は日本では入手困難、あるいは入手を法律で禁じられています。

編集協力：リリーフ・システムズ
イラスト：Ted Slampyak

PART 1
MISSION PREP

ミッションの
準備をする

001 「自己防衛」の基本を知る

本書で紹介するスキルの大半には、自己防衛のテクニックが含まれている。

だが一般市民である皆さんは、自己防衛の具体的なテクニック以上に、「シークレット・エージェントの心構え」とも言うべきものを学べるはずだ。いかに自覚し認識するかが、何よりも大切なのである。

エージェントは、自分の本拠地にいても、潜入捜査中でも、はたまた勤務時間外であっても、ごく当たり前の風景を見まわしながら、たえず脅威に目を光らせている。

一般の人々でも、訓練すれば、「混み合うレストランや建物の中で、万が一何かが起きた場合のために、逃げ道となりそうな出口を探しておく」といった習慣を身につけることは可能だ。

この種の警戒心があるからこそ、エージェントはいきなり危険な目にあっても、すぐに行動に移ることができる。

国境を越えている最中でも、偵察中でも、あるいは危険なターゲットを抹殺して忽然《こつぜん》と姿を消そうとしているときでも、エージェントはほとんどの場合、単独で行動する。味方の援護なしに敵陣に潜入することが多い中で、戦闘技術や諜報活動の技術を駆使するには、リスクを見極めて分析するという高度な能力が必要となってくる。

世界情勢はますます物騒になっている。限定するわけではないが、特に旅行中は気をつける必要があるだろう。そして何かが起こったとき、すぐに危険に反応できる者が、何の準備もできていないその他大勢より一歩も二歩も先んじることになるのだ。

どの国においても、平凡で目立たないように行動するのが基本である。

エージェントは、仲間との通信手段が限られた中で長期間「姿を消して」行動する訓練を受けている。目立たないように活動しているあいだは、学生やビジネスマン、あるいは旅行者になりすますこともある。

テロリスト集団や潜入先の政府が、移動中のエージェントを狙っている可能性もある。もし

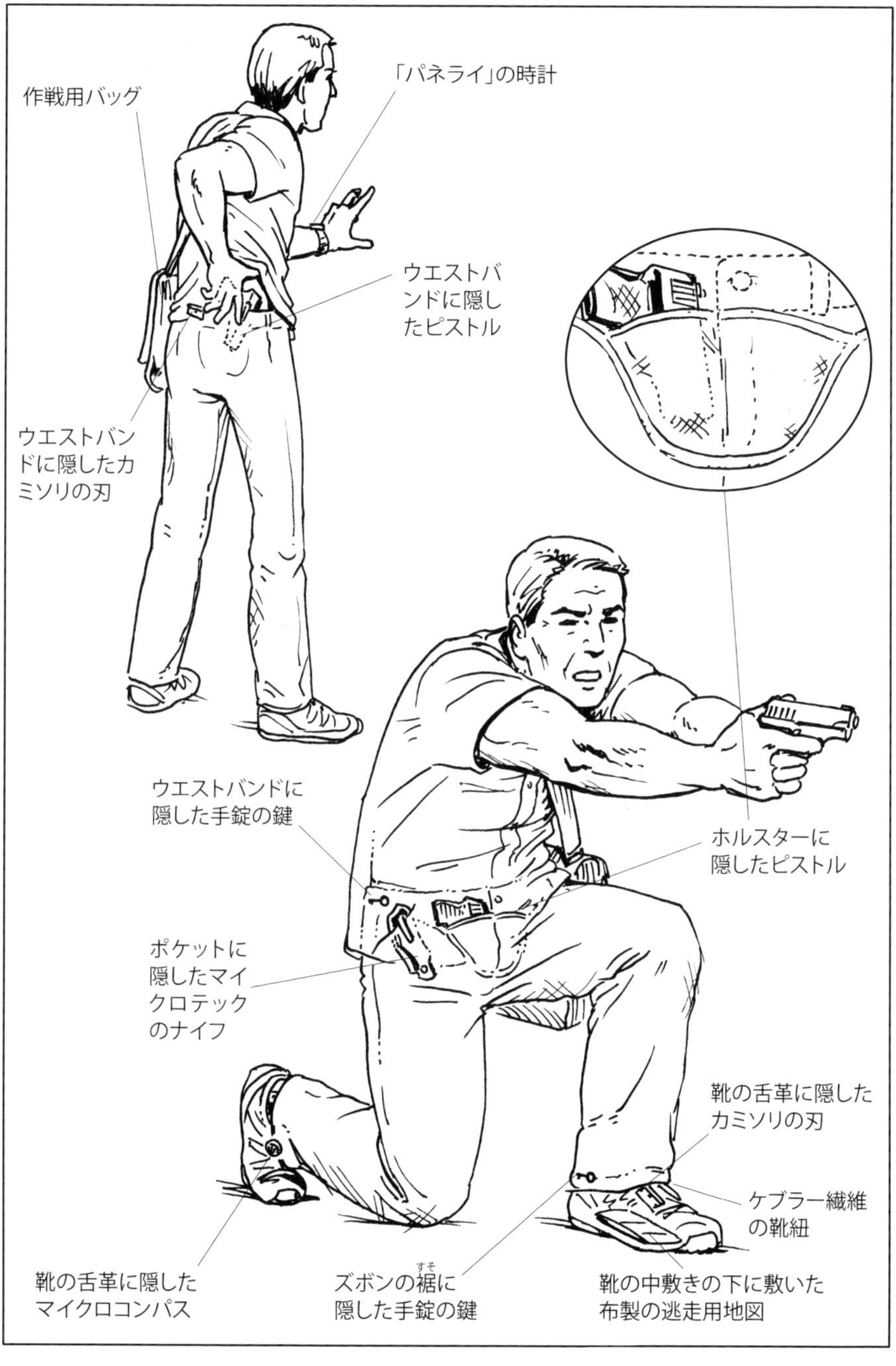

作戦用バッグ
「パネライ」の時計
ウエストバンドに隠したピストル
ウエストバンドに隠したカミソリの刃
ウエストバンドに隠した手錠の鍵
ホルスターに隠したピストル
ポケットに隠したマイクロテックのナイフ
靴の舌革に隠したカミソリの刃
ケブラー繊維の靴紐
靴の舌革に隠したマイクロコンパス
ズボンの裾《すそ》に隠した手錠の鍵
靴の中敷きの下に敷いた布製の逃走用地図

正体がばれて捕まれば、身柄を拘束されて厳しい尋問を受けることは自明だ。また、旅行者として行動していても、一般の旅行者と同様、犯罪に巻き込まれたり誘拐《ゆうかい》されたりする危険も少なくない。

そうしたリスクを避けるため、なるべく周囲に溶け込むよう外見をよそおう。「目立たなければ目立たないほど安全である」というのがエージェントの原則だ。

彼らの任務は、極秘であることが第一義だ。そのため、あらゆる手段で周囲の環境に完全に溶け込もうとする。変装工作が完璧であれば、潜入先の警察や保安機関はもちろんのこと、目に見えぬ敵からも気づかれずに作戦を遂行できる。

存在を目立たせないこと以上に重要なこともある。それは、自分たちの衣服や所持品に、作戦の遂行や脱出に必要な装備を隠すことだ。例えば、ズボンのウエストバンドや折り返し、靴の舌革の部分は、手錠の鍵やカミソリの刃を隠すのに理想的な場所である。

「パネライ」（イタリアの高級時計ブランド）などエージェントが好んで使うブランド品は、耐久性があって性能が高いうえに、デザインも一般受けして目立たない。靴は、紐が「デュポン」のケブラー繊維製で、つま先の隠れるものを選ぶ。これなら、いつでも戦ったり走ったりできる。

衣服には武器を隠し持ち、至るところに脱出道具も仕込んでおく。非喫煙者でも、ライターとタバコは常に携帯する。脱出の道具として使えるし、目くらましや陽動作戦で役立つかもしれないからだ（96、176、178ページ参照）。LED懐中電灯は、暗闇を照らしたり助けを求めたりするのに欠かせない。

こうした装備品の一式は、必ずしも映画好きが期待するかっこいいものではない。密かに武器を携帯したまま、あるいは「ハイテク」のスパイ装置を手荷物に隠し持ったままでは、そもそも民間航空機に搭乗できないのだ。

そこでエージェントが好んで使うのは、いわゆる即席に頼る「ノーテク」または「ローテク」

の手段である。小説や映画の世界では、ありとあらゆるピカピカで複雑な装置が登場するが、現実の世界では、ハイテクなおもちゃを持っているだけでも逮捕されてしまうかもしれない。

そのため彼らは、任務の障害となる事態に直面したときは、現地で簡単に入手できる道具やテクノロジーを使い、即席の対応手段を編み出して危険を切り抜ける。

例をひとつ挙げよう。

ほとんどのホテルでは、部屋のベッド脇の引き出しに聖書かコーランが1冊入っている。これを2冊、テープで固定すれば、即席の防弾チョッキがつくれる。弾丸に対する防御力は、これで十分だ（30ページ参照）。

通信手段にまでローテクでの対応が要求されることはまずないが、サイバーセキュリティーには注意が必要だ。

インターネットを使った通信は基本的に安全ではないことを肝《きも》に銘《めい》じ、どんな犠牲を払ってもネット上に痕跡を残さないようにする。Wi-Fiに接続できる第三者に、預金口座や家族・友人の居場所が無防備にさらされ、悪用される時代だ。用心しすぎるということはない。

もしも…に備えるアクション！

旅行中は特に、「存在を消すテクニック」を取り入れよう。衣服やアクセサリーは、実用的で目立たないものを選ぶとよい。政情の安定しない都市で何か起こったとき、鮮やかな色や目を引くロゴをまとった人は、ライフルの照準器が狙う格好の標的となるからだ。

002 「携帯常備セット」を揃える

一般の人々は、緊急時の備えを準備するとき、生存のために食料と水の調達を優先し、それらを自宅の物置や貯蔵庫に保管しておくだろう。当然、そこに武器や脱出道具は含まれていない。

だが、本当の意味での備えとは、現代社会における暴力行為の知識を持ち、それに立ち向かうことだ。

秘密工作員であるシークレット・エージェントは、最大3種類の携帯常備セットを持ち歩く。すなわち、「ポケット・キット」「サングラスケース・キット」「作戦用バッグ」だ。

それぞれのセットは、彼らの任務を支え、危機回避に役立つようにデザインされている。予測できないあらゆる脅威、自然災害、テロ攻撃に遭遇したときなどにも、この携帯常備セットは頼りになるだろう。

危険地域を旅するときは、身の安全を図り、生き延びるためのアイテムを何種類も用意して、上着や衣類のあちこちにまんべんなく隠す。こうしておけば、メインの武器が奪われても、敵の知らない複数の選択肢が最後の手段として残る可能性が高い。

特に脱出道具は、この方法であちこちに分散させるべきだ。そうすれば、拘束された場合にも、まだ使える道具が残ることになる。

「ポケット・キット」は必ず携帯する最も大切な常備品であり、絶対に必要な武器、脱出用と危険回避の装備、そして「ヤミ」の携帯電話がセットになっている。ヤミの携帯電話とは、裏社会で使われている使い捨ての電話番号アプリと似たタイプのものだ。

これらのアイテムは、1カ所にまとめてしまうよりも、衣類のあちこちに分散させて持つとよいだろう。

ピストルはウエストバンドにつけたホルスターに隠し持つ（162ページ参照）。これがいちばん簡単に引き出せる方法だからだ。

緊急連絡装置も欠かせないが、そのほかの装備は任地の環境条件によって変わってくる。ステンレス製の「ゼブラ」のペンは、救助を求めるメモを書くのに使えるし、攻撃者を刺す武器にもなる。

1　ポケット・キット

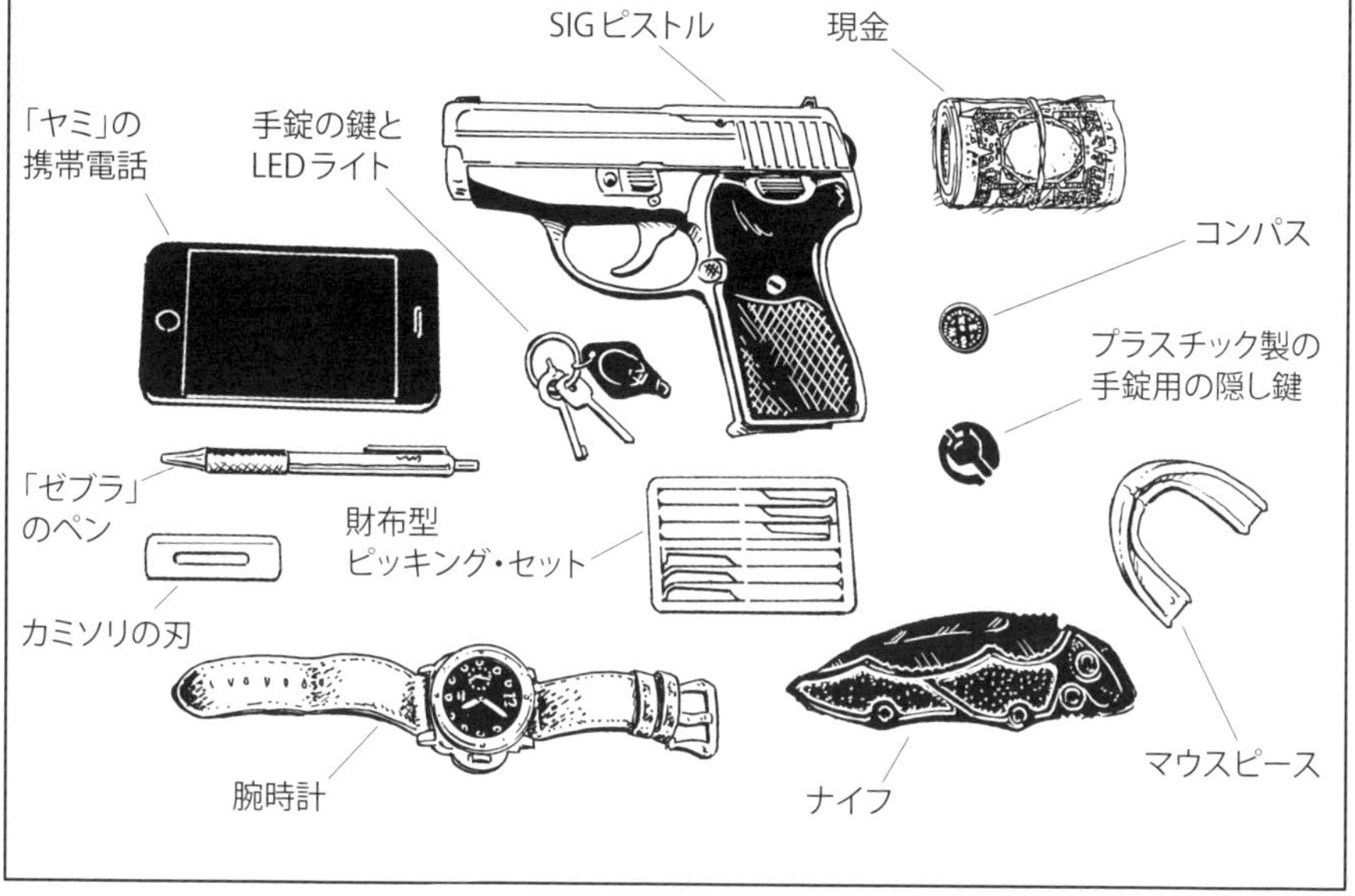

2　サングラスケース・キット

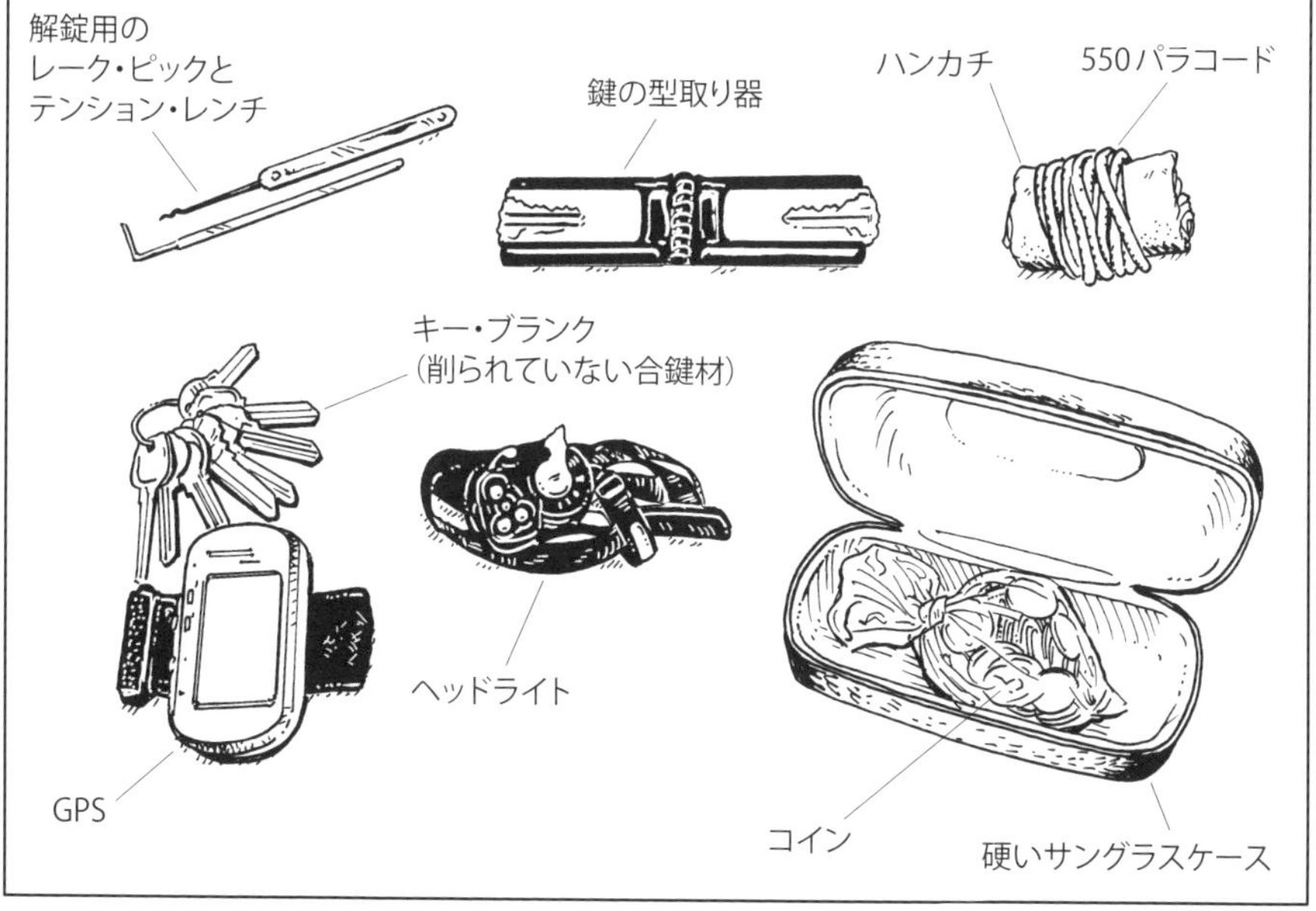

誘拐されたり拘束された場合のために、手錠の鍵とLEDライトを、車の鍵やホテルの鍵といっしょにしてカムフラージュしておくと、いざというときに命拾いできるかもしれない。

衣類のポケットが検査される場合を想定し、予備の手錠の鍵をシャツのカフスやファスナーのつまみに隠しておくとよい。マウスピースを携帯するエージェントもいるが、これは素手で戦うときに非常に役立つ。

「サングラスケース・キット」は、たいていはジャケットなどに入れておく。これは、メインの武器や作戦用バッグが奪われた場合の予備のキットだが、中身はかなり充実している。

基本は小さな即席の武器（ハンカチで固く包んだコイン）やナビゲーション補助器具（ヘッドライトと携帯用GPS装置）である。ただし、中身は使用場所によって異なる。

ピッキング用具――つまり錠前破りのツールもあるとよい。これは情報や食料を手に入れたり、隠れ家を確保したりするのに重宝する。

キー・ブランク（合鍵材）のセットは、不法侵入する場面で役に立つ。サングラスケースは硬くて丈夫なうえに目立たないので、このキットの容器としてまさにおあつらえ向きだ。

最後に「作戦用バッグ」を準備すれば完璧である。これは、攻撃や監視の目から逃れることを想定した装備だ。

折り畳める空のバックパックと着替えは必須である。着替えは、自分が今着ている服とは反対色のものを必ず用意する。靴も例外ではない。もし今スニーカーを履いているなら、ゴム製のサンダルを入れておく。

作戦用バッグの隠しポケットには、極秘データの入ったUSBメモリやSDカードのような記憶装置を保管できる。

強度の高い合成樹脂であるケブラー繊維製のクリップボードは、一見ただの板だが、即席の防弾盾としても使える。現金の束は、一定期間潜伏する場合に必要になってくる。

3 作戦用バッグ（男性用）

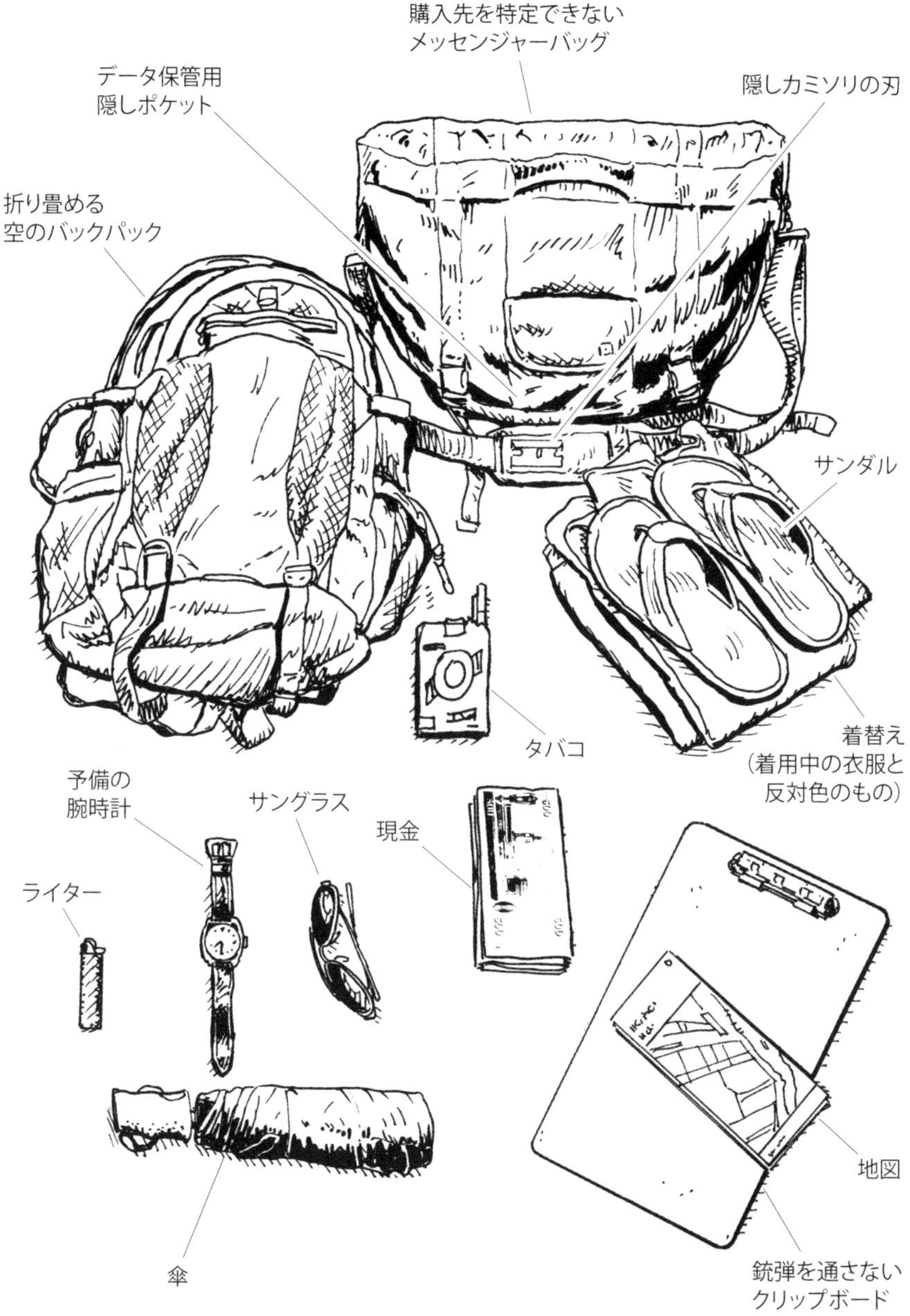
購入先を特定できない
メッセンジャーバッグ
データ保管用
隠しポケット
隠しカミソリの刃
折り畳める
空のバックパック
サンダル
タバコ
着替え
（着用中の衣服と
反対色のもの）
予備の
腕時計
サングラス
現金
ライター
地図
傘
銃弾を通さない
クリップボード

003
「逃走用バッグ」を準備する

エージェントには、基地に戻って食料や銃弾を補給する余裕などない。

それゆえ、彼らが作戦地域で自由に動き回り、成果を挙げられるかどうかは、ひとえに準備にかかっている。「準備をする」ということはすなわち、常に最悪の事態を想定するということだ。

国外で任務を遂行するとき、最優先でやらなければならない作業のひとつが、「逃走用バッグ」の用意である。このバッグが、非常時に重要な命綱となる。

逃走用バッグには、自分が存在を消さなければならなくなったときに必要な物がすべて入っている。これがあれば、任務を再開するか、脱出するための手配が整うまで、姿を隠すことができるのだ。

逃走用バッグには通常、1～2日分の生活物資として、水と食料、現金、緊急医薬品、ナビゲーション補助器具、そしてヤミの携帯電話がセットされている。このヤミ携帯電話の仕組みは、先述したように、犯罪者の世界では「バーナー（Burner）」の名で知られる使い捨て電話番号アプリとタイプが似ている。

逃走用バッグは、作戦用車両のセンターコンソール（前部の座席と座席のあいだ）や座席の下など、運転席から簡単に手が届く場所に隠しておく必要がある。仮に敵の車と衝突して車が横転した場合でも、手が届く場所である。

その名が示すとおり、逃走用バッグは軽々と持ち運べるものでなければならない。したがって、缶詰や重い日用品のような、持ち運びに不便な物は入れてはいけない。

もしも…に備えるアクション！

日常生活において、逃走用バッグは災害時の「非常用持ち出し袋」として利用できる。自然災害に備えるだけでなく、都市災害やテロの脅威に対しても有用である。

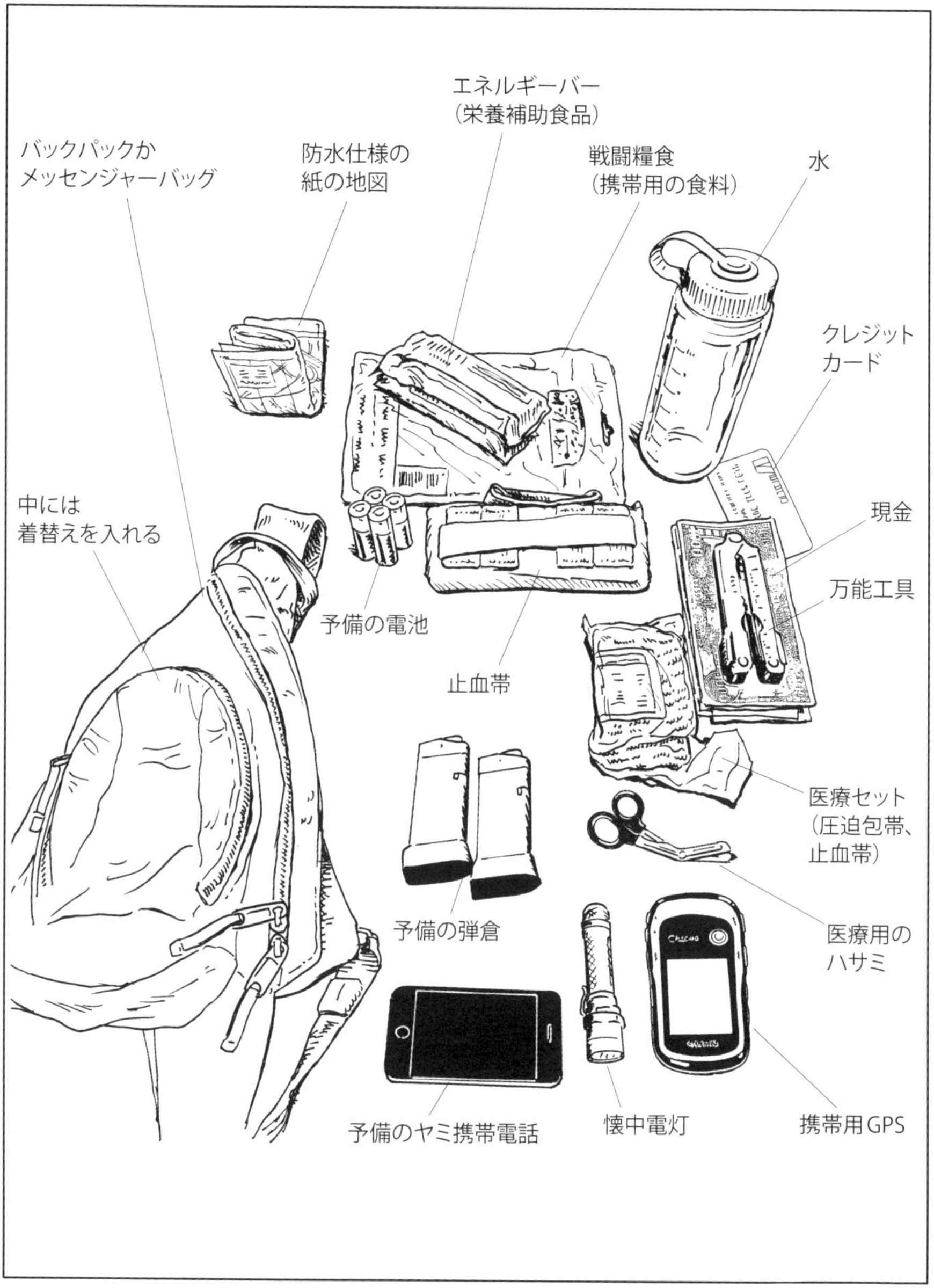
エネルギーバー
（栄養補助食品）
バックパックか
メッセンジャーバッグ
防水仕様の
紙の地図
戦闘糧食
（携帯用の食料）
水
クレジット
カード
中には
着替えを入れる
現金
万能工具
予備の電池
止血帯
医療セット
（圧迫包帯、
止血帯）
予備の弾倉
医療用の
ハサミ
予備のヤミ携帯電話
懐中電灯
携帯用GPS

004
即席の「隠しコンパス」をつくる

極秘任務時に役立つのは、隠しやすく頼りになる「代用品」であることが多い。コンパスが必要な場合は、１組のマグネットさえあれば、それで十分事足りる。

エージェントは、敵に捕まってＧＰＳ装置を没収されることもあれば、活動中に携帯用ＧＰＳシステムを使うことで人目を引いてしまうこともある。

そんなとき即席の隠しコンパスがあれば、たとえどんな辺境地にいようとも、常に効率よく移動することができる。

先進国ならアウトドアショップでマイクロコンパスを買えるだろうが、世界中どこでも入手できるわけではない。これに対して即席コンパスは、どこでも手に入る材料を使って簡単につくることができる。

即席コンパスは、レアアース・マグネット（希土類磁石）の力を利用して機能する。基本的なメカニズムは、普通のコンパスとまったく同じである。

２つのマグネット棒で適当な長さのケブラー繊維の糸を挟《はさ》んでぶら下げると、それが地球磁場と波長が合ったときに「自然のコンパス」になる。つまり一方が南を、もう一方が北を指すのである。

レアアース・マグネットを購入すると疑いを持たれる可能性があるので、あまり不審に思われない商品を探すのが望ましい。例えば冷蔵庫用やホワイトボード用のマグネット、あるいはハンドバッグのマグネット式留め具などで、必ず対になっているものを選ぶ。

付け焼き刃でつくった道具が不正確だと、脱出の途中で窮地《きゅうち》に追い込まれることになる。そんなことがないように、どんな簡易道具でも徹底的に試用してみる必要がある。

もしも…に備えるアクション！

磁気を帯びた針をコルクに突き通して水に浮かべても、同様にコンパスの効果が得られることがある。

1 即席のコンパスは市販のコンパス製品よりも目立たないうえに、普通の道具を使って簡単につくれる

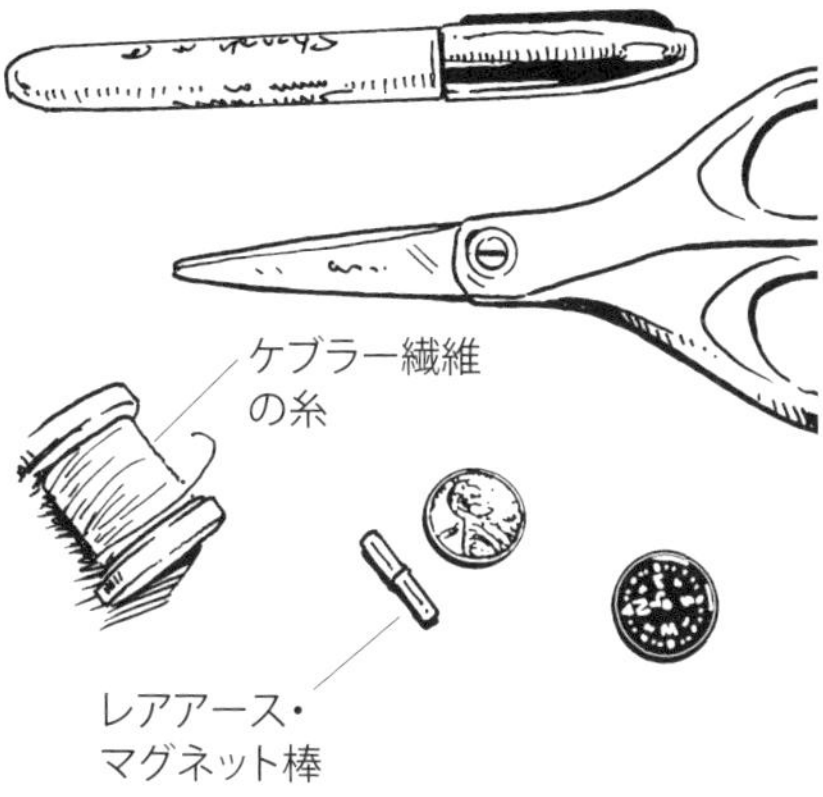

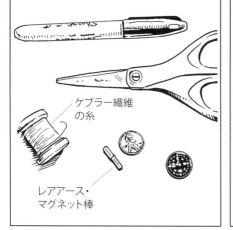

2 ケブラー繊維の糸を6インチ（約15センチ）以上の長さに切る。2つのレアアース・マグネット棒で糸をしっかりと挟み込む

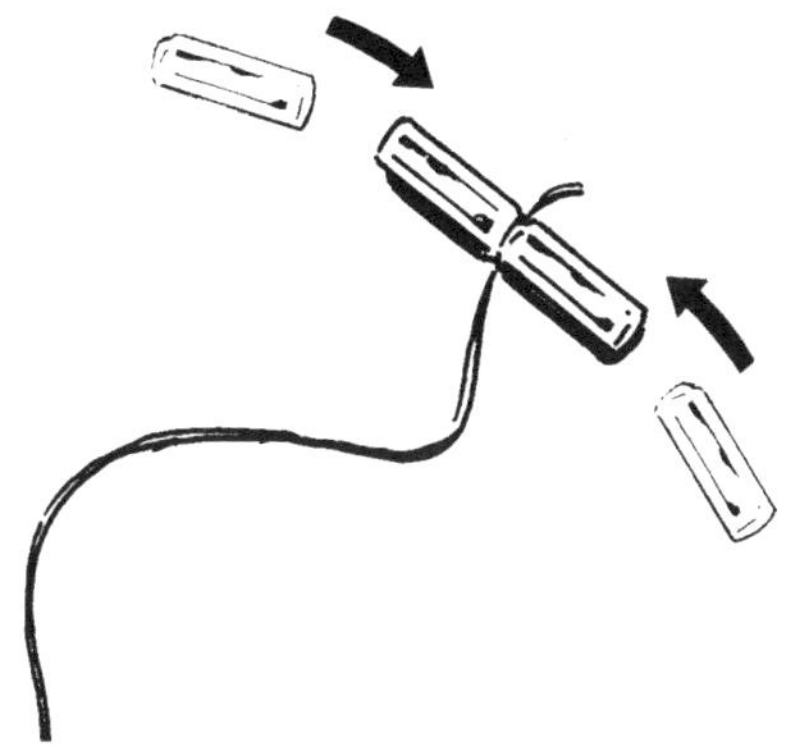

3 マグネットをぶら下げる。コンパスを使って、どちらの棒先が北を指すか確認する。北を指すほうの棒にマーカーで印をつける

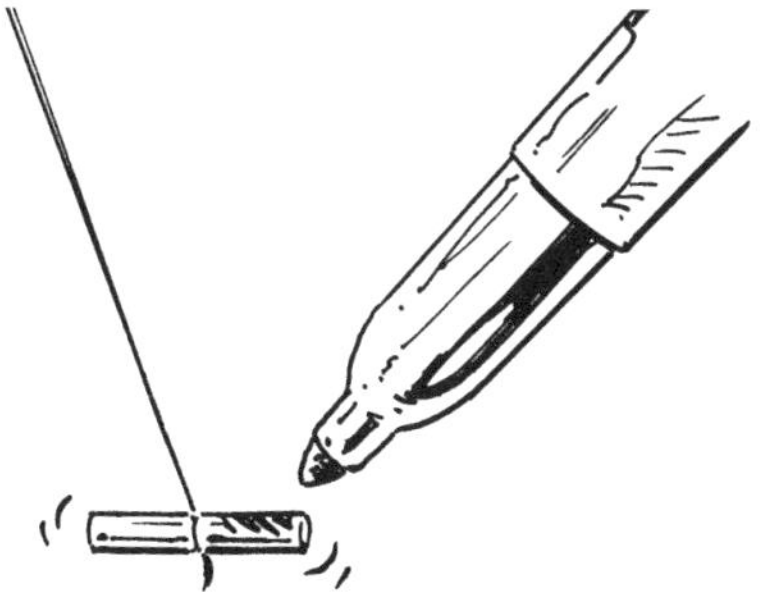

4 でき上がったコンパスはズボンの裾《すそ》に縫い込めるほど小さいので、さまざまな場所に隠すことができる

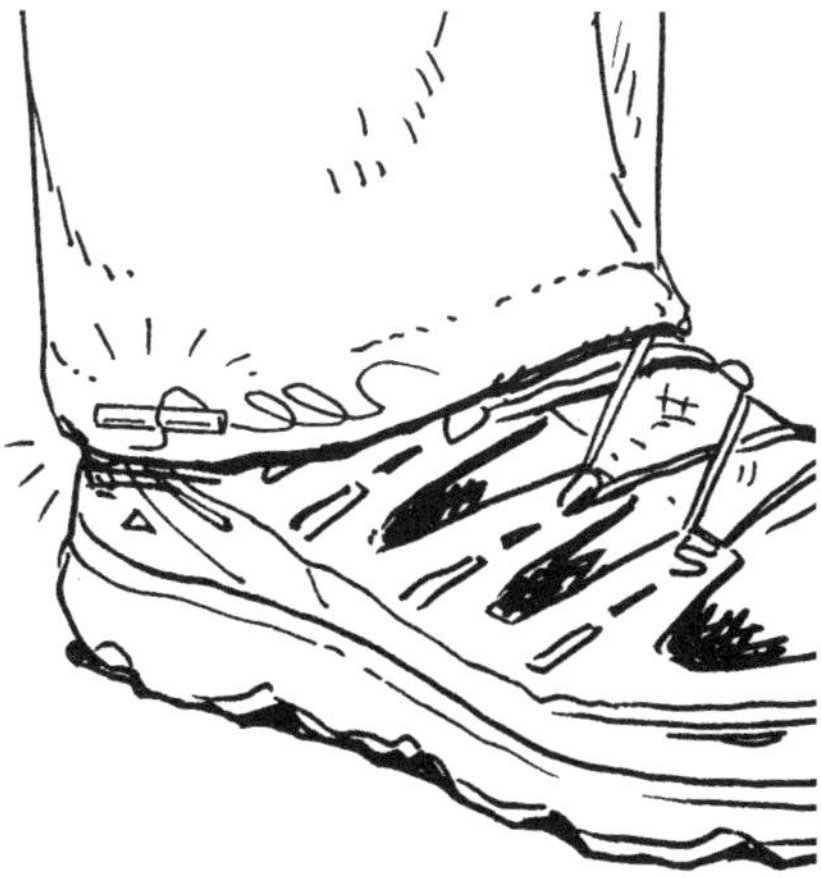

005
即席の「隠しホルスター」をつくる

エージェントは作戦地域で武器を調達するための闇ルートに精通している。

ピストルなどの武器弾薬は、国境を越えて輸送できないし、「隠しホルスター」のような特殊な装備も、こっそり持ち込もうとすれば、税関で足止めを食うのは目に見えている。

目立たずに移動するためには、身軽でなければならない。ゆえに、任務に必要な道具は現地調達が基本である。持ち物を最小限に抑えるのは難しいが、そのために不利な状況に追い込まれることはない。

市販のホルスターは隠し持つのが難しい。硬くてかさばり、銃を引き抜くのも手間がかかる。すばやく引き抜けないピストルなど、無用の長物だ。それゆえ、ホルスターの選択はとても重要になる。

ここで紹介する即席のホルスターは、ワイヤーハンガーと粘着テープだけでつくれる。腰につけてもまったくかさばらないし、すばやく確実に銃を引き抜くことができる。

1 必要な材料と道具を手に入れる

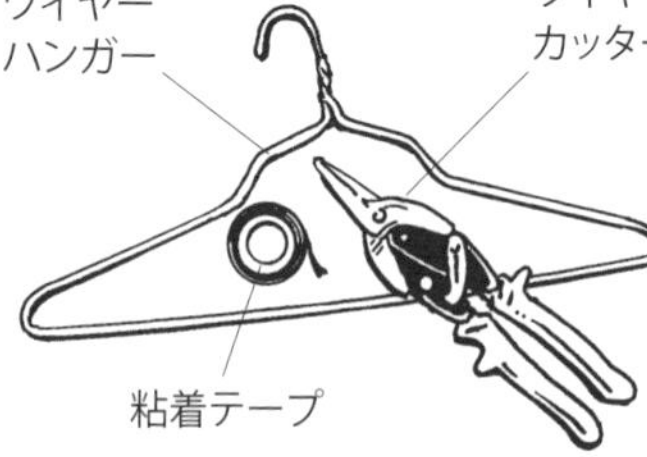

2 フック（つり下げ）の部分を切って取り除く

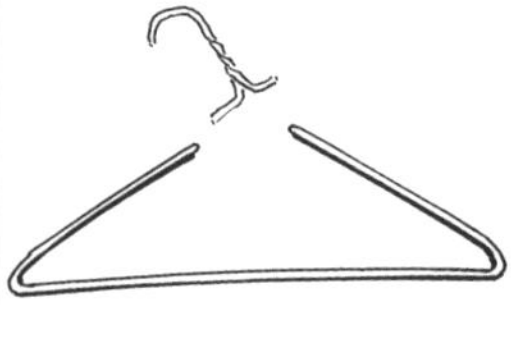

3 ワイヤーの残りの部分をまっすぐに伸ばして半分に折る

4 折った先の部分を1インチ（約2.5センチ）折り曲げる

5 最初に折った部分からさらに2インチ（約5センチ）のところで反対側に折り、S字型にする

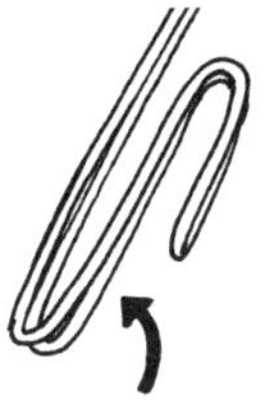

6 ピストルの長さを測り、銃身を引っかける部分で折る位置を決める

7 銃身を引っかける部分を折ってフックにする

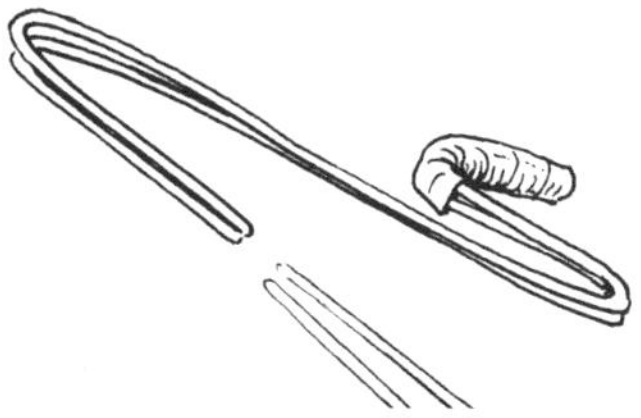

フックの長さは2〜3インチ（約5〜7.5センチ）にして、残りの不要な部分は切って取り除く。使いやすいように、先端にテープを巻く

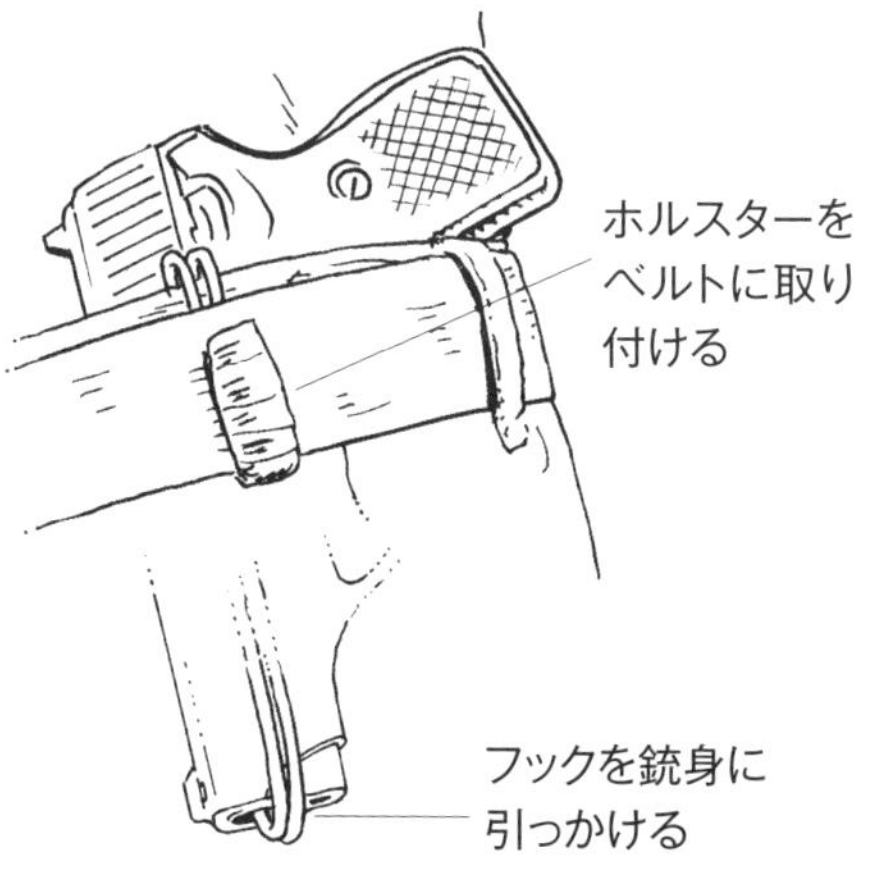

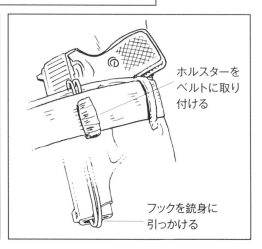

ホルスターをベルトに取り付ける
フックを銃身に引っかける

006 脱出道具を隠す

一般の旅行者でも、外国に行けば、身柄を拘束されたり、誘拐されたり、人質になる可能性がある。自国政府による救済が望めないエージェントにとって、それは特に深刻な問題だ。

もし捕まれば、武器を隠し持っていないか、すぐに身体検査されるだろう。この時点で、所持品の大半は敵に没収される。

脱出道具を衣服に隠していれば、しばらくは発見されずにすむかもしれない。だが、捕虜でいる時間が長引けば、結局は衣服を全部脱がされることになるだろう。そんなときに頼れるのは、自分の体の表面や内部に隠した脱出道具だけとなる。

組織の応援が得られない以上、自力で脱出する術《すべ》を整えておくことは、すべての作戦計画において最も重要な要素となる。

血のにじんだ絆創膏は、誰でも嫌なものだ。ということは、敵も膿《うみ》やただれや傷跡を、そう念入りには調べないだろう。

そこでエージェントは、特殊な脱出道具を体の表面に貼り付け、その上から医療用接着剤を使って人工の傷跡で覆う。

敵は身体検査の際に、衣服の上から触ったり、体の隅から隅まで徹底的に調べるだろう。しかし彼らとて、下半身を検査するのは気が進まないものだ。エージェントは相手のこういった気持ちにうまく付け込み、陰毛や脇毛に脱出道具を隠す。

体内に隠す場合は、精巧なつくりの座薬型容器を使用する。これは、直腸や鼻孔、耳、口、へそに隠すことができる。男性なら陰茎（尿道や包皮）、女性なら膣に隠すことも可能だ。コンドームをつけるのと同じくらい簡単で、ほとんど違和感がない。

〈注意〉

こうした敵の弱みに付け込む方法は、そこそこの相手には通用するが、もっとセキュリティーレベルの高い場所に移送されると、そうもいかなくなってくる。

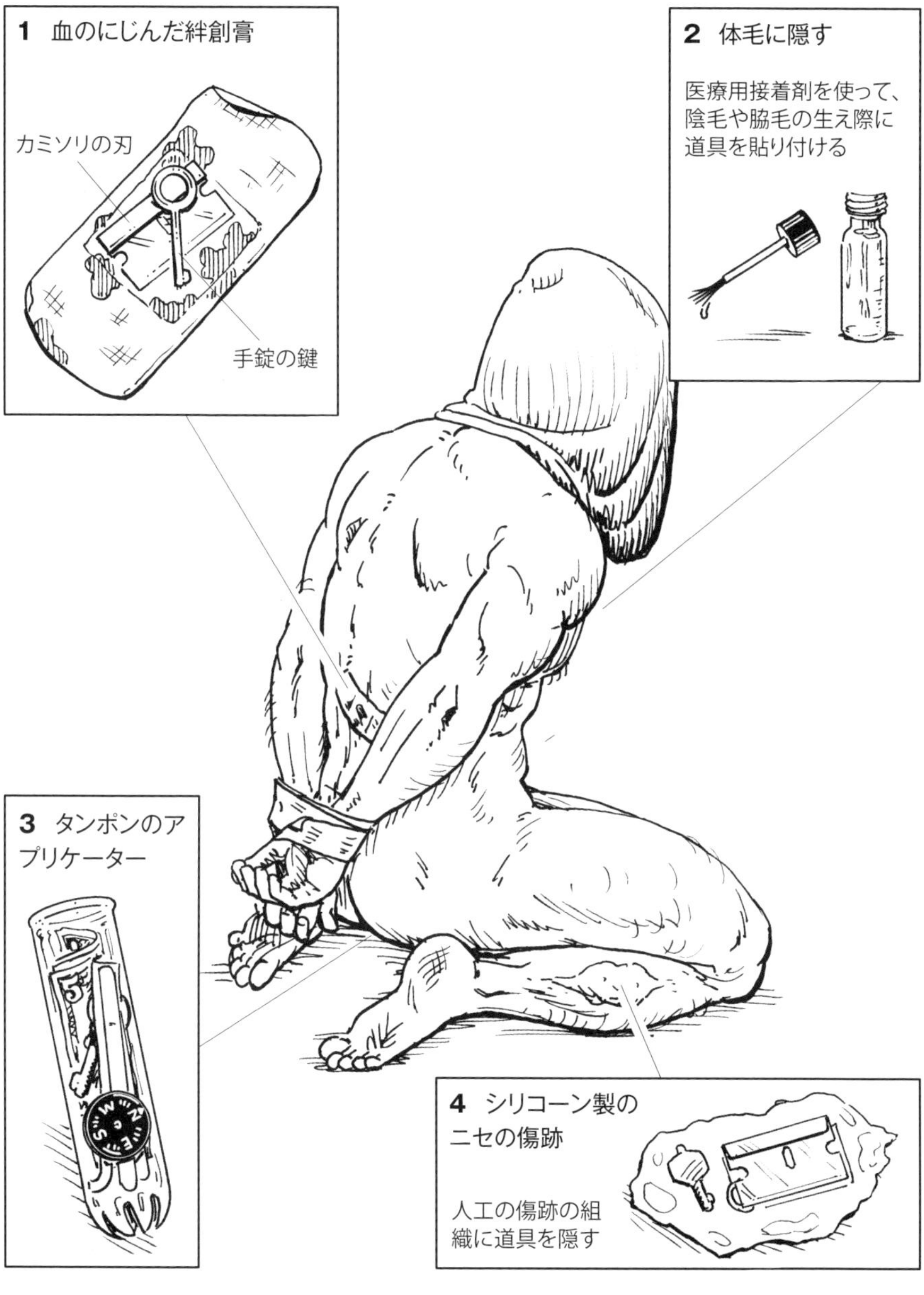
1 血のにじんだ絆創膏
カミソリの刃
手錠の鍵
2 体毛に隠す
医療用接着剤を使って、陰毛や脇毛の生え際に道具を貼り付ける
3 タンポンのアプリケーター
4 シリコーン製のニセの傷跡
人工の傷跡の組織に道具を隠す

007
体内に道具を隠す

敵に捕まる可能性が高い任務では、身柄を拘束されて身体検査を受け、目につく武器がすべて奪われてしまうことも考えられる。エージェントは、そうした不測の事態にも備えなければならない。

こんな場合、残された手段はただひとつ――武器や脱出道具を容器に入れて、体の中に隠すしかない。

使用するのは、生理用品のタンポンのアプリケーター（外側の筒）やアルミニウム製の葉巻ケースといった筒状の容器だ。

筒の中には、ナビゲーション補助器具、紙幣、脱出道具を隠すことができる。さらに、即席のアイスピック（左図参照）のような、その場しのぎの武器をつくることも可能である。

この筒を肛門から挿入して、直腸の中に隠す。麻薬取引やテロ活動が行なわれる闇の世界では、違法物や違法武器の隠し場所として、直腸がごく当たり前に使われる。エージェントもそのテクニックを熟知していて、高度な危険を伴う任務の正念場において、自己防衛の非常手段として使用する。

直腸に隠した筒は、意外にもハイテクの検知装置をくぐり抜ける。

全身スキャナーは、電磁波を体の表面に反射させて、金属製の物質やその他の禁制品を探索する。低周波レーダーを使えば、体の表面から突き出している武器を検出することはできるが、肌や骨を透視することはできない。レントゲンでさえ、体の組織の中に隠れたものをきちんと画像化することはできないのだ。

医療現場で使われるＭＲＩ装置は、隠れた物体を「影」として画像化する。ただし、場所が場所だけに、排泄物と見間違えてくれるかもしれない。

〈注意〉

直腸に隠す筒は、防水性があり、人体に無害な素材であること。表面が滑らかで、端を密閉できること。でなければ、自分で自分を傷つけてしまう。

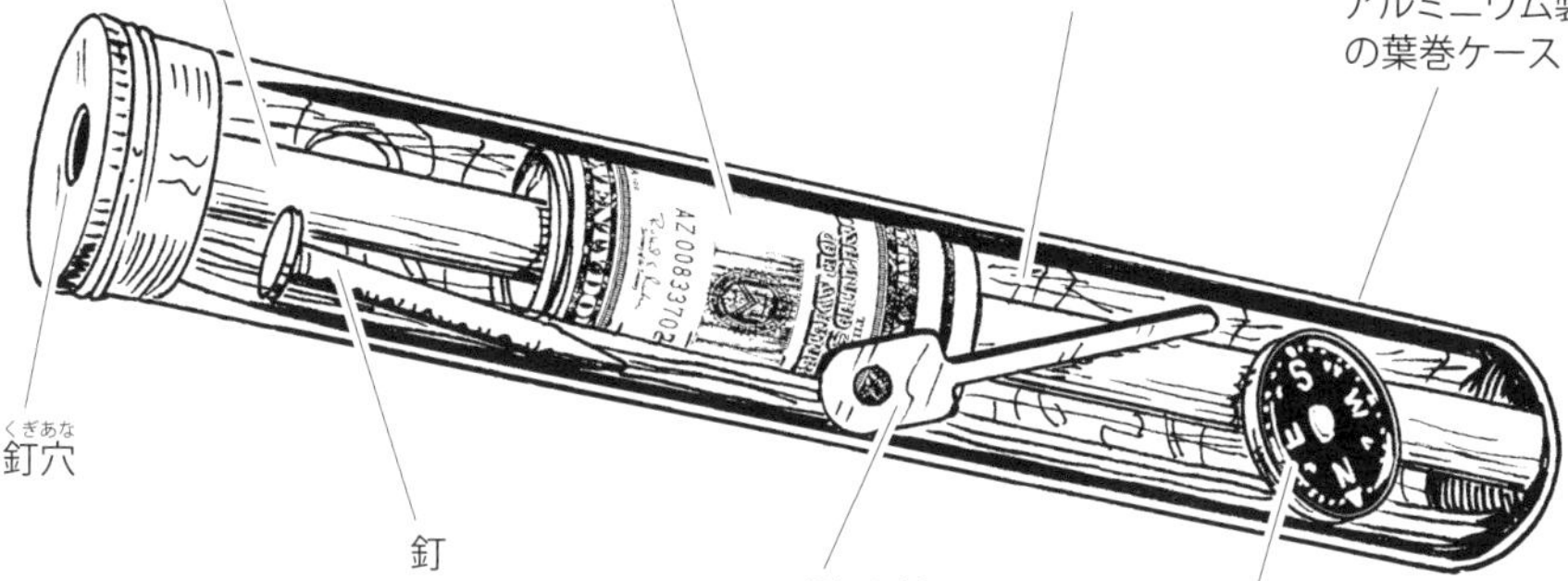

「だぼ」を筒とまったく同じ長さに切る。筒にぴったりと収まり、ふたが完全に閉まる長さにする。

ふたに、釘の太さと同じ大きさの穴を開ける。

筒に脱出道具と釘、紙幣を詰める。

植物油などの潤滑油を使い、筒を直腸に挿入する。

脱出の準備が整ったら、筒を取り出し、即席のアイスピックをつくる。

攻撃するときには、敵の喉を狙う。

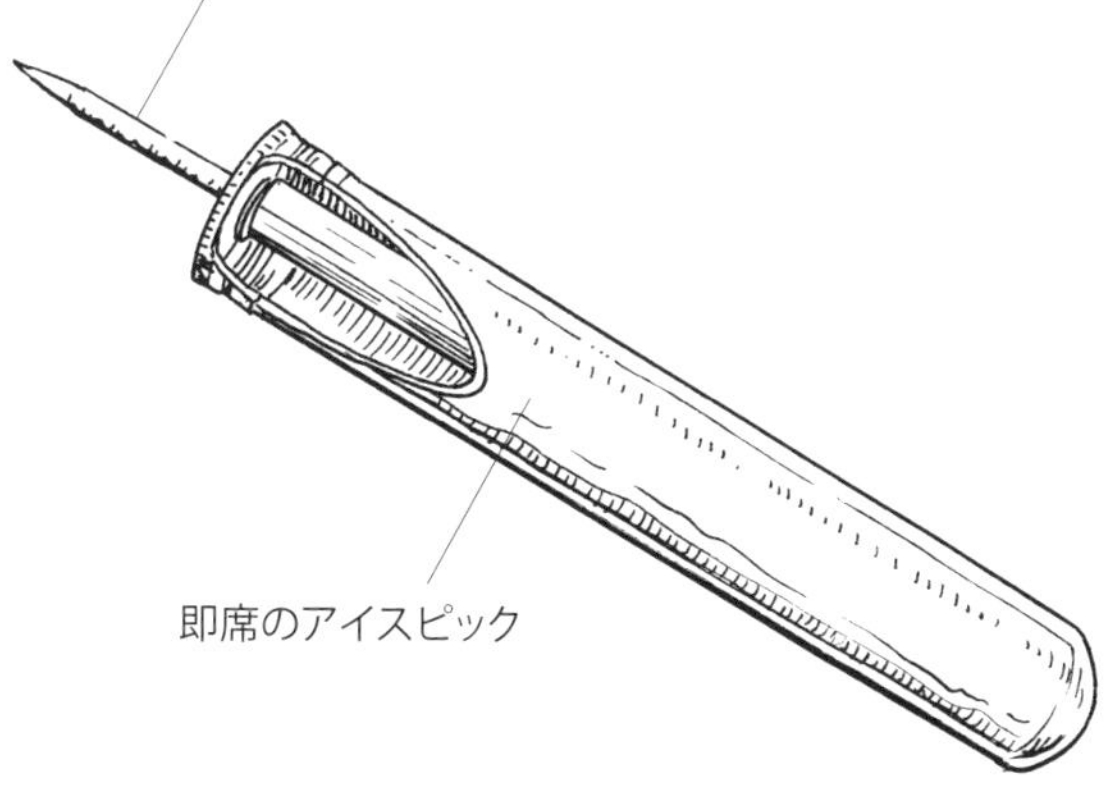

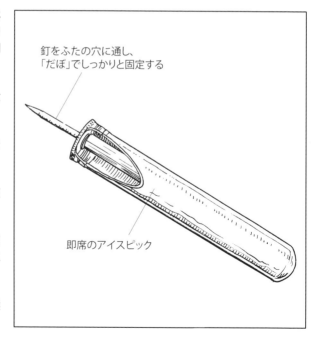

008
即席の「防弾チョッキ」をつくる

エージェントが防弾チョッキを必要とする場面は少なくない。武装した敵と戦うこともあれば、暴動に伴う銃撃戦に巻き込まれることもあるだろう。

官給品の防弾チョッキなら性能も高いが、政府から供給されたものは身元が判明しやすく、秘密任務では使用できない。そこで、身近な材料を使って、即席の防弾チョッキをつくることが必要になってくる。

百科事典のようなハードカバーの本を2冊重ね、粘着テープで巻いてしっかり固定する。すると頑丈な板のようになり、弾丸のエネルギーを分散することができる。この板を2組つくる。さらに、それぞれの板の外側の面に市販のセラミックタイルをテープで貼り付ければ、防弾力はさらに強化される。

でき上がった防弾チョッキは、ジャケットやコートの下に隠して着用できるし、バックパックに入れて簡単に持ち運ぶこともできる。着用するときは、脊椎《せきつい》や心臓、肺などの「主要部位」を保護するため、胴体を挟むように体の前と後ろに板をつり下げる。

その他の防護品としては、市販のケブラー繊維製クリップボードがある。この防弾クリップボードは、9ミリの銃弾を貫通させない規格製品である。

茶色の艶消し塗料を塗ったクリップボードは、軽くて持ち運びしやすいうえに目立たない。国境や空港で検査を受けても、問題なく通過できるだろう。

即席の防弾チョッキは、銃弾の速度を弱めたり食い止めたりするのに十分な厚さが必要である。それでいて、着用可能な薄さでなければならない。

ピストルの弾の速度は比較的ゆっくりである（9ミリ弾で秒速1100フィート＝約335メートル）が、ライフル弾は速いので（5・56ミリ弾で秒速3000フィート＝約914メートル）、より防護力の高い材料でつくる必要がある。

1　ハードカバーの本、粘着テープ、セラミックタイルを用意する

2　本を２冊以上重ねて１枚の板にする。２枚の板をつくる。セラミックタイルを並べてテープで固定する

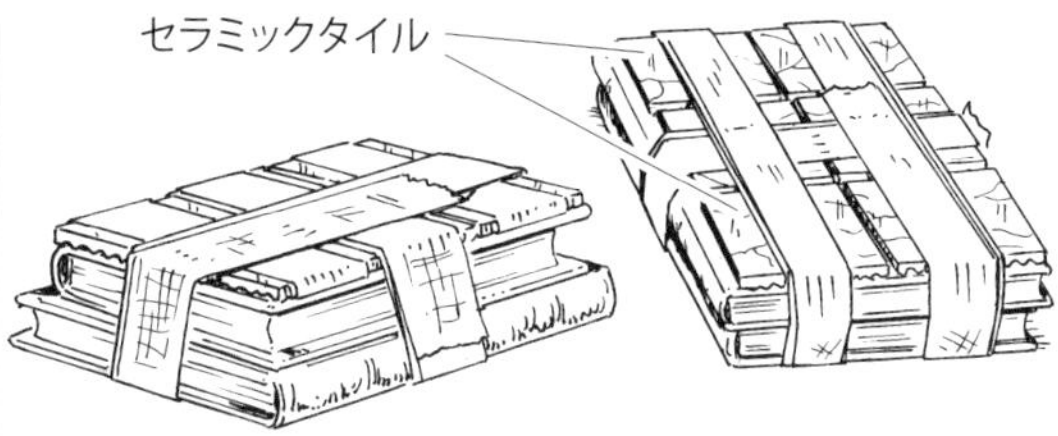
セラミックタイル

3　肩にかけるつり紐をテープでつくり、防弾チョッキの形にする

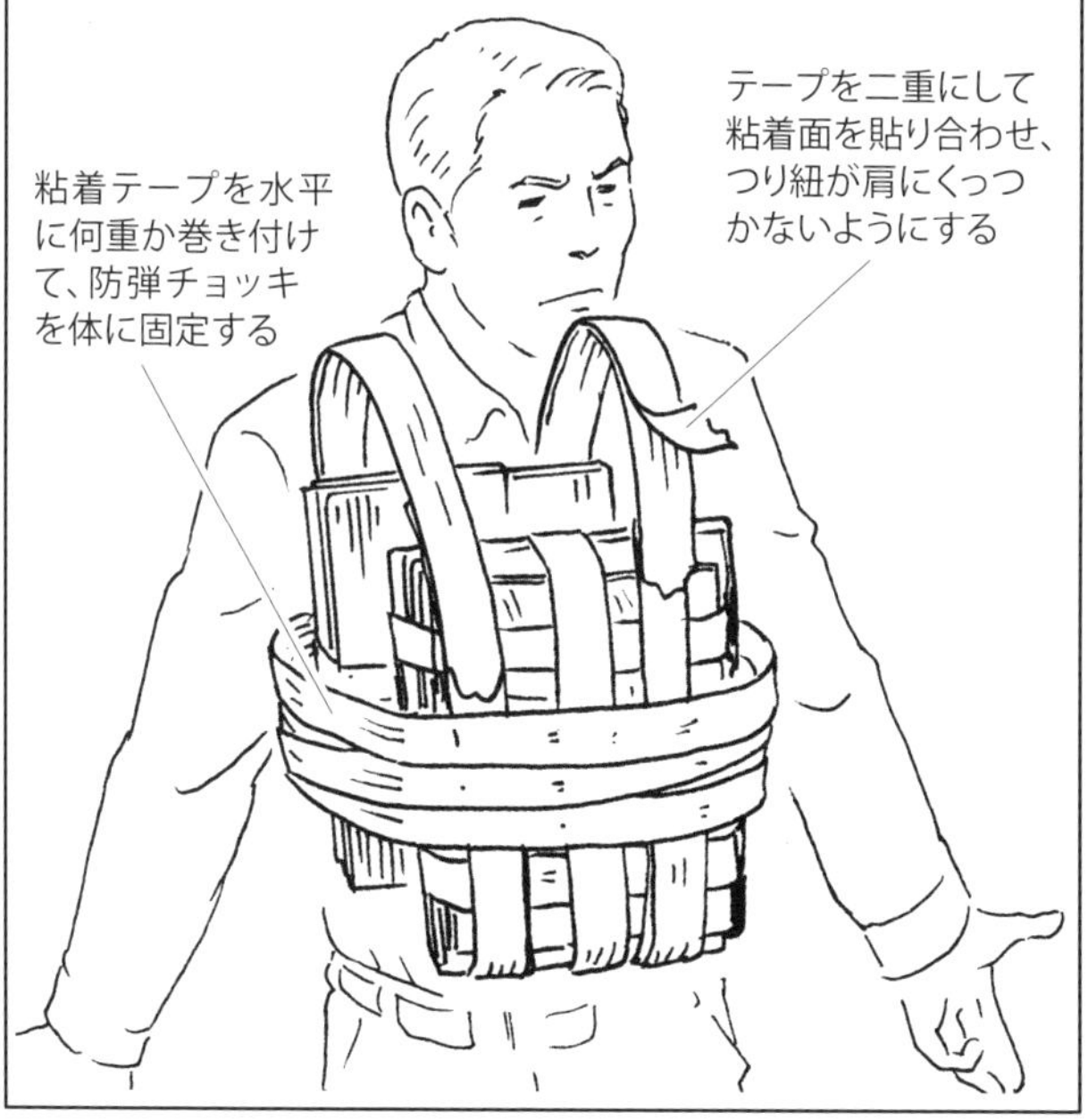
テープを二重にして粘着面を貼り合わせ、つり紐が肩にくっつかないようにする
粘着テープを水平に何重か巻き付けて、防弾チョッキを体に固定する

4　ジャンプテストをしてみる。必要であればテープを足し、さらに強く固定する

009
とっさに身を守る場所を選ぶ

銃弾が自分を目がけて飛んでくるときに生死を分けるのは「瞬時の判断力」だ。

　この判断力は単なる勘ではなく、会得するものである。パニックになって、やみくもに逃げ出すようでは命はない。


　我が身を守ろうとしてとっさに逃げ出すのは、人類に共通の本能である。しかし、逃げ切るためには、どんな素材の物体が盾となって銃弾を防いでくれるかを、前もって知っておかなければならない。

　硬い木材、コンクリート、スチール、花崗《かこう》岩は、銃撃戦に巻き込まれたときにはありがたい素材だ。これらは密度も重量もあるので、銃弾を通さず、命を救ってくれる。

　石膏ボードの壁に身を隠せば、銃撃者は狙いを定めにくくなるかもしれない。だが、その硬そうな見た目とは裏腹に、銃弾を食い止めることはできない。小さな22口径ピストルの弾でさえ、その乾いた壁を突き破るのだ。

　これに対してコンクリートやスチールの柱は、体を隠すには若干幅が狭いものの、防護力はより優れている。

　緊急時に備えて、身のまわりの物体が銃弾を防げるかどうか、考えてみるといい。

　トップが花崗岩のテーブル、コンクリートの植木鉢、スチール製の家電などは、すべて防弾に役立つ。ホテルの部屋のカウンタートップ、机、テーブルには、花崗岩やスチールでできているものが多い。

　一方で、生活用品の中には、見た目は硬そうでも、材料が軽くて銃撃には耐えられないものもある。一般家庭の郵便受けやゴミ箱は、たいていアルミニウム製である。大きくて丈夫そうな自動販売機は、おおむねガラスとプラスチックでできている。頼りにはならない。

　自動車にはスチールが部分的に使われているが、とても軽いスチールなので、盾には適さない。まわりに車以外の物体がない場合は、空っぽのトランク側ではなく、エンジン側の背後に隠れよう。そうすれば、硬い素材が何重にも重なることになるので、銃撃者から身を守ってくれるだろう。

1　銃弾の速度をゆるめたり、食い止めたりする素材

2　身を守るための素材と隠れるための素材の違いを知る。前者は銃弾を食い止めるが、後者は銃弾を貫通させる

コンクリートやスチール：身を守るための素材

石膏ボードの壁：隠れるための素材

3　自宅や公共の場所にある物体の構造を見分けて利用する

トップが花崗岩のテーブル　ソファーはNG

車のエンジン側　トランク側はNG

コンクリートの植木鉢　ゴミ箱はNG

4　防弾の素材を手に入れ、日用品に見せかける

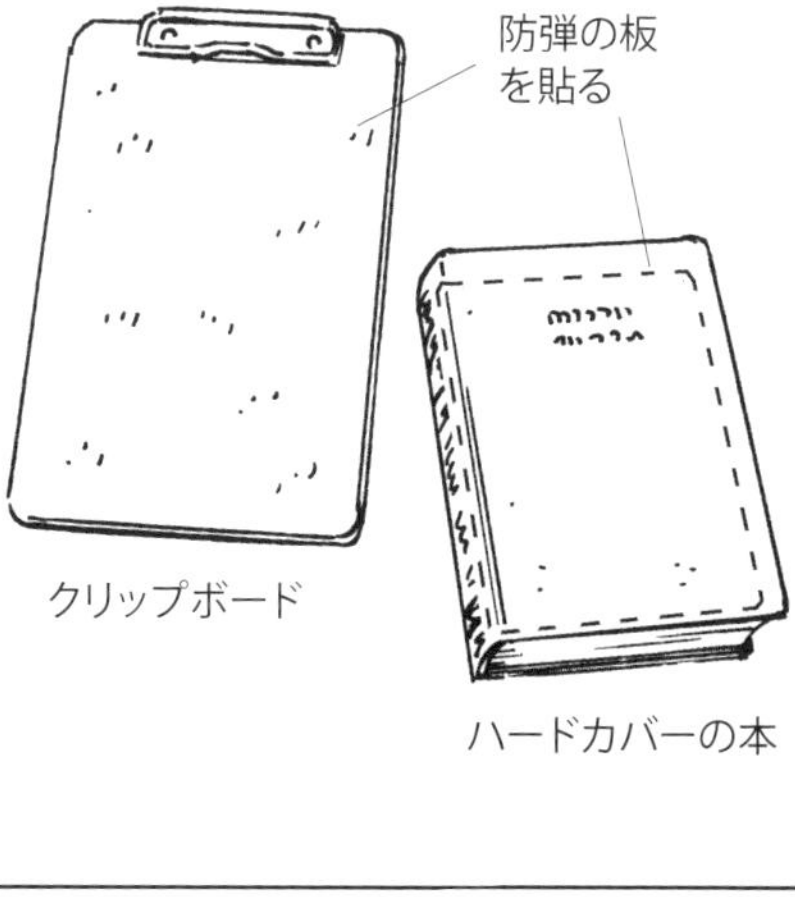

クリップボード

ハードカバーの本

010 「ラン・ファイト・ラン」を実践する

エージェントは、考え得る最も厳しい条件下で訓練を受ける。あらゆる戦闘をシミュレーションするため、過酷な障害物コースを走破し、極端な睡眠の剝奪、実弾による爆発の演習といった、命がけの訓練までこなすのである。

基本訓練をいったん終了したあとも、各自の訓練に「ラン・ファイト・ラン」方式を取り入れ、いつでも臨戦態勢を整えている。

ダンベルを両手に持って上げ下げするぐらいでは、岩山をよじ登って追跡した末に、敵と格闘して倒すだけの能力は養えない。それゆえ、エージェントの訓練では、筋肉増強運動よりも、現実世界での戦闘や自己防衛テクニックに重きが置かれる。

もちろん、昔ながらの筋力増強運動や心血管を鍛える運動も、それなりに意味がある。だが、ラン・ファイト・ランほど実戦で役に立つものはない。その考え方を日々の訓練の中に組み込むことで、戦ったり追跡したりするときに、敵よりも長く耐え抜くスタミナがつくのだ。

ラン・ファイト・ランは、総合的な連打の動きと全力疾走を交互に行なうトレーニングだ。ジムに通うこともなければ、高度な運動機器も必要ない。全力疾走する場所と、運んだり打ったりできる物体があればよい。

できれば重いサンドバッグがよいだろう。サンドバッグはパンチの練習用に考案されたものだが、しゃがんで持ち上げる、運ぶ、締めつけるなど、かなり多目的に使うことができる。重いサンドバッグは、地面に投げ落とすこともできる。たいていの格闘は、そこで終了だ。

もしも…に備えるアクション！

ラン・ファイト・ランを行なうときには、重いサンドバッグを使おう。左図のトレーニングから始めて、運動の継続時間とサンドバッグの重量を増やし、徐々に運動の強度を高めていく。目標は、3分間の連打を3セット行なったのち、1マイル（約1・6キロ）を7分以内で全力疾走できるようになること。それが達成できれば立派なものだ。

1　つり下げた重いサンドバッグを１分間連打

2　0.5マイル（約0.8キロ）全力疾走

3　地面に寝かせたサンドバッグを１分間連打

4　0.5マイル全力疾走

5　サンドバッグを１分間、しっかり抱えて運ぶ

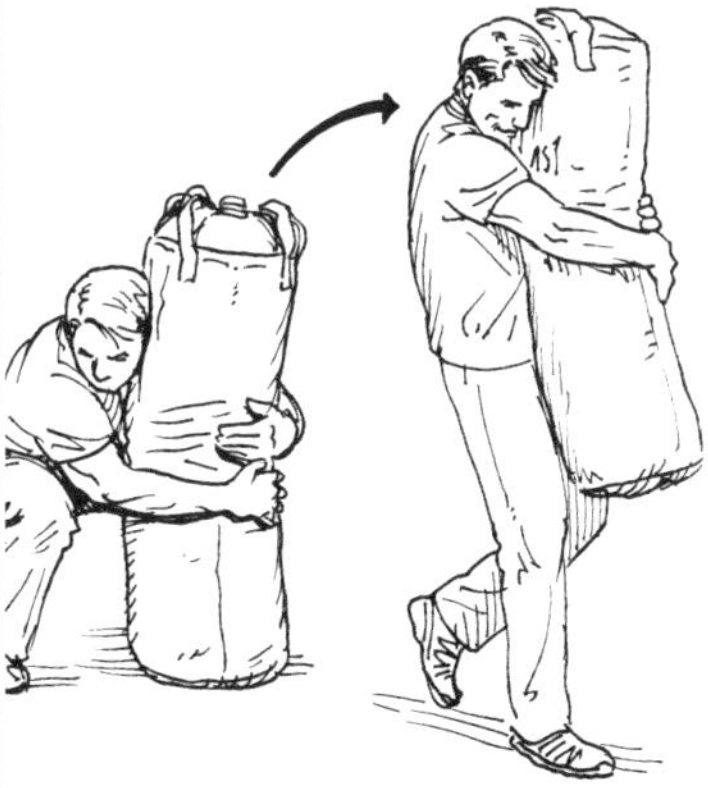

6　0.5マイル全力疾走

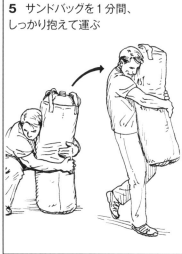

PART 2
INFILTRATION

敵の領域に
侵入する

011 海から侵入する

保安体制が万全な国でも、領海はすきだらけで侵入しやすいものだ。これは、密輸業者なら誰でも知っている事実である。

難民が続々と海を渡って他国へ逃れていることからも、海を監視することの難しさがうかがえるだろう。

何度も繰り返すが、エージェントの鉄則は、慎重に人目を盗んで行動することである。それゆえ、敵の領域に侵入する場合、最初の選択肢は、適切な場所でヘリコプターから海へ飛び降り、泳いで岸まで渡るという方法になる。

ゆっくり飛ぶヘリコプターから冷たい海へ飛び降りるのは、高度で危険な技である。

ヘリコプターは、ホバリング（空中停止）しているあいだでもハリケーンのような風を巻き起こし、視界を遮るほどの霧を発生させ、肌を突き刺すような激しい水しぶきを噴き上げる。百戦錬磨のエージェントであっても、訓練は不可欠だ。

ヘリコプターから暗い海へ降下するためには、適切な高度と安全な飛行速度が求められる。安全に飛び降りることができるのは、以下の基準を満たした場合のみである。

ヘリコプターの飛行高度20フィート（約6メートル）、飛行速度時速10ノット（約18・5キロ）以下。あるいは高度10フィート（約3メートル）、時速20ノット（約37キロ）以下。これは、「10フォー20、20フォー10」ルールと呼ばれる。

降下する際には正しい体勢をとる（左図参照）。こうすれば怪我が避けられるし、衝撃を体のほかの部分ではなく、確実にダイビング・フィンで受け止めることができ、ダイビング・マスクも外れない。

ヘリコプターから降下する場合、重くて頑丈なダイビング装備は使用できないが、ウェットスーツ、マスクまたはゴーグル、フィン、膨張式の救命胴衣は必須である。

それ以外の道具は防水性のバックパック、つまり「ドライバッグ」に詰め込んで、海底に落

1　高度20フィート以下でヘリコプターから飛び降りる

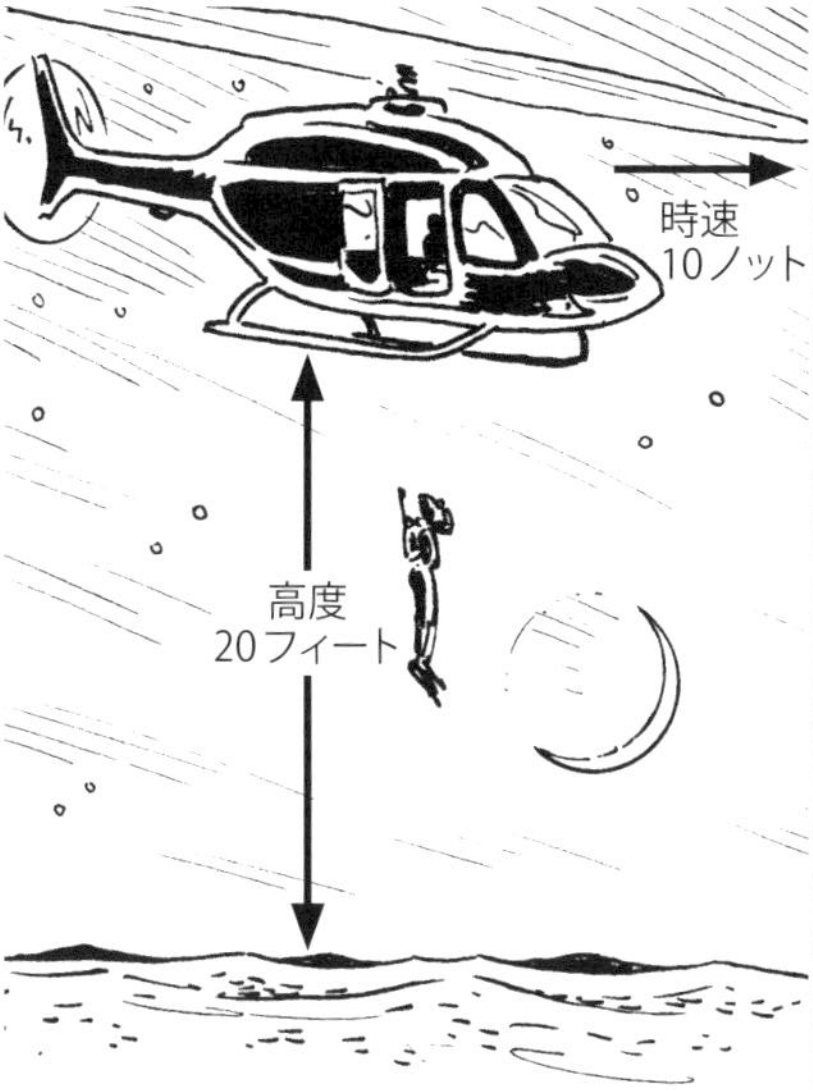

2　降下時には体勢をしっかりと保つ。すべての道具は決まった位置に紐で固定する

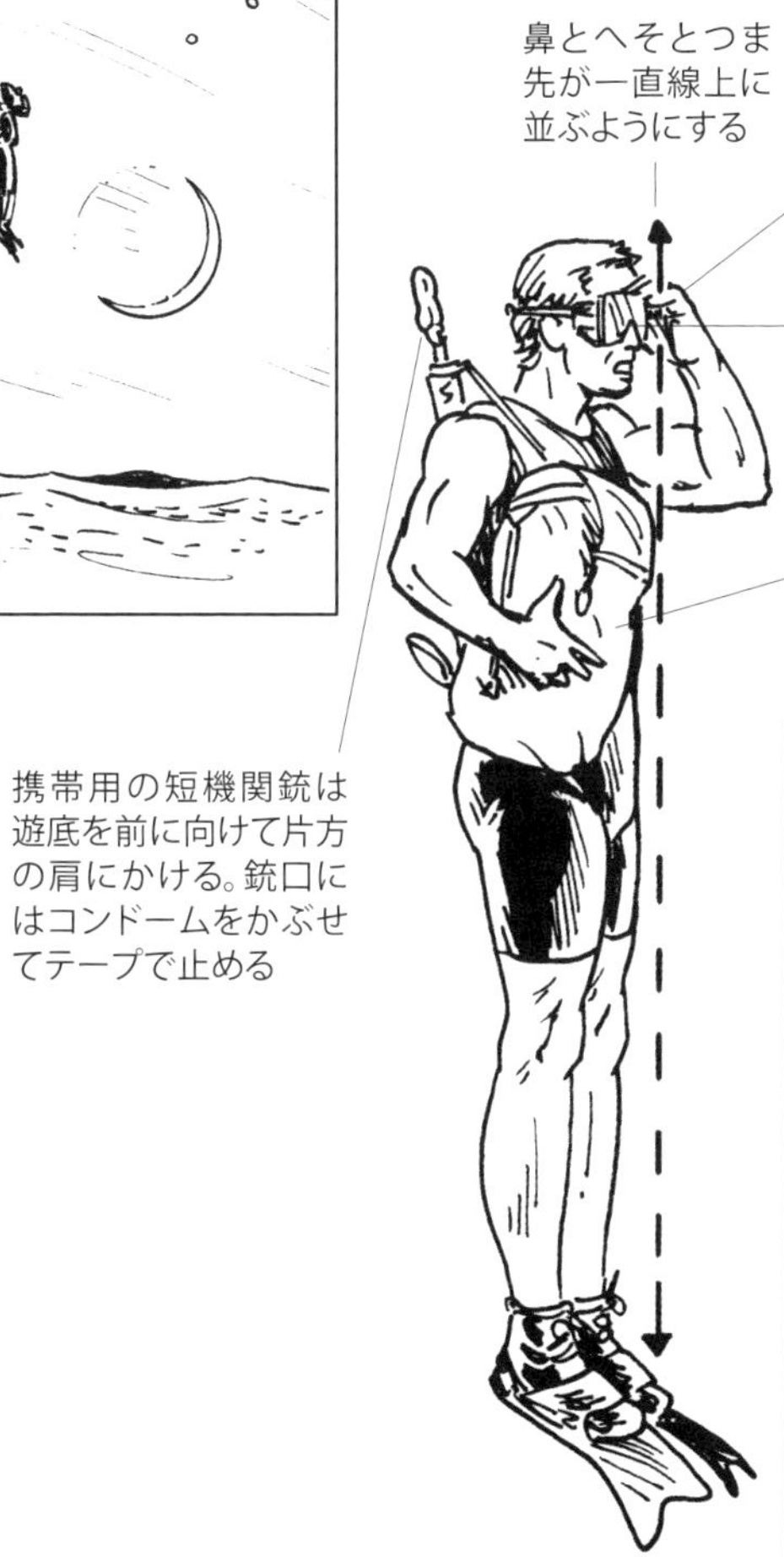

3　背筋をまっすぐ伸ばして、足から先に入水する

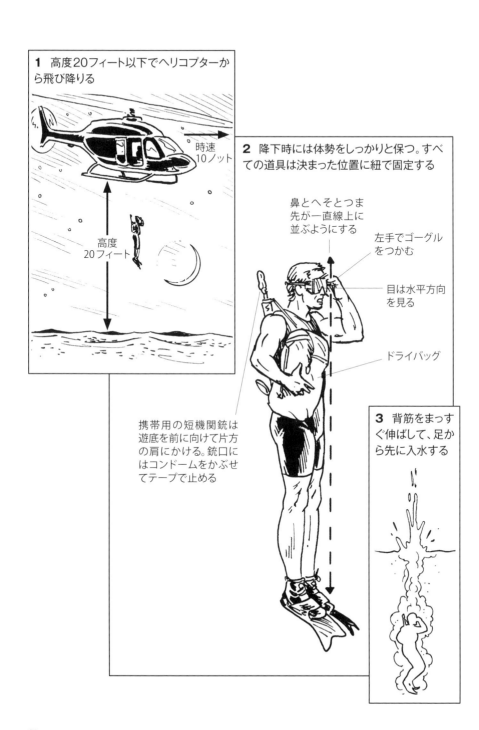

とさないように、紐で体に固定する。バッグの中には、任務に不可欠な装備、作戦地域で目立たないような着替えや予備の武器、そしてハンドシャベルも入れておく。

メインの武器となるＭＰ７短機関銃は、弾を込めた状態で、遊底を前に向けて肩にかける。また、銃身に水が入らないように、銃口にコンドームをかぶせて、テープ止めする（コンドームであれば発砲の妨げになることはない）。

ドライバッグは片方の肩に引っかける。こうしておけば、もし水中で何らかのトラブルが発生しても、簡単に肩から外すことができる。バッグを紐でしっかり固定しすぎると、うまく泳げず、溺れる危険すらあるからだ。

岸までは、コンバット・リカバリー・ストローク（戦闘回復泳法）を使って泳ぐ。これは横泳ぎの一種だが、両腕が水中から出ないため、泳いでいるのが傍目《はため》にはほとんどわからない。

岸に上がったら乾いた衣服に着替え、水泳用具を隠すために、ハンドシャベルを使って地面に埋める。

4 コンバット・リカバリー・ストローク（戦闘回復泳法）で岸まで泳ぐ

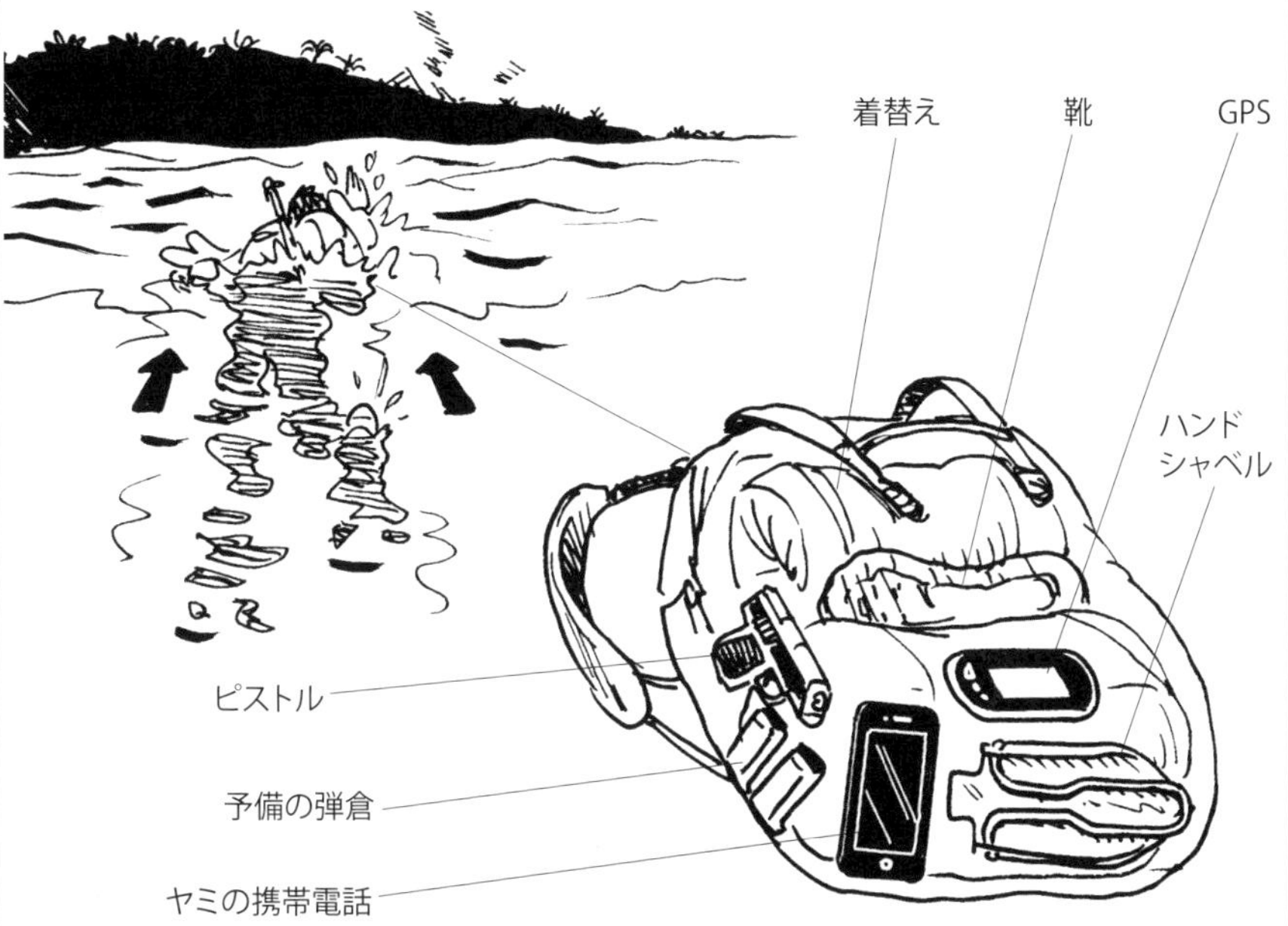

5 衣服を着替え、水泳用具を隠す。潜入する地域で目立たない服装をする

012
空から侵入する

「国境破り」と聞いて一般の市民が思い浮かべるのは、地下深くに掘られたトンネル、裏社会の案内人に払う通行料、遠くまで乗せてくれるキャラバンといったところだろうか? だが、エージェントにとっての国境破りは、もっと地味で孤独な任務である。

いちばんうまくいく方法は、監視の薄い無防備な場所を通り抜けることだ。大まかに言うと、選択肢は海(38ページ参照)、陸(44ページ参照)、空のどれかになる。ここでは空からの侵入を説明しよう。

空から敵の領域に侵入する場合、行程は2つになる。まず、無人操縦の自家用機を無断拝借する(76ページ参照)。そして、ウイングスーツ(滑空用の特殊なジャンプスーツ)を着て飛行機から飛び出し、パラシュートで降下するのである。

国際法の定義では、領空は海岸線から12海里までの領海の上空と定められ、領空侵犯に対する攻撃方法も定められている。そのため敵の領空に入れば、飛行機は姿を消して飛行しなければならない。トランスポンダー(自動応答装置)、無線機、灯火の電源を切って、敵の航空管制塔に存在を気づかれないようにするのだ。

機を見て飛行機から飛び降りて滑空し、パラシュートを開いて人里離れた場所に着陸する。こうすれば、ほとんど音を立てることなく、人目にもつかずに国境を越えることができる。

着地点が確認できたら、一定の方程式を使って、降下地点をどこにするか計算する。通気性のないナイロン製のウイングスーツを着ている場合は、2・5フィート(約76センチ)降下するごとに前方へ1フィート(約30センチ)進む。追い風なら、その距離はさらに伸びる。

このスーツを着ると、あたかも人間凧のようになり、自分の手足を使って飛行機のように舵《かじ》取りができる。パラシュートは降下速度が遅く、かなり目につきやすいので、できるだけぎりぎりまで待ってから開かなければならない。

地面に降り立ったら、ナイロン製のウイングスーツとパラシュートを処分する。これらは溶剤で溶かすことが可能で、あとにはガラスに似たビーズがわずかに残るだけである。

1　最も一般的な軽飛行機である「セスナ152」を使って、目的の国や地域まで12マイル(約19キロ)以内の地点まで近づき、その地域上空を高度3000フィート(約910メートル)で飛行する

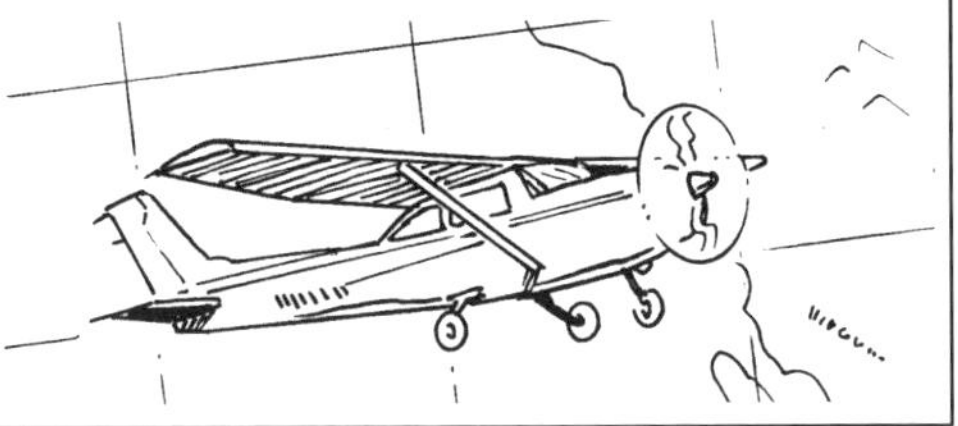

2　無線機、灯火、トランスポンダーの電源をすべて切る

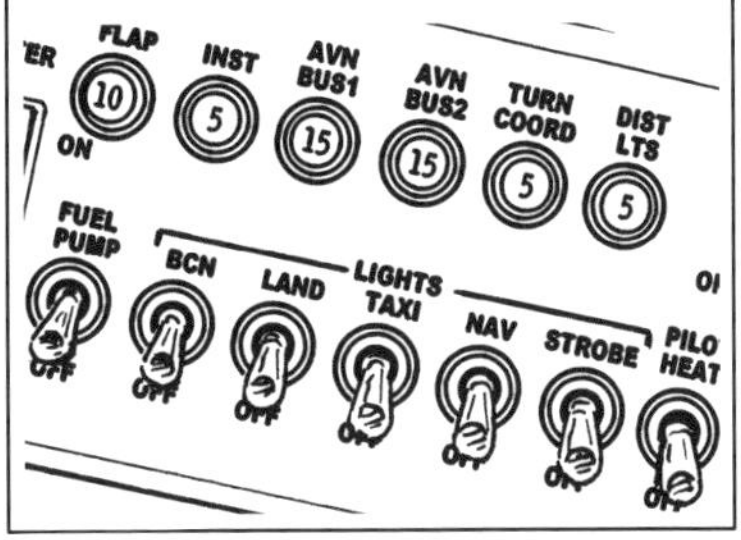

3　機体を水平にしてバランスを取りながら、人の少ない地域に向かって飛ぶ。機体から飛び降り、しばらくはウイングスーツで飛ぶ

4　パラシュートを開いて領内に着陸する

5　ウイングスーツとパラシュートを溶剤で溶かして埋める。自分自身は周囲に「溶け込む」

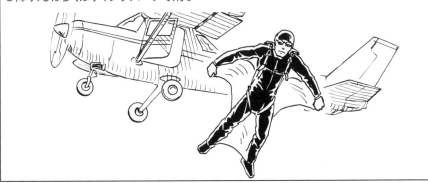

013 陸から侵入する

どの国でも、人が住んでいない国境沿いは、特に監視が手薄になりやすい。エージェントは常に、その無防備なところをうまく利用しようとする。

だが国境の地形が険しいと、そこを越えて侵入するのは至難の業《わざ》となる。

経験豊富なエージェントであっても、徒歩で敵国の国境を越える場合、数日から数週間かかることがある。その間、灼熱《しゃくねつ》の砂漠や凍《い》てつく高山、あるいは深いジャングルを、ひとりぼっちでゆっくりと歩を進めるのだ。

日数がかかるうえに肉体的苦痛も大きいが、最も困難なルートが最も望ましいルートであることも事実だ。荒れた地域ほど、監視や偵察とは無縁だからである。

領空が厳しく監視されている場合はなおさら、陸からの侵入が唯一の頼みの綱になる可能性が大きい。

ここでは、陸から敵の領域に侵入する場合の注意点を述べる。

移動手段

旅の一部が徒歩になるのは、ほとんど避けられない。だが、小型オートバイを使えば、かなりの移動距離を稼ぐことができる。エージェントにとっては理想的な手段のひとつと言えるだろう。

こうしたオートバイには、２００～３００ポンド（約90～１３５キロ）の荷物を運ぶ馬力があり、極端に起伏の激しい地形でも走行可能な耐久性を持つ。世界中の多くの地域で、オートバイは車より普及しているため、近隣国で入手したり盗んだりすることは十分可能だ。

所持品

携帯常備セットと逃走用バッグ（16、20ページ参照）のほか、旅を続けるのに十分な量の燃料、食料、水を持っていく。国境を越えてから変装するための衣類や各種装備も必要だ。

途中で水源があちこちにある場合は、飲み水は携帯しなくてもすむが、それでも任務のための必需品は膨大な量になるだろう。また、侵入する領域によっては、特殊な道具や気候に適した装備も必要になってくる。

隠れ家

エージェントは、ほとんど睡眠を取らなくても生きていけるように訓練されている。しかし、数日、あるいはそれ以上長引く国境越えの場合は、休息する場所が必要になる。

できれば、その場にあるものでつくれる隠れ家が望ましい。木の枝や降り積もった雪など、道中にある自然の素材でつくる隠れ場所は、ナイロン製のテントとは違ってまわりの環境に溶け込み、カムフラージュの役目を果たす。

雪に覆われた場所では、圧雪のブロックでイグルー（氷のブロックでできたドーム型の家）のような隠れ家をつくることができる。雪のブロックは、外気温に関係なく通気性のない盾の

1 クロスカントリー用のオートバイを使えば、燃料や所持品を積んで、通行が困難な地域を走ることができる

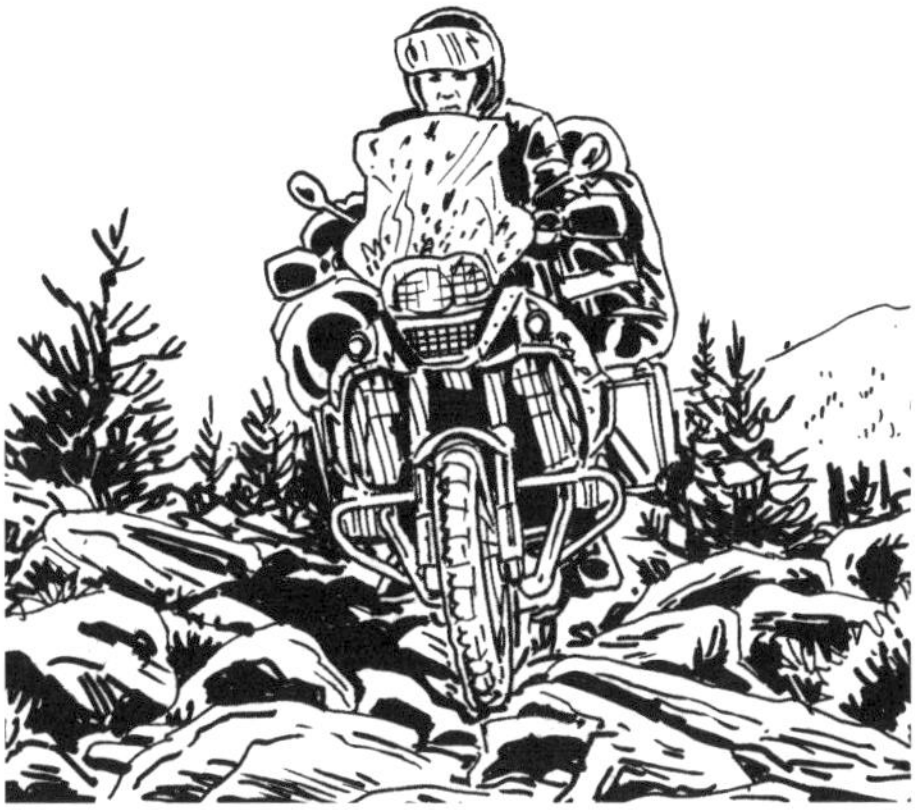

2 国境越えに何日もかかる場合は、夜間に移動し、日中に休まなければならない。そんなとき、間に合わせの材料でつくる即席の隠れ家は大いに役に立つ

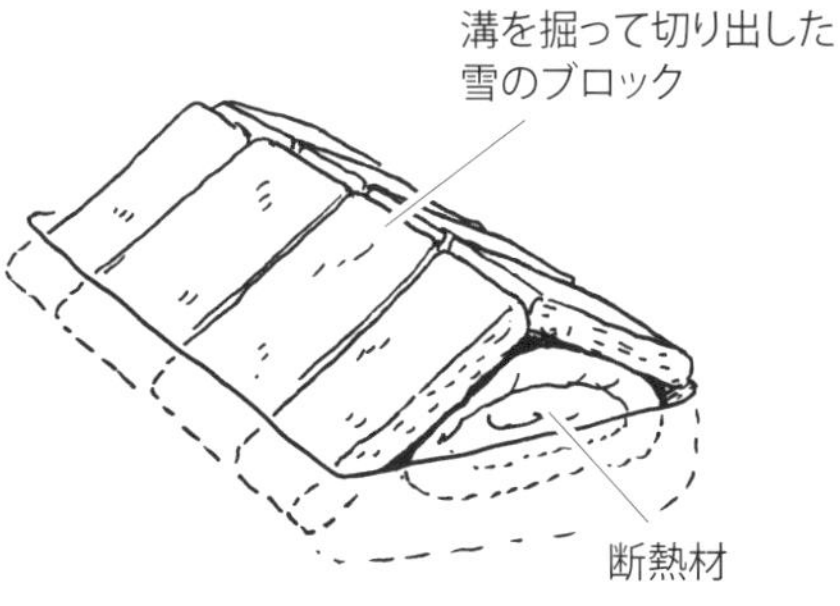

雪の溝を利用した隠れ家

役目を果たすので、どんな天候にも有効だ。内部の熱を逃がさないので、ロウソクを1～2本灯せば、自分の体温も加わって、中はそこそこ暖かくなる。

撤収する際には、雪のブロックを崩して元の雪の塊に戻す。それが日光や雨、雪に数時間さらされると、人がいた痕跡は一切なくなるので、さらに効果的だ。

ナビゲーション

地形のせいで徒歩以外の移動手段をとれない場合、エージェントは最も過酷な状況に直面することになる。ときには、嵐や吹雪のような悪天候の中を、数日にわたって歩き続けることもあるだろう（ただ、悪天候は侵入者の足跡を消す最適の手段ともなる）。

道に迷ったら、それこそ命取りである。したがって、万が一GPS装置が故障した場合に備え、コンパスと地図だけで移動できるように準備しておかなければならない。

山岳地帯や海の見える場所を歩くのであれば、山頂や目印となる地形が進行方向の目安となるので、移動が比較的簡単だ。反対に、何百キロにもわたって同じ景色が続く砂漠地帯では、道を大きくそれて迷ってしまったり、同じところをぐるぐる回ったりする危険が大きい。

このような状況では、距離を測る尺度として、すべての歩数を数える「歩数計算」という方法が命を救うかもしれない。大人の1歩の幅が約0・8メートルだとして、200歩ならおよそ160メートル進んだことになる。歩行距離を計算する手段がほとんどない環境では、こうした歩数計算法は非常に有効だ。

痕跡は残さない

エージェントはたいてい、夜の闇に紛れて移動する。日中に短時間の睡眠を取り、可能であれば、月の満ち欠けに合わせて夜の移動時間を調整する。

半月は、ある程度まわりが見える明るさなので、とりわけ起伏に富んだ場所ではありがたい。逆に、満月だと明るすぎて、自分の存在がまわりから見えすぎてしまうかもしれない。夜の移動は、日中の移動と比べてスピードが相当落ちるが、白昼堂々と旅をするよりは危険が少なくてすむ。

さらにエージェントは、発見されにくい地域を通る計画を立て、自分が通った痕跡を残さないように用心する。排尿は道からそれた場所、できれば水場ですませ、大便は包んで持ち帰るようにする。

地勢的に可能であれば、土、砂、泥を避け、岩石、木の根、草、落ち葉、樹皮など、足跡がつかないものの上を歩く。足跡が残るのは避けられないとはいえ、その場その場で、歩いた痕跡が残らないように気をつける。

3 もしGPS装置が故障したら、歩数計算で移動距離を測定する

4 歩行の足跡を一切残さないために、乾いた地面を歩くか、雨か吹雪の中を移動する

014 装備を安全な場所に隠す

シークレット・エージェントの任務は、本人が作戦地域から首尾よく姿を消して、初めて完了する。

そのため、必ず事前に脱出戦略を十分に練り、任務終了後に必要なものをすべて揃えてから、侵入を開始するのである。

移動する際には、身軽であることがきわめて重要だ。そのため、特に徒歩で人里離れた地域の国境を越える場合、装備や日用品は用途に合わせて2セット準備する。旅の初期の行程で必要なアイテムと、任務後や緊急脱出時に必要となるアイテムの2セットだ。

第2のセットは、逃走中の生存維持に欠かせないものである。食料や燃料、通信装置、現金、武器などを慎重に選んで容器に詰め込み、市街地から離れた、あらかじめ計画したルート上に隠す。

隠し方にはいろいろな方法がある。

プラスチック製の水筒や、適度な長さの塩化ビニールパイプといった耐久性のある容器に入れれば、天候の影響を受けないので、洞窟や木の幹のくぼみ、あるいは湖や川の底など、どんなところにでも隠すことができる（左図参照）。

エージェントが最も避けたい事態は、隠したものを回収するときに罠《わな》にはめられたり、監視されたりすることだ。したがって、隠し場所は人里離れた、偶然にでも発見される可能性の少ないところがよい。

隠し場所をGPS装置に記録しておけば、わかりやすい目印がなくても、道具を回収することができる。

1 準備する

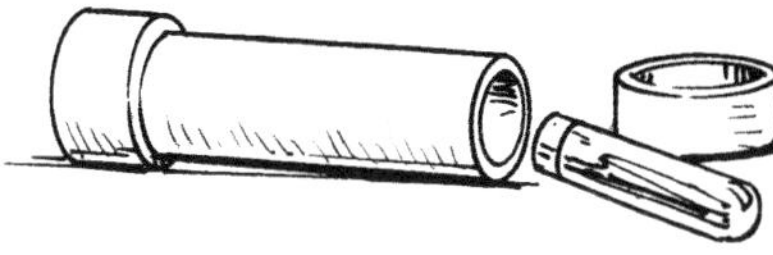

塩化ビニールパイプ

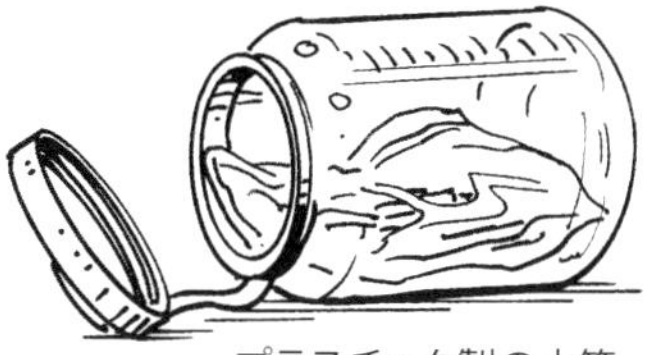

プラスチック製の水筒

2 隠す

釣り糸を、水に浮かべた棒きれか水際の木に結び付ける

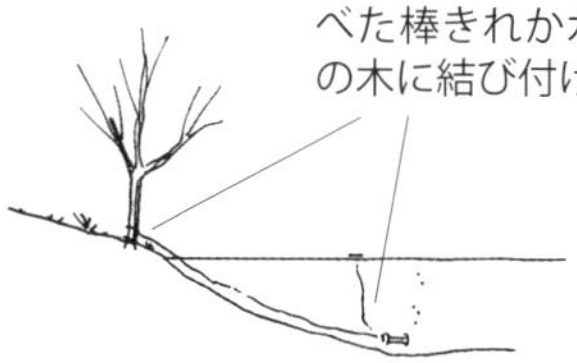

湖、川、海の底に沈める

土の中に埋めてGPS装置に記録する

車にはねられた動物の死骸に隠す

木の幹のくぼみに隠す

3 位置の選定

隠す位置を任意に選び、記録する。または、変化しにくい性質のものを目印にする――「大きな丸石から10歩離れた場所」とか、「2本の小道が交わるところ」など

4 中身

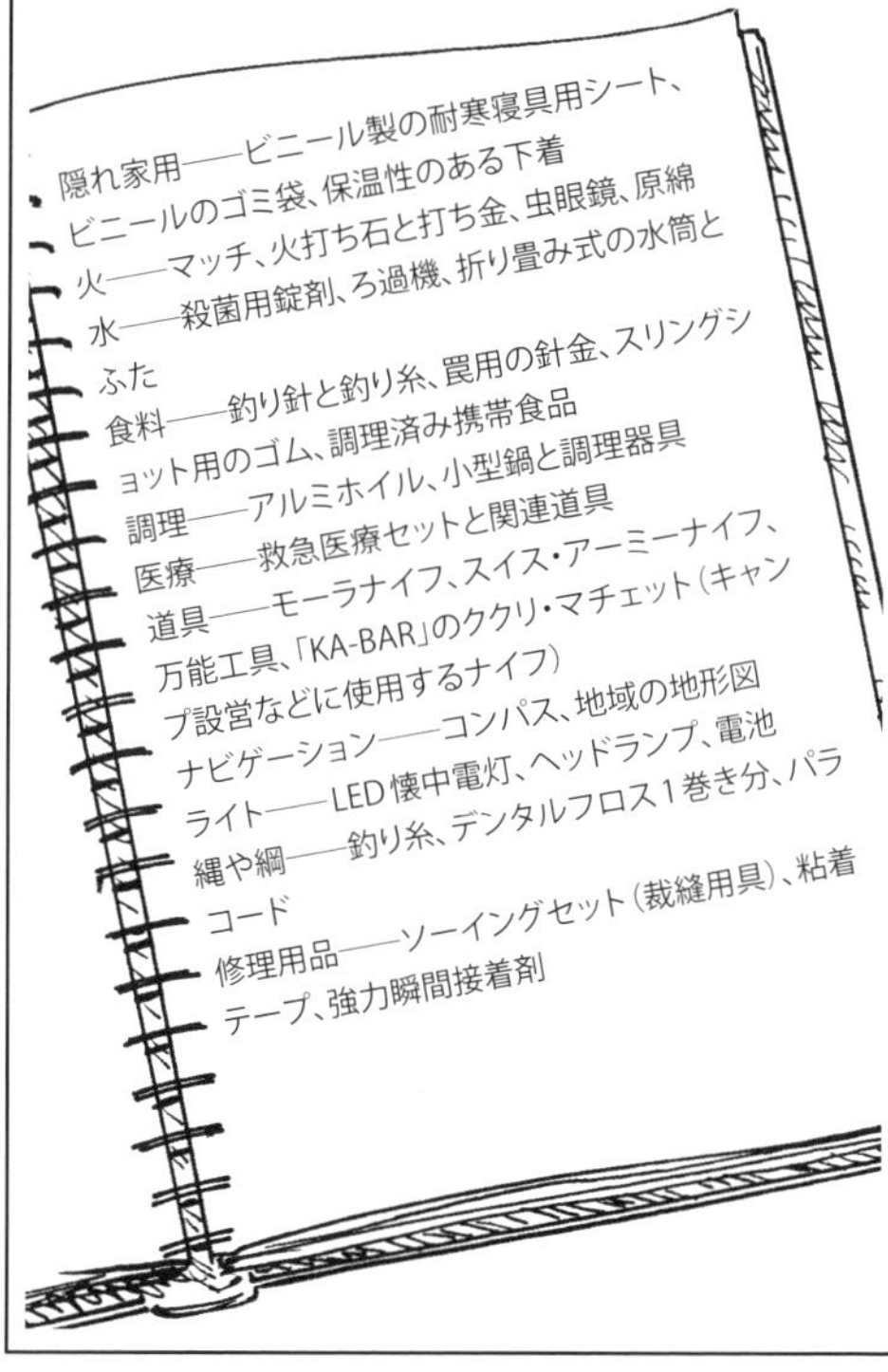

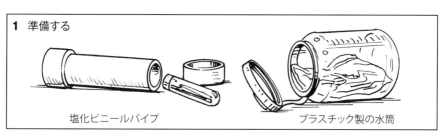

隠れ家用――ビニール製の耐寒寝具用シート、ビニールのゴミ袋、保温性のある下着
火――マッチ、火打ち石と打ち金、虫眼鏡、原綿
水――殺菌用錠剤、ろ過機、折り畳み式の水筒とふた
食料――釣り針と釣り糸、罠用の針金、スリングショット用のゴム、調理済み携帯食品
調理――アルミホイル、小型鍋と調理器具
医療――救急医療セットと関連道具
道具――モーラナイフ、スイス・アーミーナイフ、万能工具、「KA-BAR」のククリ・マチェット(キャンプ設営などに使用するナイフ)
ナビゲーション――コンパス、地域の地形図
ライト――LED懐中電灯、ヘッドランプ、電池
縄や綱――釣り糸、デンタルフロス1巻き分、パラコード
修理用品――ソーイングセット(裁縫用具)、粘着テープ、強力瞬間接着剤

015

建物に梯子《はしご》をかけて登る

ターゲットとなるビルが無用心なら、エージェントは難なく侵入することができる。鍵のかかっていないロビーからさりげなく入ってもよいし、裏口のドアにかかっている市販の鍵（120ページ参照）をこじ開けて侵入するのもよい。

だが、防犯カメラや警備員を配置したセキュリティー万全の建物では、正面や裏口から堂々と侵入するのは論外だろう。

裏側にバルコニーが並ぶビルなら、建物の外側を登るという選択肢もある。バルコニーからバルコニーへと、梯子をかけて登るのである。

塗装工が使うポール（棒状のもの）、十分な長さがあるナイロン製のチューブラーテープ（筒状のテープ）またはロープ、それに重い金属製のフックがあれば、体重を安全に支える軽量の梯子をつくることができる。

この梯子を使って「フック・アンド・クライム（引っかけて登る）」テクニックで登っていく。これは、海賊が敵の船から積み荷などを略奪するときに使ったテクニックだ。

まずチューブラーテープを半分に折り、両端を「オーバーハンド・ノット」（止め結び）で結ぶ。次に「フロスト・ノット」（岩登りなどで使う結び方）の結び目を等間隔につくって梯子にする（左図参照）。長さはビルの高さの2倍以上必要だ。最後にフックをポールに差し込み、梯子に結び付けるか留めるかする。

こうしてでき上がった器具を、建物の高い位置に引っかける。そして、下の階から上の階へと梯子を登っていき、目的の階までたどり着くという寸法だ。

この方法は、深夜に行なうとしても、人目につきやすいという点で大きな危険を伴う。

ただ、防犯カメラにも盲点がある。建物のオーナーは普通、1階にしかカメラを設置していない。しかも、侵入者はみな入口から入ってくると思い込んでいるので、カメラはたいていドアのほうを向いている。つまり、建物をよじ登る人間をとらえることはできないのである。

そう考えれば、この危険な侵入手段が有効な場合がある。

1　フロスト・ノットの梯子

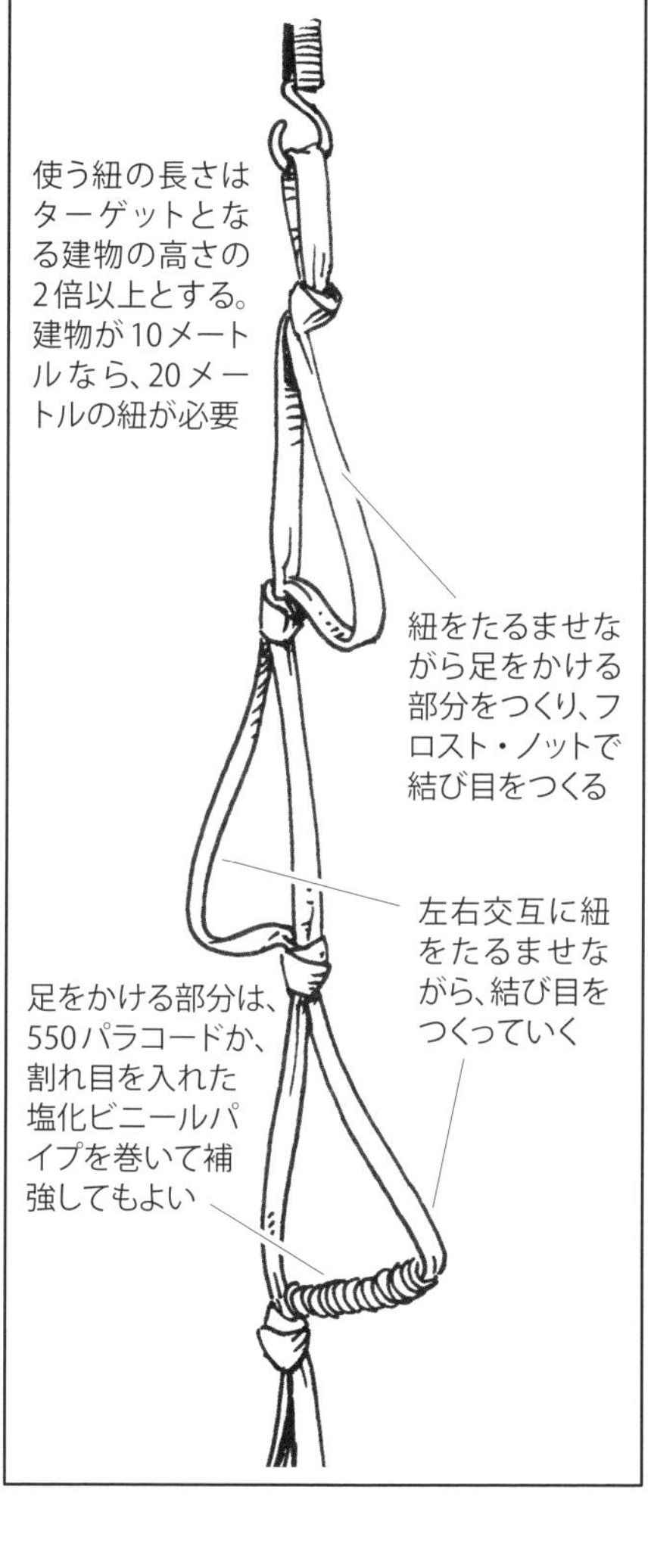
使う紐の長さはターゲットとなる建物の高さの2倍以上とする。建物が10メートルなら、20メートルの紐が必要
紐をたるませながら足をかける部分をつくり、フロスト・ノットで結び目をつくる
左右交互に紐をたるませながら、結び目をつくっていく
足をかける部分は、550パラコードか、割れ目を入れた塩化ビニールパイプを巻いて補強してもよい

2　フック・アンド・クライム

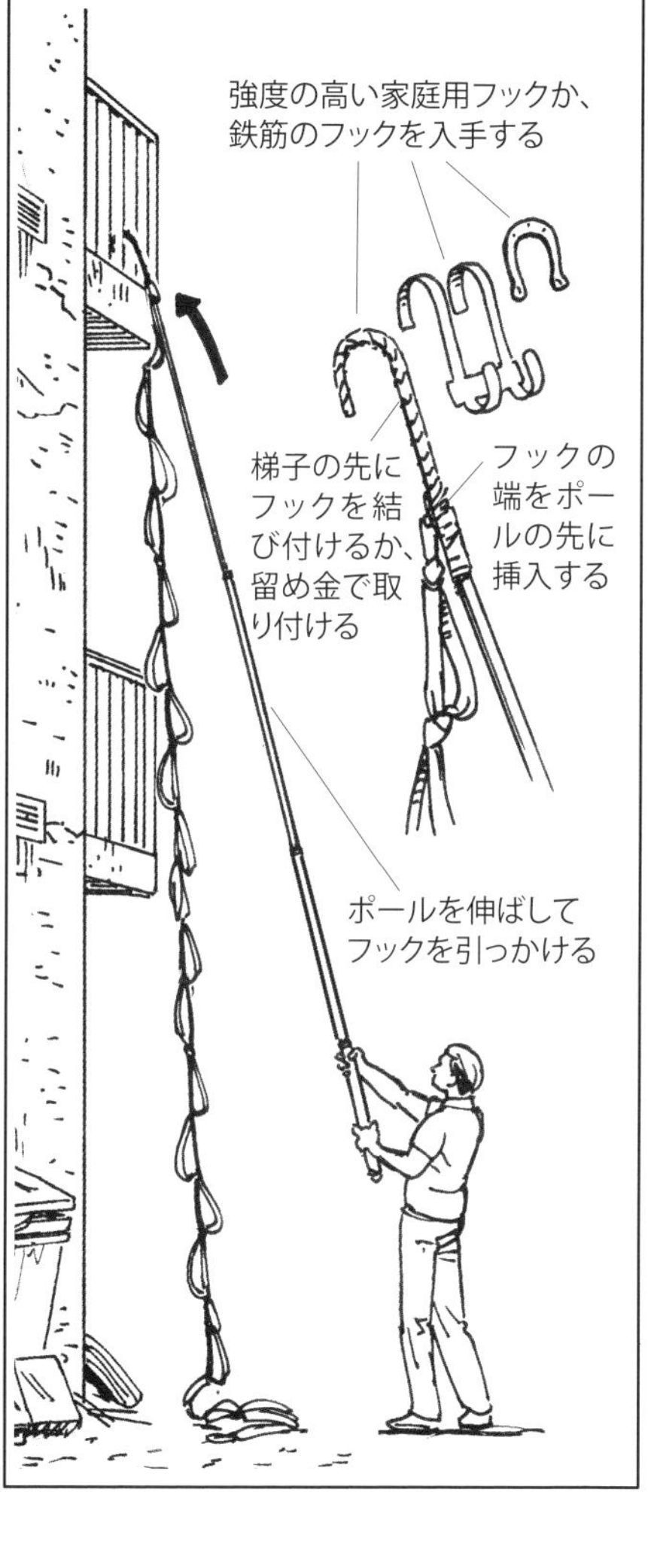
強度の高い家庭用フックか、鉄筋のフックを入手する
梯子の先にフックを結び付けるか、留め金で取り付ける
フックの端をポールの先に挿入する
ポールを伸ばしてフックを引っかける

016
高い壁をよじ登る

50ページで紹介したバルコニーを伝って登る方法は、凹凸のない壁や高い壁では難しい。だが、一方向にだけ固定できる「フリクション・ノット」（木登りなどで使う結び方）を使えば、登山用ロープや排水管を伝って侵入する道が開ける。この場合、使用するロープはピンと張り、上下の端をしっかり固定しなければならない。

フリクション・ノットのひとつに「プルージック・ノット」というものがある。これは、ロック・クライマーが命綱のバックアップとして使う結び方だ。

プルージック・ノットは、綱や縄に沿って上の方向にだけ動かすことができ、下の方向に圧力がかかると、そこでしっかり固定される。クライマーのハーネス（安全ベルト）と補助ロープを連結するときにこの結び方をすれば、万一のとき、クライマーを受け止めて降下を防ぐ安全装置の役目を果たしてくれる。

建物への侵入や脱出という場面では、その結び目をロープの上方にすり上げ（上には動く）、体重を支えるときにその位置で固定する（下には動かない）という具合に使える。

プルージック・ノットをつくるには、まず靴紐か太めのナイロン紐、あるいはパラコードを用意し、両端を「スクエア・ノット」（本結び）で結んで輪にする。これをロープか排水管に巻き、片方の輪にもう片方の輪を通す。さらに輪を2回通して、強く引っ張る（左図参照）。

両手と両足を交互に動かしながらロープを伝って登る場合、両手両足をかけられるように、プルージック・ノットを4つつくるのが理想的である。だが、使える紐の数が限られているとき（靴紐を外して脱出するときなど）は、プルージック・ノットを2つつくれば、片手と片足をかけて登ることができるので、用は足りる。

排水管を伝って登る場合は、建物と排水管を固定する金具の下の位置でいったん紐をほどき、その上の位置で再び結び直す必要がある。

エージェントは時間を節約するために、あらかじめ輪にしてある予備の紐を携帯している。

1　プルージック・ノットを両手用に2つ、両足用に2つ、合わせて4つつくる。この結び方は、ロープの上方には動くが、下方には動かない

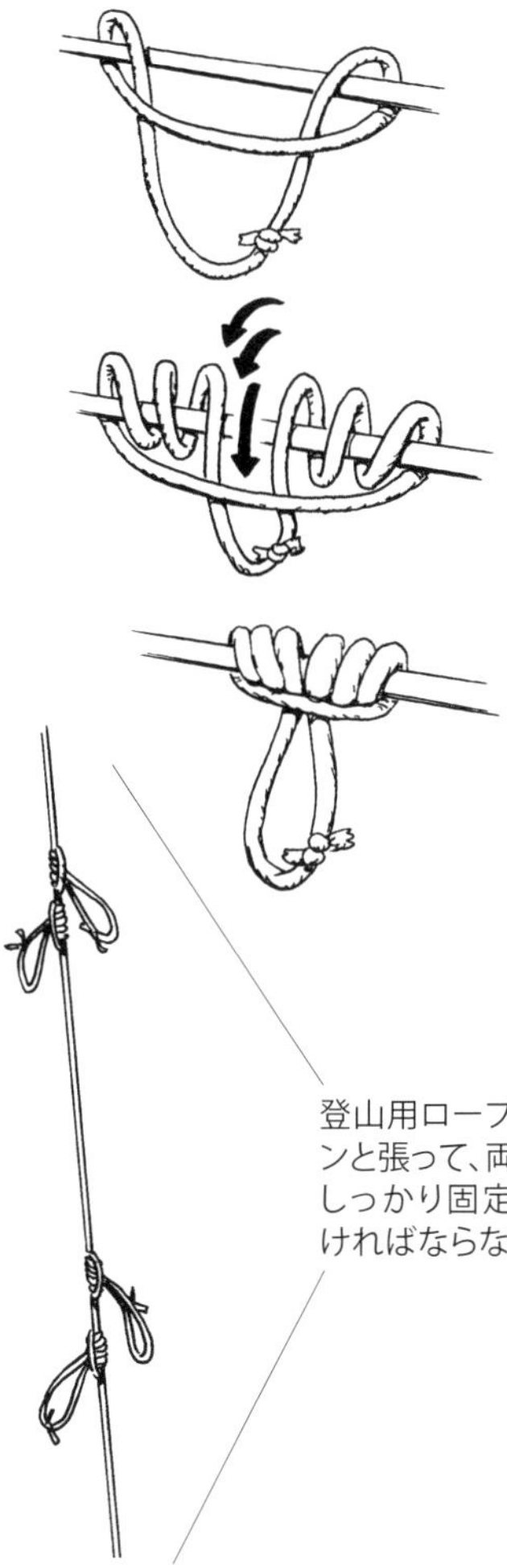

2　両手を目の高さまで上げ、次に両膝を胸の高さまで引き上げ、その位置で輪を踏みしめるように立ち上がる。そしてまた、両手を目の高さまで上に持っていく。同じ動作を繰り返す

3　プルージック・ノットは排水管でも使えるが、建物と排水管を固定する金具の位置で、紐をいったんほどいて結び直さなければならない

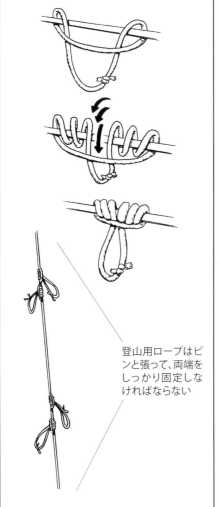

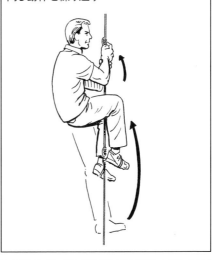

017 どんな環境にも溶け込む

潜入した地域の環境に溶け込むため、エージェントはその地域の生活環境のチェックリストをつくって対応する。

まず対応すべきは人間の「外見」だ。

どんな服装やしぐさが、その環境にふさわしいか。場違いな服装でぎごちない行動をする旅行者は、あらゆる犯罪者にとって格好のカモになる。エージェントといえども、目立った行動をしていれば、たやすく敵に見つけられてしまうだろう。

次に対応すべきは「文化」である。

その地域で生活する人たちの当たり前の生活習慣や嗜好《しこう》を常に意識し、気を配る。サンドイッチにケチャップをかけないとか、飲み物に氷を入れないのが当たり前なら、エージェントもそれに倣《なら》わなければならない。

次は「状況」の認識。絶えず周囲に目を光らせて、危険を察知するように努めることだ。

最悪の事態を想定し、何か危険なことが起きる前に、どんな行動をとるべきか判断する。例えば、レストランに入って30秒以内に、すべての出口の位置を把握し、手近にあるもので武器になりそうなものに目をつけておく。

「目に見えない境界線」を明確に定めておくことも重要だ。直感を研ぎ澄ませ、その境界線に引っかかる人物がいれば、躊躇《ちゅうちょ》なく行動に移らなければならない。

もし自動小銃を携帯する武装衛兵を見かけたら、逃げるか反撃するかをすばやく決定する。衛兵が自分のほうを何度も繰り返し見るならば、裏口から逃げ出す、というように。

最後は「第三者」の認識である。

エージェントは、自分を監視しているかもしれないと思われる人物を、常に敏感に察知する。作戦行動中はもちろん、日常生活でも、インターネットをしているときも、さまざまな第三者——犯罪者、ハッカー、警察、ときには一般市民——に正体がばれないよう心がけなければならない。

「外見」に気を配る

「文化」に気を配る

「状況」に気を配る

「第三者」に気を配る

PART 3
INFRASTRUCTURE DEVELOPMENT

拠点・移動手段・武器を確保する

018 ホテルでの危機に備える

ホテルの部屋が安全な場所でないことは、今さら言うまでもないだろう。

特に発展途上国ではそうである。信頼できそうな名の通ったホテルでも、外から監視されていたり、従業員が買収されていたりといったことは日常茶飯事だ。しかも、それが公的機関に認可されている場合すらある。

世界情勢が不安定な時代だ。好戦的な国の政府は、地位の高い外交官であろうと、一介のビジネスマンであろうと関係なく、外国人（中でも欧米人）に関する情報を集めようと躍起になっている。

多くの人々は、このような目に見えない脅威に気づくこともなく、旅をしているだろう。ホテルの部屋やレンタカーの中に入ってしまえば、それで安全だと思っているに違いない。

だが、外国では、誰がどこで見張っているかわかったものではない。どこにいても我々は常に無防備で、危険にさらされているのだ。実際、欧米人には盗聴器や隠しカメラを仕掛けた部屋を貸すホテルも存在する。

その裏をかくには、ホテルの部屋やホテルそのものを頻繁に変えることをお勧めする。

また、予期せぬ非常事態に備えて、2階か3階の部屋に宿泊するのが安全である。多くの国の消防組織は、高いところまで届く消防設備を持っていないからだ。

エージェントが最も危険視するのは1階である。敵が侵入してきた場合に、ロビーからある程度離れていることが、安全のために重要になってくるからだ（テロリストはほとんどの場合、1階から侵入してくる）。

またエージェントは、階段の吹き抜けとエレベーターのちょうど真ん中あたりにある部屋を好んで使う。

部屋が非常口に近すぎると、敵に襲われて、階段の吹き抜けに連れ出される危険と隣り合わせになる。逆に非常口から離れすぎていても、急な脱出を試みる際に不利になるからだ。

1 部屋の柱やフロア全体に、盗聴器や隠しカメラが設置されている場合がある。欧米人はたびたび、盗聴器や隠しカメラを仕掛けた部屋をあてがわれる

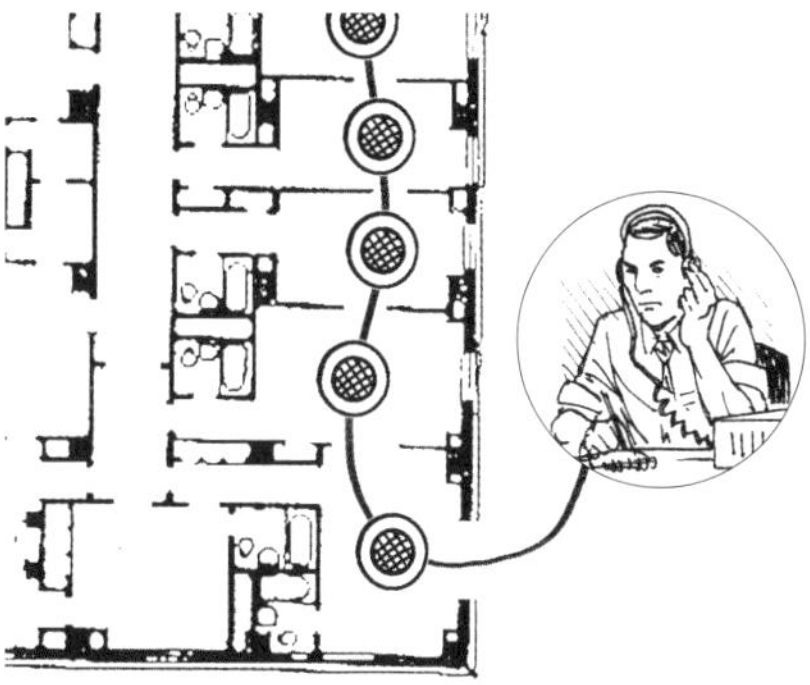

2 2階か3階の部屋を希望しよう。多くの国では、消火設備もはしご車も4階以上の高さには届かない

3 非常口とエレベーターのあいだの（複数の避難経路から等距離にある）部屋を希望しよう。階段の吹き抜け近くの部屋は、誘拐犯にとって都合がよいので、避けたほうがよい

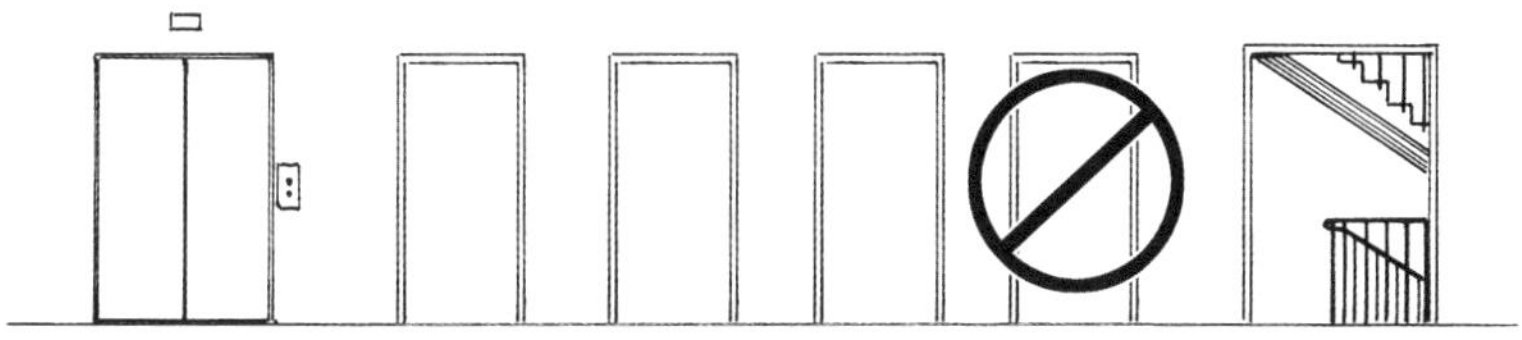

4 ホテルに出入りするとき、毎回同じ出入口を使ってはいけない。あらゆる出入口をでたらめに使い分け、階段とエレベーターの使用頻度も同じにする。ホテルに滞在しているあいだは、町中にいるときと同様、不規則に行動する

019 部屋への侵入を防ぐ

　ホテルの部屋のドアロックはつくりがお粗末で、簡単に破られてしまう。せいぜい役に立ちそうなのは、あまり強度のなさそうなドアの細い木製フレームくらいだ。

　そのため、危険な地域を旅するときは、ホテルの部屋に置いてある家具類などの配置に気を配り、いざというときにバリケードをつくれるよう備えなければならない。


　頑丈なロックであれば、誰かがこじ開けようとするあいだに、ある程度時間を稼げるだろう。だが、侵入者がドアを蹴破って入ってくるのを防ぐには、ドアフレームを補強するしかない。

　金属製のデッドボルト（かんぬき仕様）錠をかけていても、ドアを数回蹴られて錠前の部分に強い力がかかれば、ドアのフレームそのものが壊れてしまう。

　そこで、ドアの横幅より長い物を即席のかんぬきとして取り付ければ、ドアを蹴る衝撃をかんぬき全体で受け止めることができる。そうするとデッドボルトにかかる圧力がある程度弱まり、フレームを突き破る力を減らしてくれる。

　小さなアイボルト（ネジ）を2個使って補強用のかんぬきを留めれば、外したあともほとんど痕跡を残さずにすむ。


　アメリカではドアは内側に開くものが多いが、外開きのドアなら多少は安全である。侵入者はドアを蹴るのではなく、手前に引かなければならないので、最初の段階で手間取ることになる。

　また、長いナイロン製の紐をドアノブに結び付け、もう一方の端を、固定された物体や、鍵のかかった別のドアノブに結び付けておくとよい。このとき、紐はピンと張った状態にする。

　内開きのドアでは、ドアに木製のくさびを挟んだり、ほうきの柄を使ったつっかい棒でノブを固定することにより、侵入を遅らせることができる。

　最後の手段として、ドアの前に大量の家具を積み上げて、バリケードにするのも悪くない。侵入者が障害物に悪戦苦闘しているあいだ、こちらは脱出ルートを考えたり、即席の武器を準備する時間が稼げるだろう。

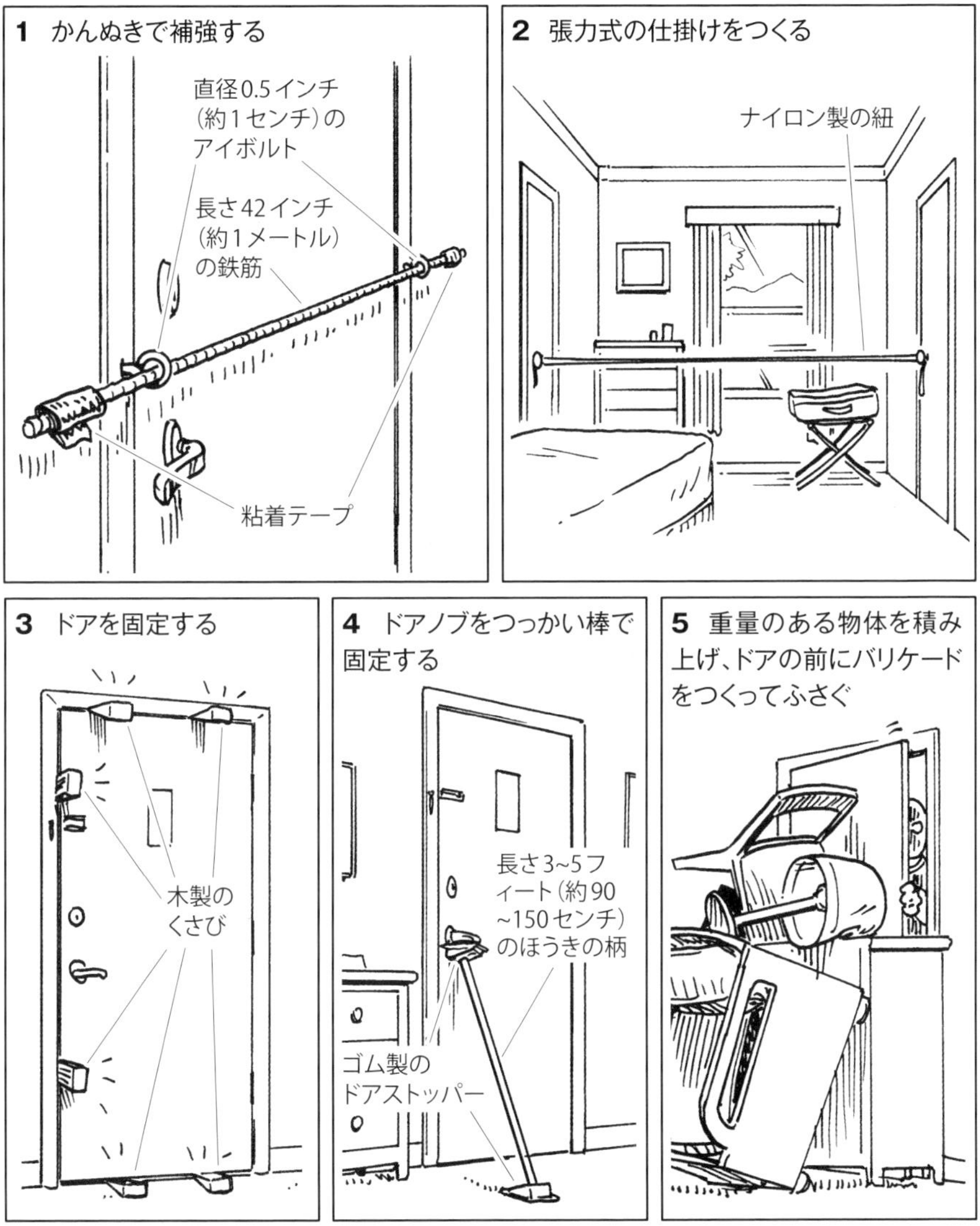
1 かんぬきで補強する
直径0.5インチ（約1センチ）のアイボルト
長さ42インチ（約1メートル）の鉄筋
粘着テープ
2 張力式の仕掛けをつくる
ナイロン製の紐
3 ドアを固定する
木製のくさび
4 ドアノブをつっかい棒で固定する
長さ3~5フィート（約90~150センチ）のほうきの柄
ゴム製のドアストッパー
5 重量のある物体を積み上げ、ドアの前にバリケードをつくってふさぐ

020 部屋に所持品を隠す

作戦地域で活動するとき、エージェントは(偽名で予約した)ホテルの部屋を隠れ家にすることがある。

とはいえ、そこで彼らが気をゆるめることはない。敵に発見されて任務が失敗に終わることがないように、常に自分の部屋の点検を怠ってはいけないのだ。

武器や身分を示す書類は、身に着けて持ち歩くか、作戦用車両のデッドスペースに隠すのがいちばんいい方法だ。だが、デリケートな装置やデータなどは、借りている部屋に隠さなければならない場合もある。

ホテルの金庫は、スタッフが頻繁にチェックするので、安全な保管場所とは言いがたい。そこでエージェントが頼みにするのは、世界中の囚人がよく使う、手の込んだ隠匿テクニックである。

よい隠し場所とはすなわち、侵入者(あるいはホテルのスタッフ)が探し出すのに時間がかかる場所である。部屋をあさりにきた侵入者は、邪魔が入らないように、常にあわてて行動しようとする。手間暇かけていられないのだ。

テレビの背面パネルやコンセントの中のように、ドライバーがないと開けられない場所は、隠すのにうってつけである。開けるのに時間がかかるので、たいがいの侵入者は短時間では見つけられないだろう。

しかもこうした場所は、誰かがいじくり回すと痕跡が残りやすい、という利点もある。

事前にコンセントのネジをわざと一直線になるように締めたり、シャワーカーテンのリングの幅を一定に整えておくのもよい方法だ。そうすれば、触られたことがすぐわかるので、侵入者対策には有効である。

通気口の横幅は、貴重な情報が入ったノート型パソコンやタブレットを隠すのに最適である。格子を留めてあるネジを外して、中にしまえばいいだけだ。平たくて薄い物を隠す場合は、引き出しの裏の底面にテープで貼り付けるという手もある。

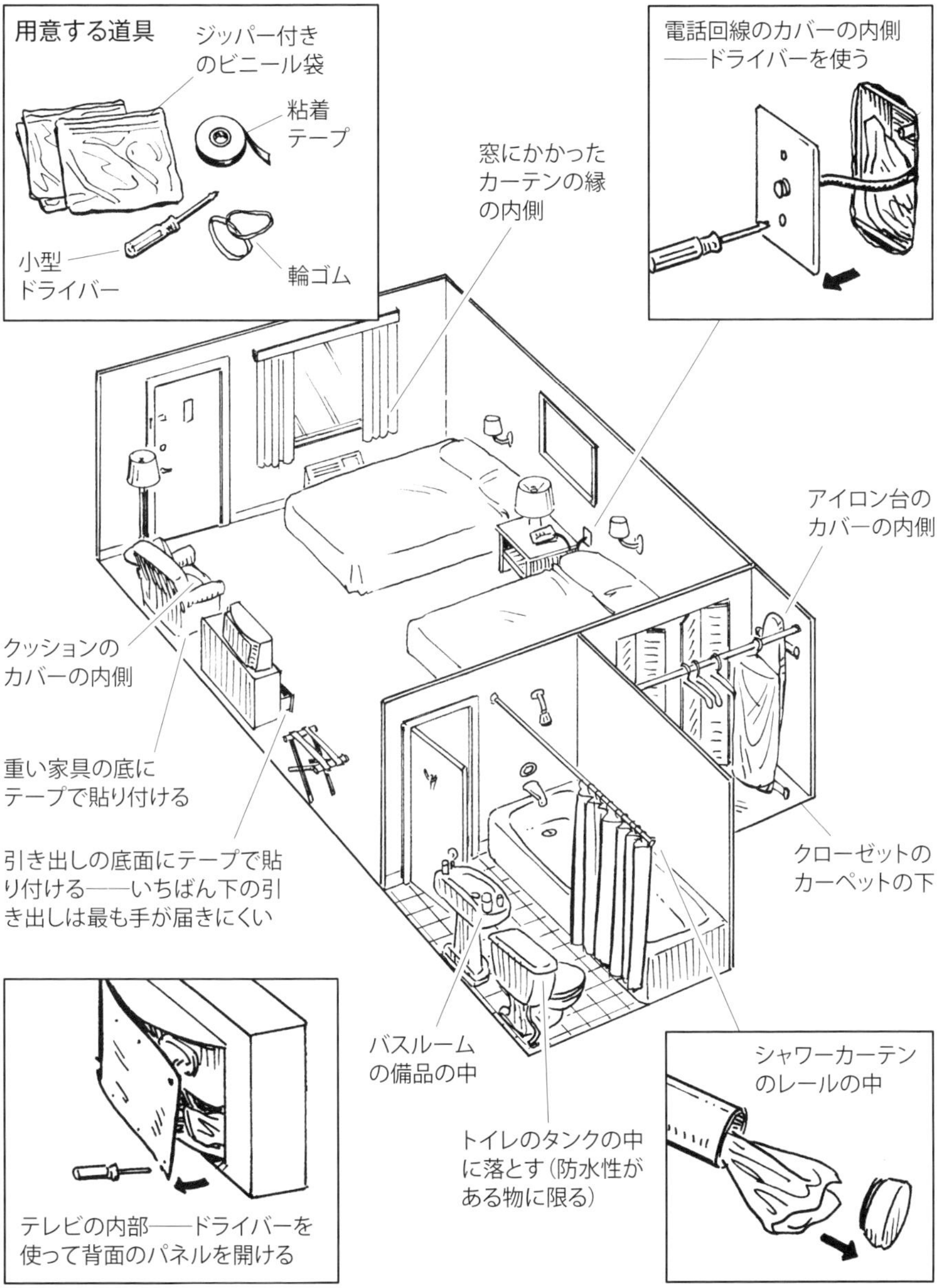
用意する道具
ジッパー付き
のビニール袋
粘着
テープ
小型
ドライバー
輪ゴム
窓にかかった
カーテンの縁
の内側
電話回線のカバーの内側
——ドライバーを使う
アイロン台の
カバーの内側
クッションの
カバーの内側
重い家具の底に
テープで貼り付ける
引き出しの底面にテープで貼
り付ける——いちばん下の引
き出しは最も手が届きにくい
クローゼットの
カーペットの下
バスルーム
の備品の中
トイレのタンクの中
に落とす（防水性が
ある物に限る）
シャワーカーテン
のレールの中
テレビの内部——ドライバーを
使って背面のパネルを開ける

021 張り込み部屋を確保する

ターゲットに関する情報を収集する任務では、そのプロセスが何日も何週間も続くことがある。ターゲットの日常生活を把握し、時間をかけて弱点を突き止めることが、監視任務における最重要事項だ。

しかし、車を駐《と》めて何日も張り込みを続けていると、周辺の住民にさえ疑念を抱かせることになる。長期間の張り込みには、専用の「張り込み部屋」を確保しなければならない。そこから相手に気づかれずに情報を集めればよい。

張り込みに最適なのは、視界を遮られることなくターゲットを見張れる部屋である。

近くにある建物の上方の階であれば、監視する側は視界が最大限広く確保でき、しかも相手に見られる可能性は最小限ですむ。たいていの人は日常生活の中で、自分の目の高さより上を見上げることはあまりないからだ。

張り込み部屋を確保する前に、まず候補となる場所を建物の外側からよく観察する。昼の様子も夜の様子も等しく観察しよう。もし、清掃業者が毎日決まった時間に窓辺のカーテンを開け閉めするのであれば、自分も同じような時間にカーテンを開け閉めする必要があるだろう。

夜間の情報収集には、ある程度自由に動き回れるというメリットがある。だが、価値の高い情報を得られるのは、むしろ日中のほうだ。

日中は相手に見つかる恐れもあるので、外からの視界を遮る工夫が必要になる。そこで、室内に黒いカーテンをつるし、自分は黒っぽい服を着て、その背景に溶け込む（左図参照）。いわば、透明人間のマントのようなものだ。

白い壁が光を反射するのとは反対に、黒いカーテンは光を吸収する。一時的に暗室をつくってその中にいれば、真っ昼間でも窓の奥に姿を消すことができるのだ。外からこの部屋を眺めても、ほかの部屋と何ら変わらない。

さらに万全を期すならば、カーテンを二重にして天井からつるせばよい。こうすることで、ドアから出入りするときも、暗室に光が差し込むのを防ぐことができる。

1 監視対象の建物をよく見渡せる、窓のある部屋を選ぶ

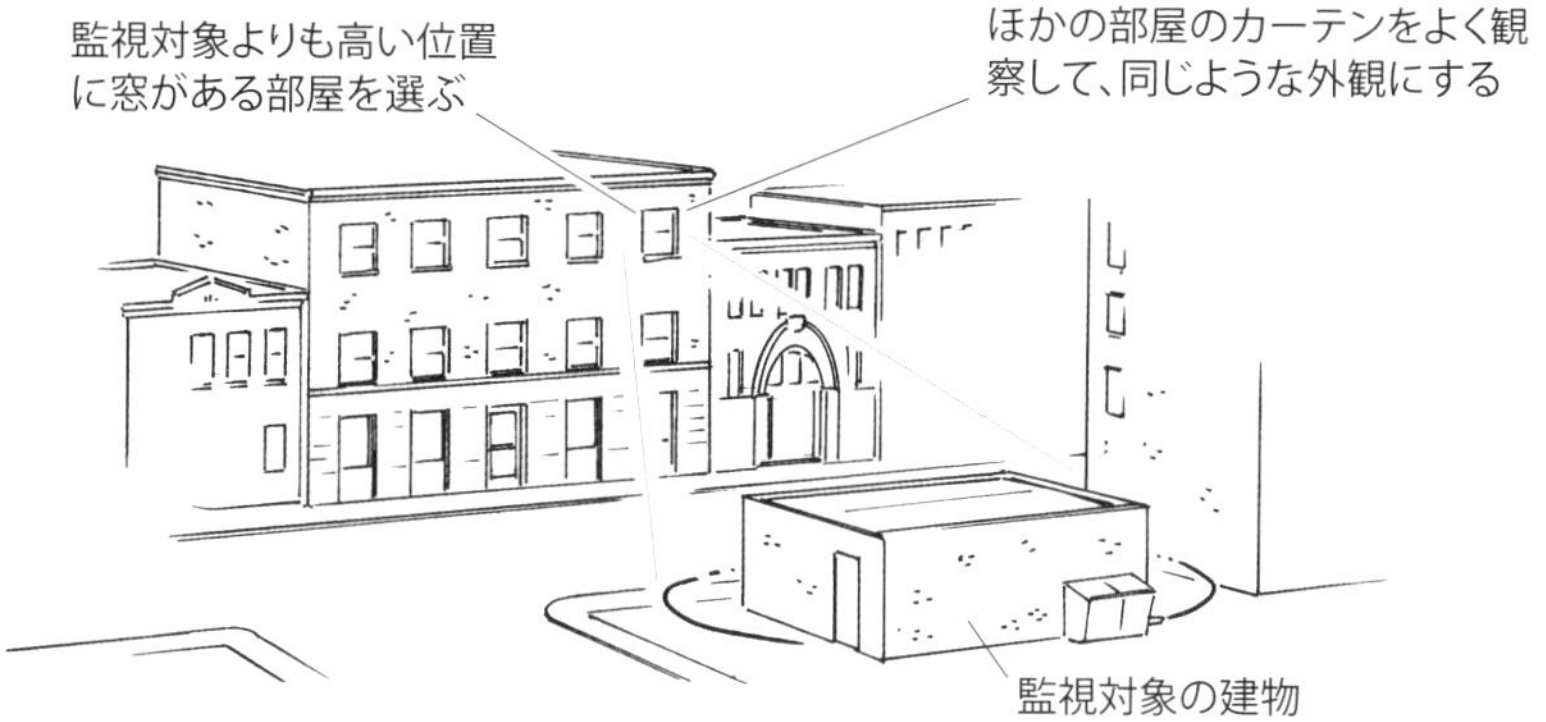

2 黒か濃い色のシーツを５枚、天井からつるす。３枚で窓を囲み、小部屋をつくる。残りの２枚は、小部屋のシーツから平行に２～３フィート（約60～90センチ）離してつるす。こうすることで、部屋に出入りするときにドアからの光が差し込むのを防げる

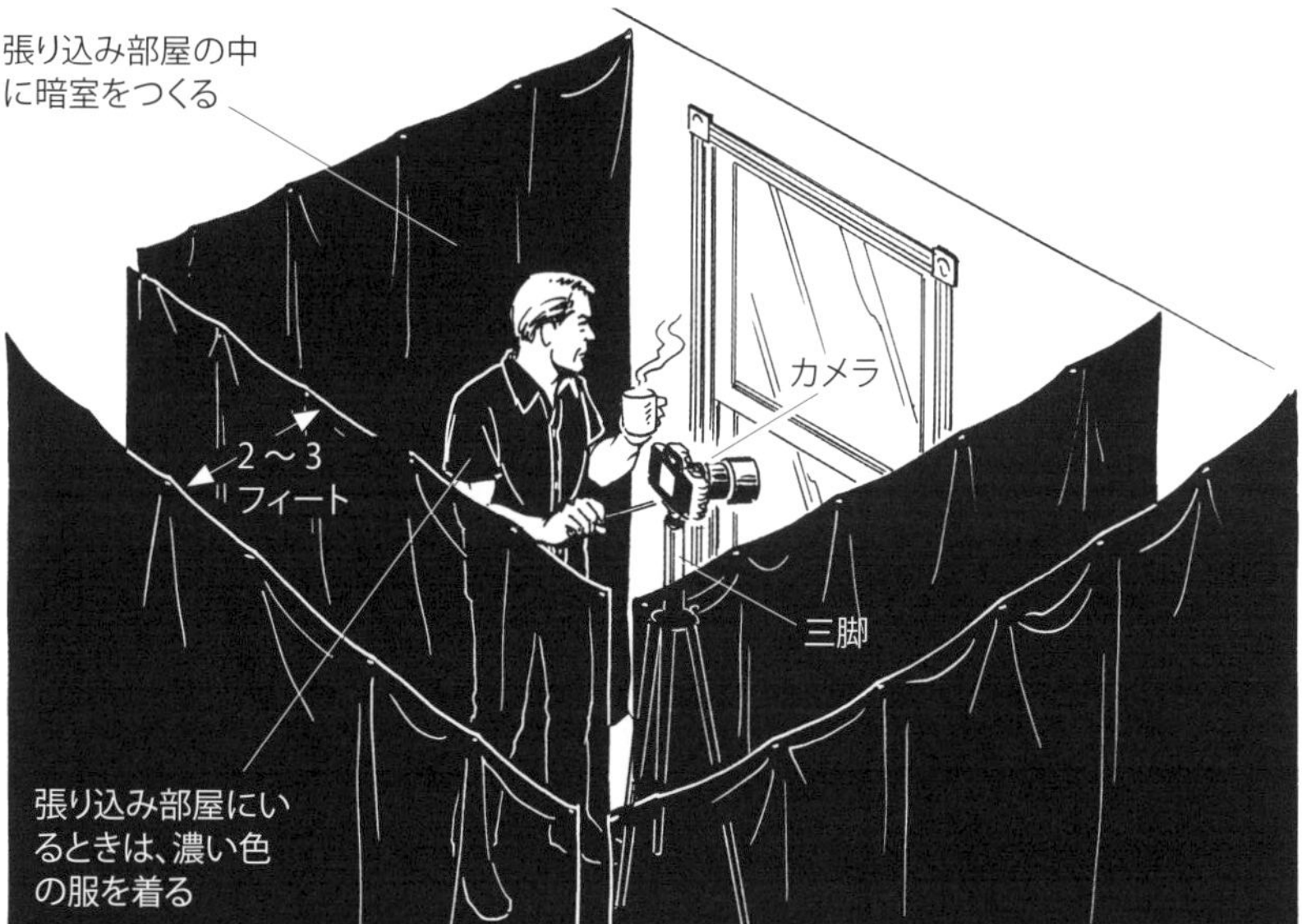

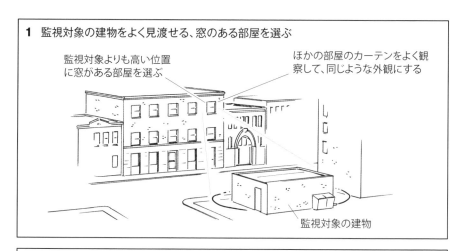

022 自動車を盗む

映画館の大画面に登場するお仲間たちとは違い、現実世界のエージェントは、「アストンマーティン」や「ポルシェ」のようなジェームズ・ボンド御用達の高級自動車には乗らない。

任務遂行に最適な乗り物は、まったく誰の注意も引かない車である。そういう車であれば、ターゲットに気づかれる危険を冒さずに、尾行したり、長時間見張ったりできる。そして、すばやくその場から逃走して、通行中の車の流れに紛れることができるのだ。

エージェントはたいていの場合、現金で購入するか、レンタカー店で借りるか、あるいは無断借用して車を手に入れ、任務に合わせて準備したり改造したりする。そして、不要になったらさっさと乗り捨てる。

車を盗めば、文書の証拠は残らない。エージェントは必ずニセのIDやクレジットカードを使うが、それでも、証拠になるようなものは極力残さないようにする。作戦で使った車は、盗難届が出されるころにはとっくに乗り捨てられているか、焼き捨てられている。

では、作戦用車両を手に入れる方法を具体的に見ていこう。

自動車を選ぶ

任務が何であれ、どんな場所でも目立たない車が最適である。

ただし、車種は任務の内容によって変わるため、作戦地域の環境を慎重に調べたうえで、それに適した車を決める。現地でいちばん人気のあるタイプと同じメーカー、モデル、カラーの車を選ぶのが無難であろう。

車のタイプだけでなく、細部にも気を配る。例えば、現地の住民がバックミラーに小さな国旗をつるしているなら、それをまねるようにする。

作戦用車両を選ぶためには、ほかにも吟味《ぎんみ》しなければならないポイントがある。

車内スペース——任務によっては、作戦用の装備や武器を隠すことができる、スペースの広い車が必要になる場合がある。監視作業ならカメラが不可欠だし、砂漠や無人地帯での任務なら、何日分かの食料と水を備えておかなければならない。車内スペースが最も広いタイプの車としては、ワゴンやＳＵＶなどの多目的車がある。

自動車の状態――車にマークやへこみ、こすり傷があると注意を引きやすく、第三者に気づかれて警察に通報されるかもしれない。逆に、あまりきれいすぎる車でも目立つ危険がある。高級住宅街ならいざ知らず、車は薄汚れているほうがほかの車に紛れやすいものだ。

自動車を盗む

昨今の新型車には、キルスイッチ（エンジン停止装置）やトランスポンダー（無線中継機）といった高性能の安全機能が標準搭載されているため、泥棒が車を盗むのは、昔と比べてずっと面倒な仕事になった。例えば、正しいトランスポンダーを埋め込んだキーでなければ、車を発進させることができない。ニセもののキーでは動かないのである。

そんなわけで、エージェントも自動車泥棒も、キーを盗む機会を狙ったり、走行中の車をカージャックしたり、セキュリティーの甘い旧式モデルの車を狙うことになる。

立体駐車場を狙う――駐車係がいる立体駐車場の安全対策は、極端に甘い傾向にある。車のキーはたいてい、駐車係のブースの戸棚にタグをつけてつり下げられているだけだ。ブースには鍵がかかっていないし、人がいないことも多い。おかげでエージェントは、自分の好きなモデルのキーをいとも簡単に、何個でも盗むことができるのだ。

放置自動車を狙う――エージェントはまた、あちこちの通りを歩きまわり、虎視《こし》眈々《たんたん》とカージャックの機会をうかがっている。ＡＴＭから現金を下ろすときや、ガソリンスタンドの中に支払いに行くとき、キーを差し込んだまま車を離れる人は少なくない。このとき、車は無防備な状態で放置されることになる。

旧式モデルの自動車を狙う――昔ながらの方法で車を盗むなら、セキュリティーが甘い旧式モデルの車を狙うのがよい。

最初にやることは、車に侵入してスペアキーかバレットキー（自動車の取扱説明書に付いていることが多い）を探すことだ。バレットキーを使えば、ドアの開閉やエンジンをかけることはできるが、トランクやグローブボックスは開けられない。

ただ、高性能自動車であっても何かしら弱点があり、エージェントはそれを熟知している。例えば、「ＢＭＷ」のあるモデルには、トランクのそばにワイヤーハーネスがあり、それをショートさせれば車の鍵がすべて開く、というようなことだ。

旧式の車は、ロック・シリンダーを外せば、ドライバーの先端を差し込んで、簡単にエンジンをかけることができる。

ロック・シリンダーを見つけるには、ステアリングコラム（ハンドルの軸）のプラスチックカバーをドライバーの柄の部分で数回強くたたいて壊せばよい。そして、ロック本体からロック・シリンダーを外す。

エンジンをかける前に、ステアリングコラム・ロックも壊さなければならない。これは単純な構造のロックなので、ハンドルを一方向へ思い切りぐいっと引けば、すぐに壊れる。そして、ドライバーの先端をロック本体に差し込み、右に回す。これでエンジンはかかり、車を出すことができる。


もしも…に備えるアクション！

自動車の所有者は、どんなわずかな時間でも、エンジンをかけたままで車を離れないこと。また、鍵をかけたガレージの中であっても、キーを車内に残したままにしてはいけない。バレットキーも要注意だ。取扱説明書を確認し、バレットキーがついていれば、それを安全な場所へしまおう。

1 立体駐車場を狙う

2 放置自動車を狙う

3 隠してあるキーを探す

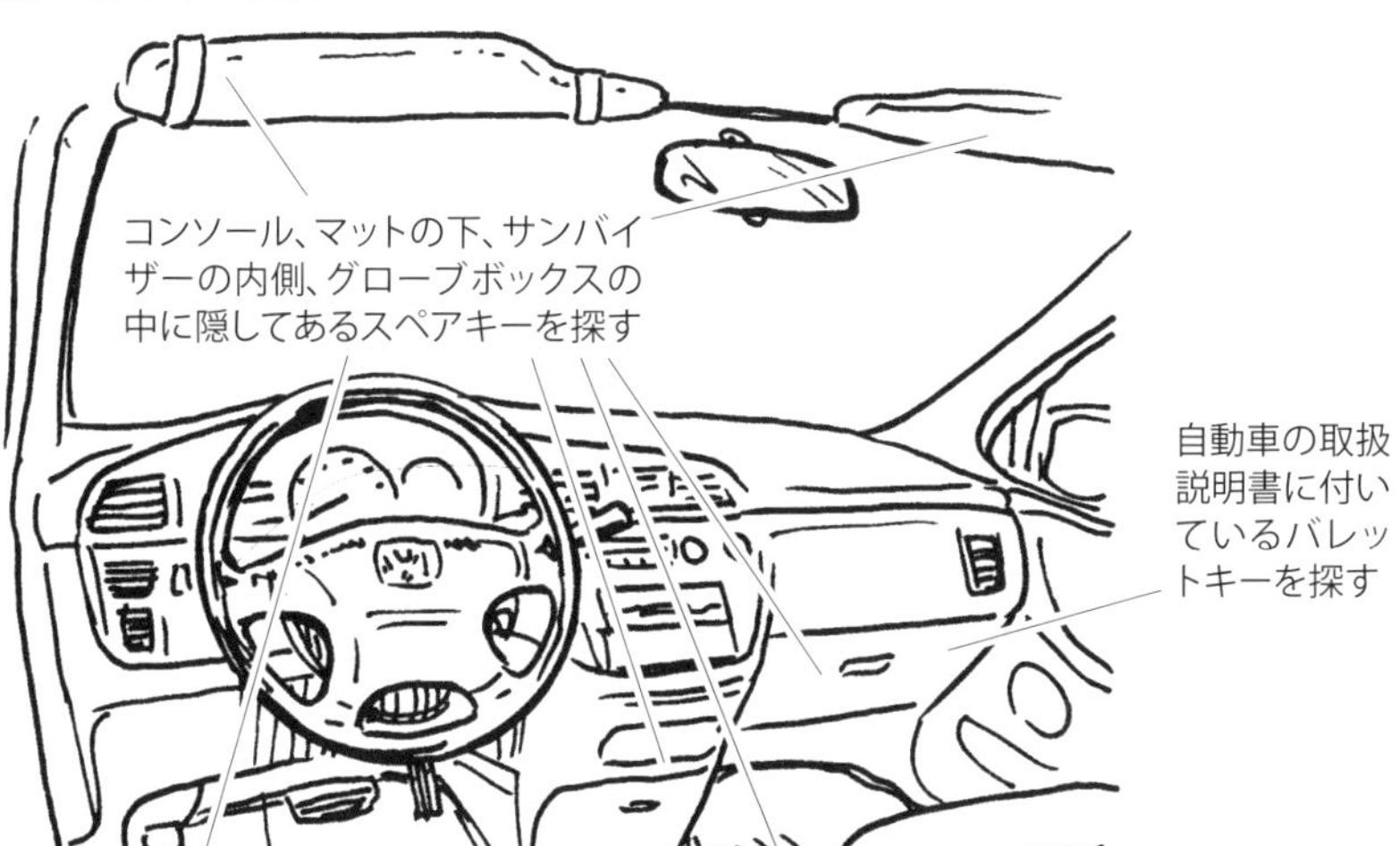

コンソール、マットの下、サンバイザーの内側、グローブボックスの中に隠してあるスペアキーを探す

4 旧式モデルの自動車を狙う

ステアリングコラムのプラスチックカバーを壊す

ハンドルを一方向に思い切りぐいっと引き、ステアリングコラム・ロックを壊す

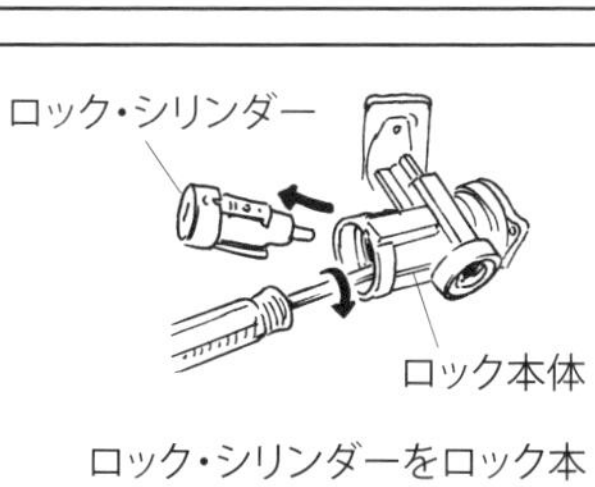

ロック・シリンダーをロック本体から外す。ドライバーを差し込み、回す。筒形コイルが回り、エンジンがかかる

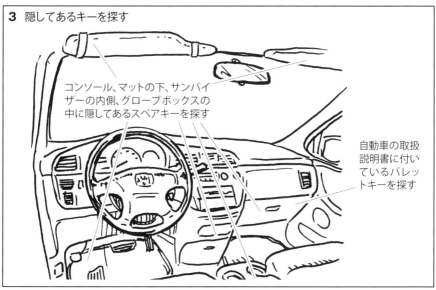

023
作戦用車両を準備する

首尾よく自動車を入手したら、次は作戦に向けてさまざまな改造を行なう。

車の性能を向上させるだけではない。エージェントにとっては、目立たないように改造したり、車の出所をわかりにくくすることも重要な準備である。

具体的には、次のような作業だ。

- 助手席側のダッシュボード、エアバッグ収納部、ドアパネル、シートカバーなどのスペースを利用して物を隠す。麻薬の密売人や運び屋がよく使う隠し場所だ。生命維持のための水や食料、現金、任務に不可欠なノート型パソコン、通信装置、さらにはライフルなどの武器に至るまで、何でもこれらのスペースにしまっておける。
- ニセのナンバープレートとニセの自動車登録書を車につける。車検の有効期限が切れたステッカーを付けていると、警官に車を止められた場合、正体がばれる恐れがあるので要注意。
- 監視用の目として、後部座席のダッシュボードの上に、ティッシュペーパーの箱で偽装した小型監視カメラを設置する。このカメラは、向きを変えることで、監視にも使えるし、追跡者の有無を確認することもできる。
- 見つからずに走行するため、常時点灯式ライト、ブレーキライト、車内灯、ドアの警告音などが作動しないようにする。車内灯の電球は、点灯しないように少しだけソケットからゆるめておく。ただ、警察に車を止められたときに、ぶら下がった電球が注意を引いてしまうといけないので、ゆるめすぎないように気をつける。
- 最大限の性能を発揮させるために、タイヤの空気圧は通常よりも高くする。

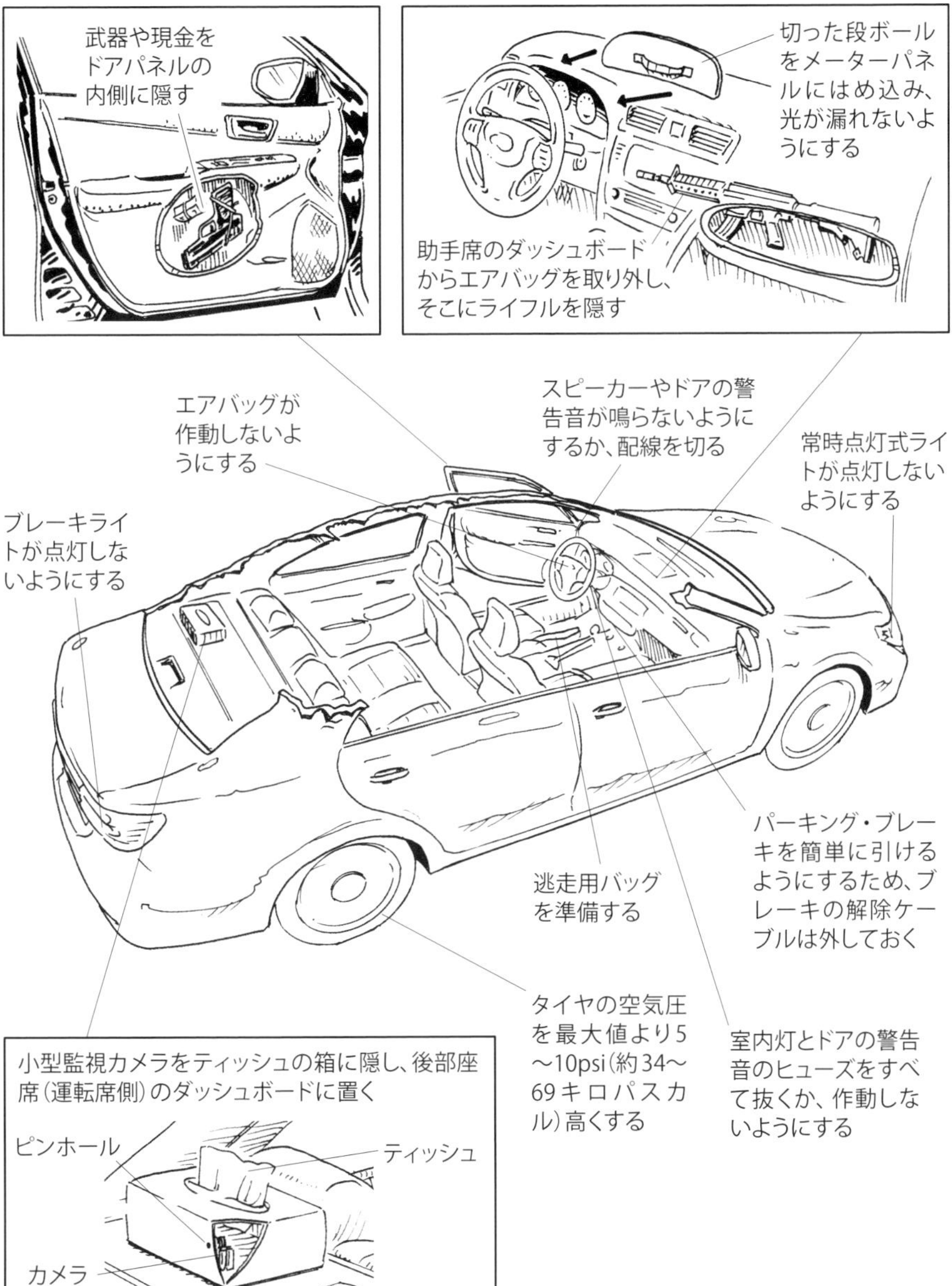
武器や現金をドアパネルの内側に隠す
切った段ボールをメーターパネルにはめ込み、光が漏れないようにする
助手席のダッシュボードからエアバッグを取り外し、そこにライフルを隠す
エアバッグが作動しないようにする
スピーカーやドアの警告音が鳴らないようにするか、配線を切る
常時点灯式ライトが点灯しないようにする
ブレーキライトが点灯しないようにする
パーキング・ブレーキを簡単に引けるようにするため、ブレーキの解除ケーブルは外しておく
逃走用バッグを準備する
タイヤの空気圧を最大値より5～10psi（約34～69キロパスカル）高くする
室内灯とドアの警告音のヒューズをすべて抜くか、作動しないようにする
小型監視カメラをティッシュの箱に隠し、後部座席（運転席側）のダッシュボードに置く
ピンホール
ティッシュ
カメラ

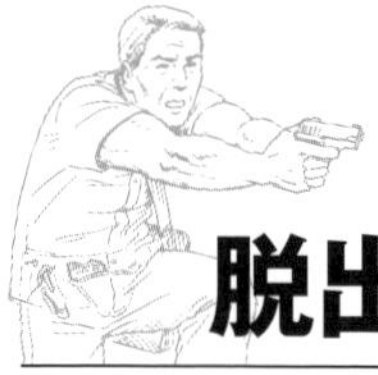

024 脱出・逃亡用車両を準備する

脱出や逃亡を図るとき、エージェントは運転技術を駆使して苦境を切り抜ける。だが、その技術は非常に危険なものなので、よほど緊急の場合にしか用いない。

使用する自動車は、作戦行動用に特別に選定・改造したもので、「Jターン」や「リバース180」（230、232ページ参照）などの小回りが利くものに限る。SUVのような重心が高い車は横転しやすく、かといって小型車では衝突の際に危険度が高い。

脱出・逃亡用の車両は、次の方法で準備する。運転技術の訓練も必須だ。

タイヤ――高性能モデルのタイヤに取り換え、最大推奨値まで空気圧を上げておく。

シートベルト――車が横転した場合、シートベルトのロックシステムにより、ベルトがゆるまずに固定されてしまうことがある。そうなると、体の自由がなくなって逃げられなくなる。体の重みでベルトごとドアまで引っ張られると、ベルトの取り外し装置が効かなくなることもある。ベルトを切断できるように、カミソリの刃を手の届くところに仕込んでおくといいだろう。

エアバッグ――エージェントにとって最悪の事態とは、高速で逃走中にエアバッグが作動することだ。新型のモデルであれば、エアバッグが開いた時点で、自動的に車のエンジンが止まってしまう。エアバッグの作動解除はくれぐれも忘れないように。

左足ブレーキ――人体の神経システムは、体の左右が同時に動いたときにもっともすばやく、効果的に機能する。そのため、カーレースのドライバーやエージェントは、ブレーキを踏むのに左足、アクセルを踏むのに右足を使う。

スレッショルド・ブレーキ――正確なハンドルさばきをするためには、タイヤを完全にストップさせずにブレーキペダルを踏む方法を学ぶ必要がある。高速で走っているときに、この「スレッショルド・ブレーキ」を使えば、最小限のスライドで車を停止できる。

1 回避作戦行動のためのタイヤを準備する

最大推奨値まで空気圧を上げる
大型ナットが固く締まっているのを確認する
高速走行可能な警察用特別タイヤを使う
耐熱性が優れたタイヤを使う

2 衝撃に備えて、シートベルトの準備をする

ベルトの肩の位置にカミソリの刃をテープで貼り付けるか、結束バンドで留める
シートベルトは必ず締める

3 エアバッグを解除する

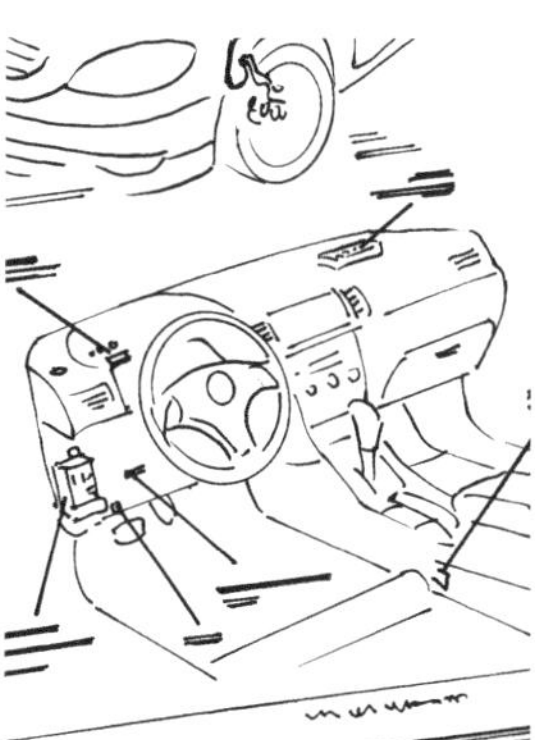

マニュアルを読んで、エアバッグのヒューズがある場所を探し、それを引き抜く

4 左足でブレーキをかける練習をする

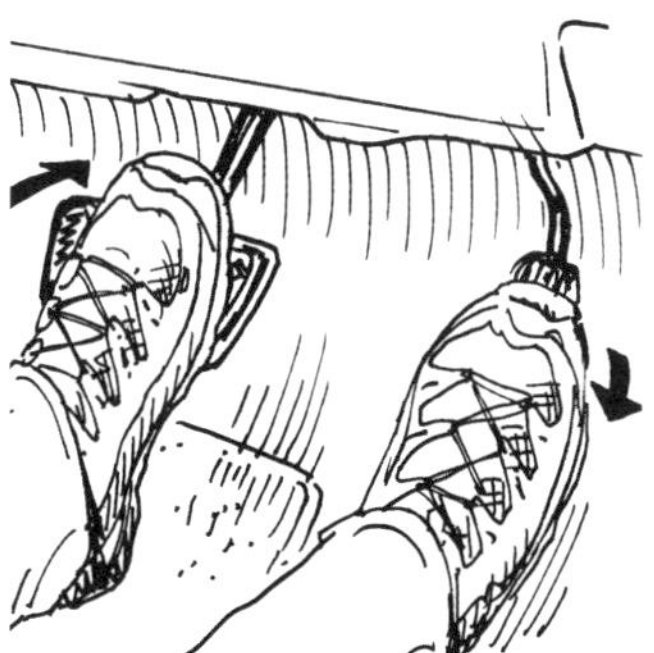

5 スレッショルド・ブレーキの練習をする

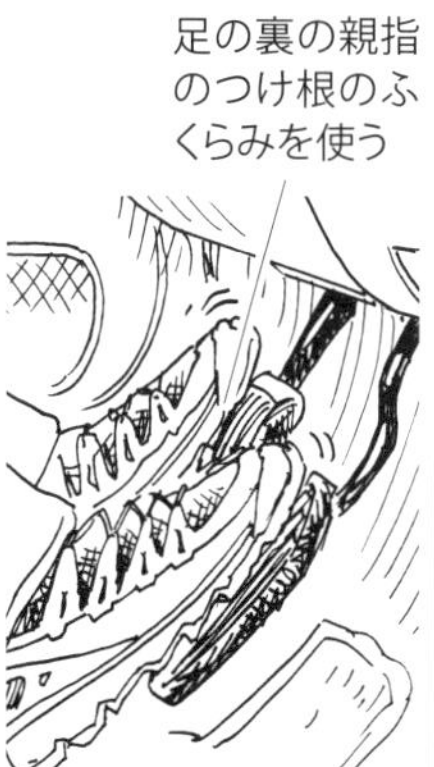

足の裏の親指のつけ根のふくらみを使う

タイヤを完全に止めないように、ブレーキを小刻みに踏む

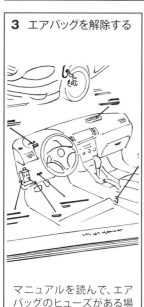

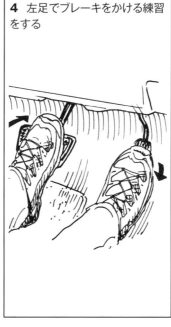

025 張り込み用車両を確保する

長期間の監視に最も適した張り込み場所が、見晴らしのよい部屋であることはすでに述べた（64ページ参照）。しかし監視活動中には、車内で一時的に張り込みせざるを得ないケースも出てくる。

こうした場合、外敵に対する守りは脆弱《ぜいじゃく》になりやすく、より緊張を強いられることになる。とはいえ、「張り込み部屋」に設置したような、シーツを使った暗室状態の空間を自動車の中につくれば、人目につきにくくはなる。

その中にいれば、まるで真っ黒な反射ガラスの向こう側に姿が消えたように見えるが、本物のガラスとは違って、明るい日差しや詮索好きな通行人の目にさらされることはない。

張り込み用車両には、窓に着色ガラスのついた、シートを倒せる大型セダン、またはSUVが好適である。これなら、急造の暗室の中に本格的な監視道具一式をセットできる。

三脚、デジタル一眼レフ・カメラ、ケーブルレリーズ（カメラに取り付けるシャッターボタンの付いたケーブル）があれば、特別な暗視装置で撮るよりも高品質な夜の写真が撮れる。

車のエンジンは常に切っておく。エンジン音や走行用ライト、排気ガスによって、車の存在を目立たせてはいけない。

寒い場所では、ガラスの内側に撥水剤《はっすい》を塗り、通気性のないジャケットを着る。そうすれば、体の熱をジャケットの外に逃がさず、窓が曇るのを防ぐことができる。

尿をためる容器として空き瓶を使う。瓶がいっぱいになったらふたをして、前部か後部のダッシュボードに入れておけば、霜取り装置の役目を果たす。

外から暗室に入るときは、怪しまれないように、「コーヒーを買いにちょっと車を離れただけ」といった風をよそおう。そして、運転席側の後部座席にさりげなく、すばやく乗り込む。たいていの通行人には、誰かが運転席に座ったばかりであるかのように見えるだろう。

1　黒のシーツ２枚、安全ピン、ハサミを入手する。シーツを半分に切り、４枚の布にする

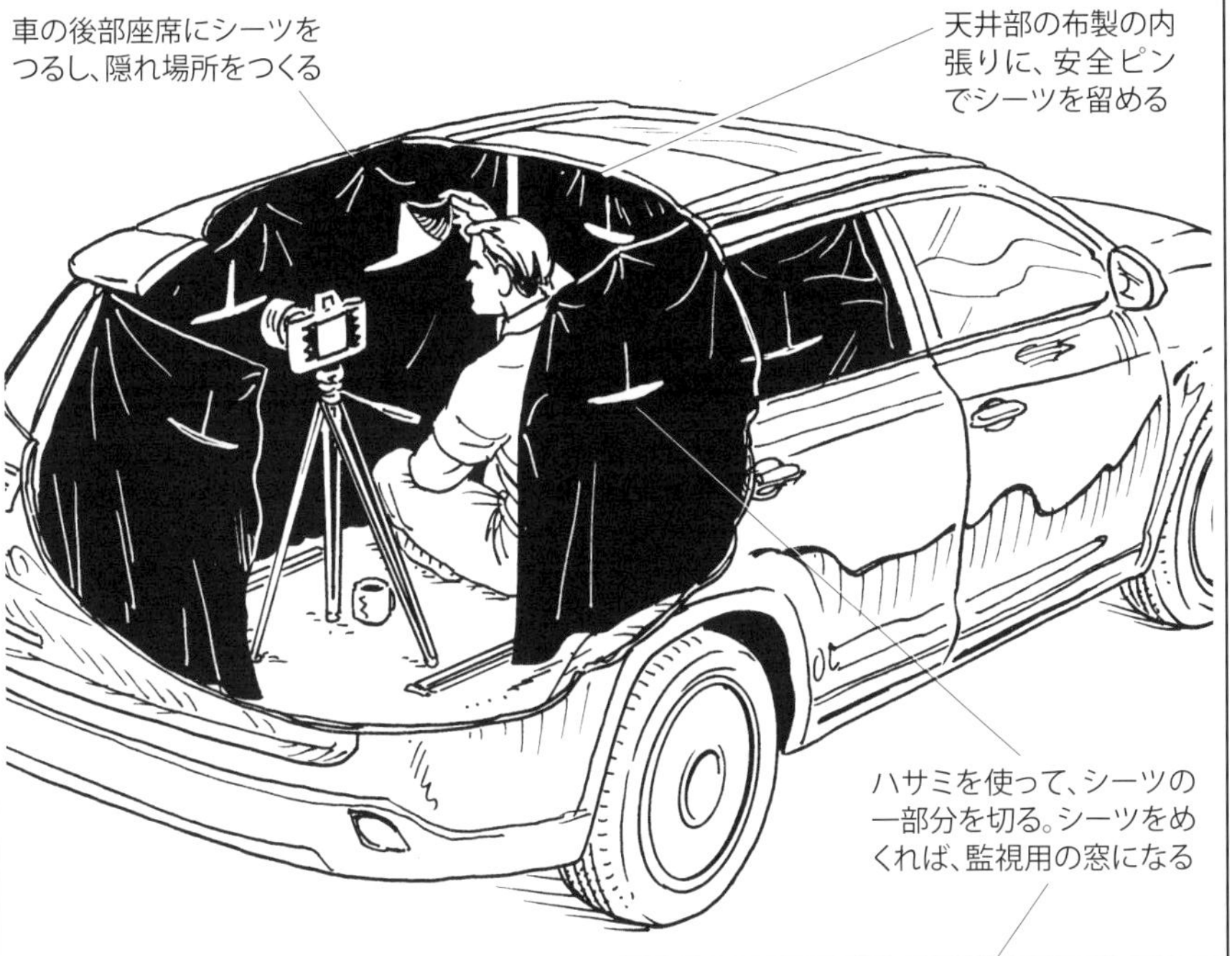

2　ハサミで切って、開け閉めのできるＴ字型の開口部をつくる

026
飛行機を盗む

一般の人が聞けば驚くかもしれないが、飛行訓練を受けた者にとって、セスナ152や172のようなごくありふれた小型飛行機を盗むのは、デスクの引き出しについているちゃちな鍵をこじ開けるのと同じくらい簡単だ。

空からの偵察や国境破りで飛行機を使うエージェントも、個人所有の小型飛行機を盗むことがある。ただし、これは彼にとって、絶対に追跡されない移動手段を確保する方法のひとつでしかない。

比較的音が静かで燃費がよく、信頼性の高い小型エンジンを搭載した飛行機には、エージェントにとって都合のいい点がいくつもある。

これらは、主翼が胴体の上部に付いた「高翼機」であるため、すみやかに飛行機から飛び降りなければならない場合も、「低翼機」と違って主翼が邪魔にならない。

もうひとつの利点は、STOL（Short Take-off and Landing）と呼ばれる短距離離着陸ができることだ。離着陸にさほど広いスペースを必要としないため、小型飛行機は滑走路のない野原や人気《ひとけ》のない場所に着陸することができる。

そして、最も便利な点は、小型飛行機の鍵の大半が、雑なつくりで防犯性に欠けるウェハータンブラー錠であることだ。そのため、鍵をこじ開ける道具があれば、初歩的なピッキング・テクニックを使って（120ページ参照）、あっという間に飛行機を盗むことができる。

小型飛行機はたいてい、滑走路が1本しかないような、セキュリティーの甘い飛行場に駐まっている。そうした飛行場の上空は、輸送関係当局や税関には監視されていない。

鍵を壊して機内に乗り込みさえすれば、おそらく誰にも気づかれることなく、離陸して飛び去ることができるだろう（エンジンのかけ方については左図参照）。

もしも…に備えるアクション！

飛行機の個人所有者にアドバイスしておく。機体は格納庫に保管し、厳重に鍵をかけておくこと。

1 ドアの鍵をこじ開ける

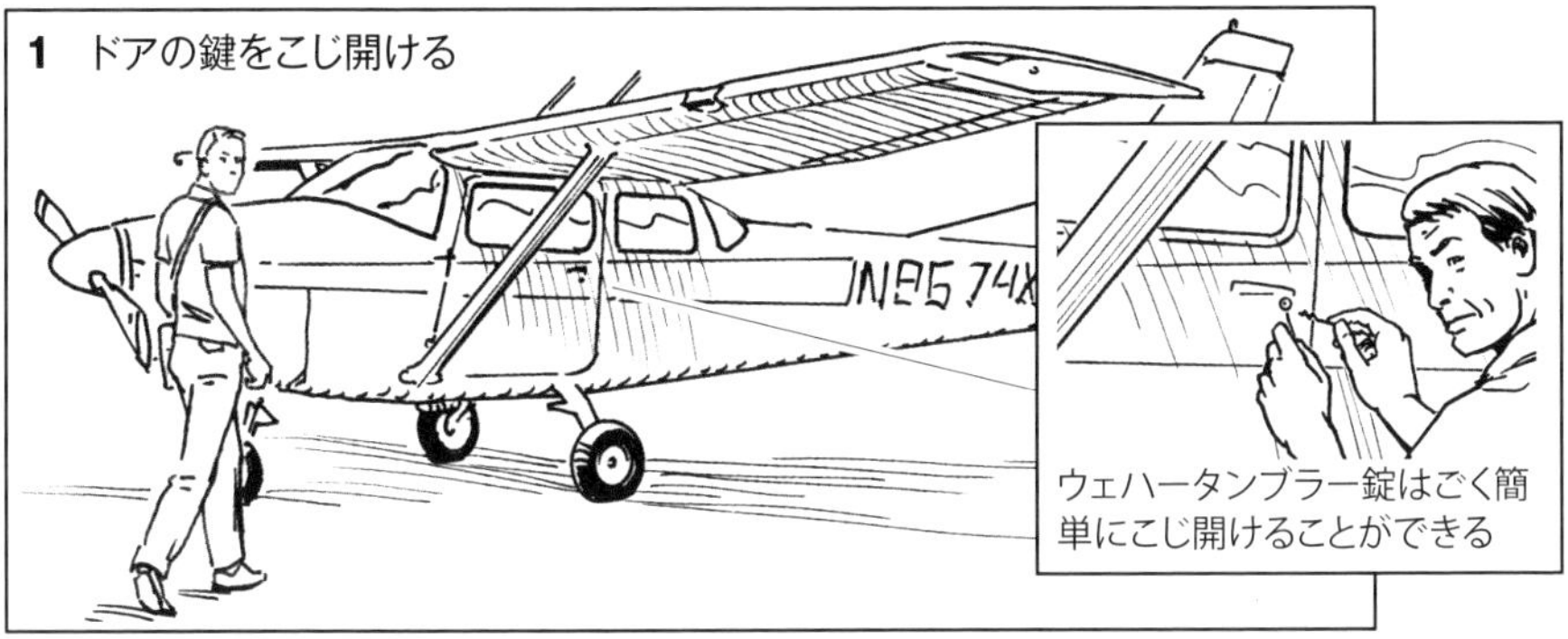

ウェハータンブラー錠はごく簡単にこじ開けることができる

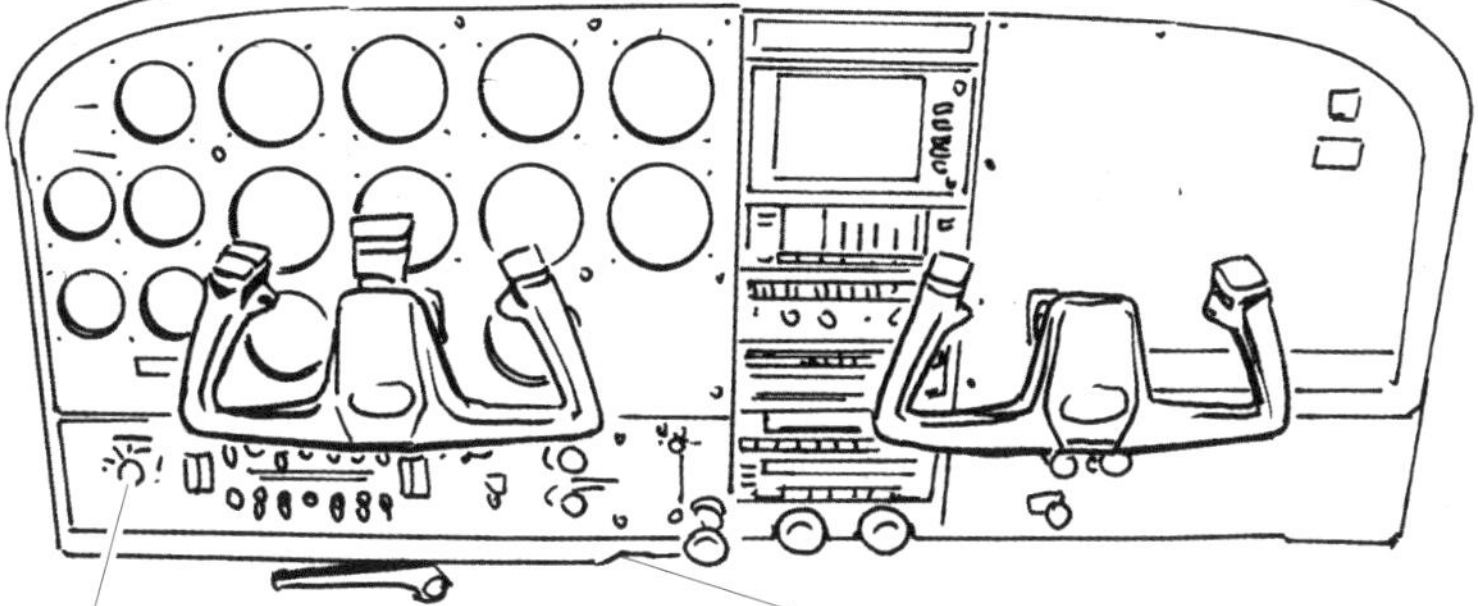

2 エンジンのキー・シリンダーをこじ開ける

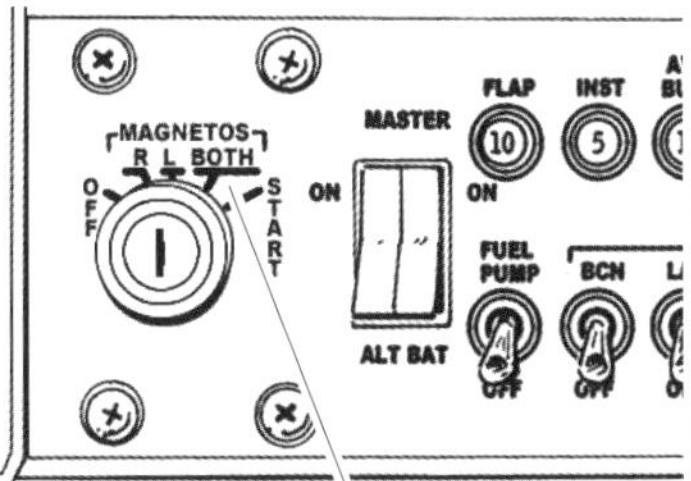

エンジンがかかったら、鍵穴を「BOTH（両方）」の位置へ合わせる

3 うまくいかない場合は、点火ハーネスをショートさせる

1. 左右のマグネトー発電機とバッテリーをワイヤーでつなぎ、ひとつにまとめる。スターターを別のワイヤーでつなぐ

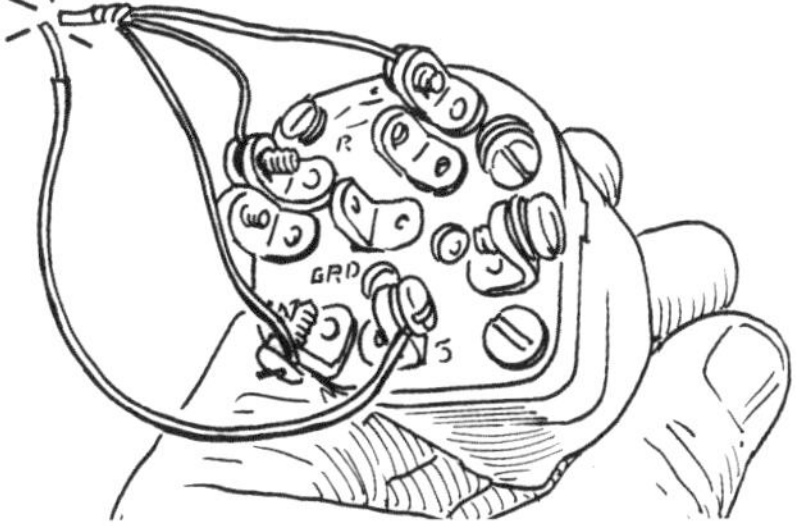

2. スターターのワイヤーを、ひとまとめにしたワイヤーに接触させ、エンジンをかける

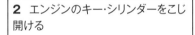

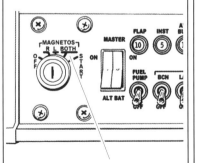

即席の武器をつくる

エージェントは常に、敵に捕まって武器を奪われるという不測の事態に備えている。どんなにうまく武器を隠し持っていても、絶対に見つからないという保証はない。

だが、彼らの真骨頂は、身のまわりの品を即席の武器に変えられるということだ。いわゆる丸腰で捕まるということは、本当の意味で、あり得ないのである。

理想的な即席の武器などというものは存在しない。最高の武器とは、どういう場面でも、必要なときに手の届く位置にある物のことだ。それが作戦地域で簡単に手に入り、怪しまれることなく持ち歩ける物であれば、なおさらよい。

即席の武器はとっさの思いつきでつくるものだが、最小限の事前準備は必要だ。すなわち、身のまわりの物が武器になり得るということを認識することが、いろいろな意味で有利に働くのである。

例えば、固く丸めた新聞紙を手に握りしめた男は、攻撃を仕掛けようとしている犯罪者かもしれない。その新聞紙の潜在的な危険性を知っている者だけが、襲撃者の攻撃をかわすことができるのだ。

事前に警戒していれば、いざ攻撃を受けたときにも、手元にある物で何とか身を守ることができるだろう。手元にある物の性質を知っていればこそ、ここでも敵に先手を打つことができる。

もしも…に備えるアクション!

次のページからは、エージェントが何でもない日用品をどのようにして武器に仕立て上げるかを紹介していく。彼らにかかれば、レストランのテーブルに置いてある塩やコショウの容器でさえ、一時的な防御兵器となる。攻撃者の目を狙って容器を投げつければ、そこから飛び出る粉末が目に刺すような痛みを与え、相手は一瞬前が見えない状態になる。そうすれば、自分が逃げる時間を稼ぐことができて、敵より優位に立てる。これはほんの一例である。ほかにも、一見無害なたくさんの日用品が、即席の武器となってあなたを守ってくれるだろう。

027
即席の「サイレンサー」をつくる

銃を発砲すれば火花が散り、大きな発射音がして、即座に相手に悟られてしまう。この火花と音は、弾薬筒の中の火薬が点火するときに生じるものだ。

だが、銃弾の速さが音速以下の22口径ないし45口径ピストルをサイレンサー（消音装置）といっしょに使えば、火花と音を消すことが可能である。

サイレンサーやサプレッサー（減音装置）の購入を制限したり、全面的に禁止している国もある。それなら即席のサイレンサーをつくればよい。

ペットボトルと正方形に切った細ワイヤーの網、そしてスチール製のタワシがあれば、十分使用に耐える代替品をつくることができる。

これを使うと、発砲時に聞こえるのはカチッという音だけになる。撃鉄が雷管を強打して、弾丸を発射するときに出る音だ。

標準的なサイレンサーには、硬いスチール管の内部に、穴の開いた別のスチール管がはめ込まれている。その構造をまねて、即席のサイレンサーは2種類の異なる消音装置を使う。つくり方は左図を参照されたい。

堅いスチール製の網をしっかりと管状に丸めてペットボトルの内側にはめ込めば、弾丸が通っても形が崩れることがないので、ペットボトルの開口部から弾をまっすぐに発射させることができる。

スチール製のタワシを引っ張って伸ばせば容量が増し、容器内部の隙間全体に詰めることができる。これが、音を閉じ込めて消すクッションの役目を果たす。

たとえ間に合わせであっても、この装置が音波と光波を減速させる効果は、驚くほど高い。

もしも…に備えるアクション！

材料はすぐに手に入る。スチール製のタワシは、スーパーマーケットでも金物屋でも買うことができる。細ワイヤーの網は、窓やドアの網戸を切り取ればよい。身近な素材に気づく力こそが、命を救う重要な武器となるのだ。

1 材料を入手する

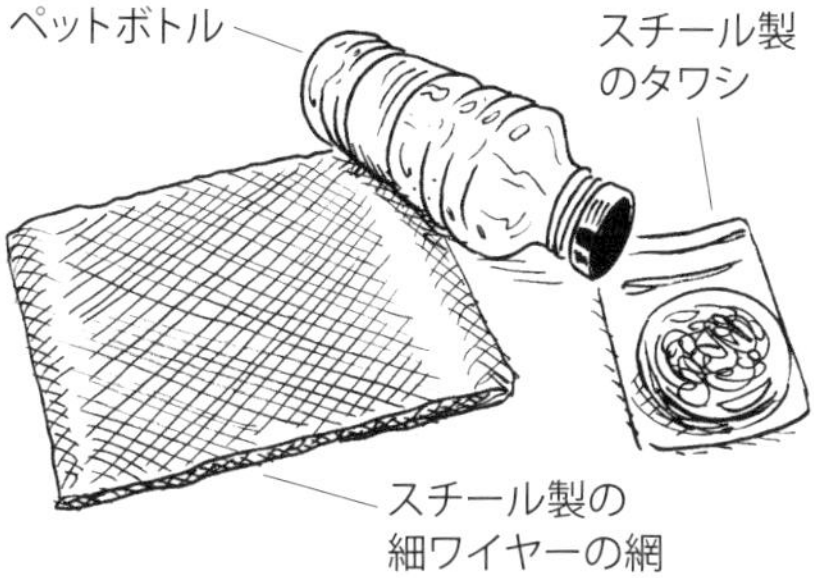

2 ペットボトルの準備

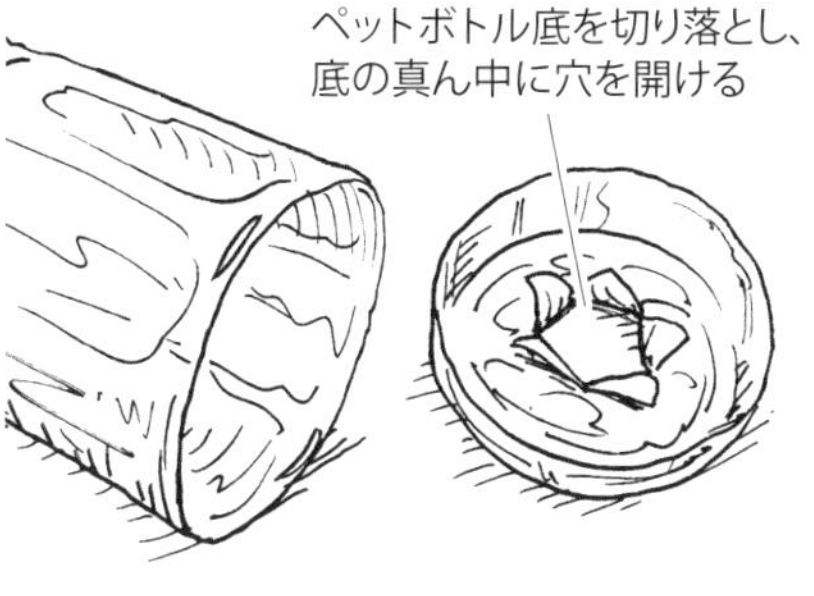

3 スチール製の網を筒状に丸めて、ペットボトルの口にぴったりと差し込む

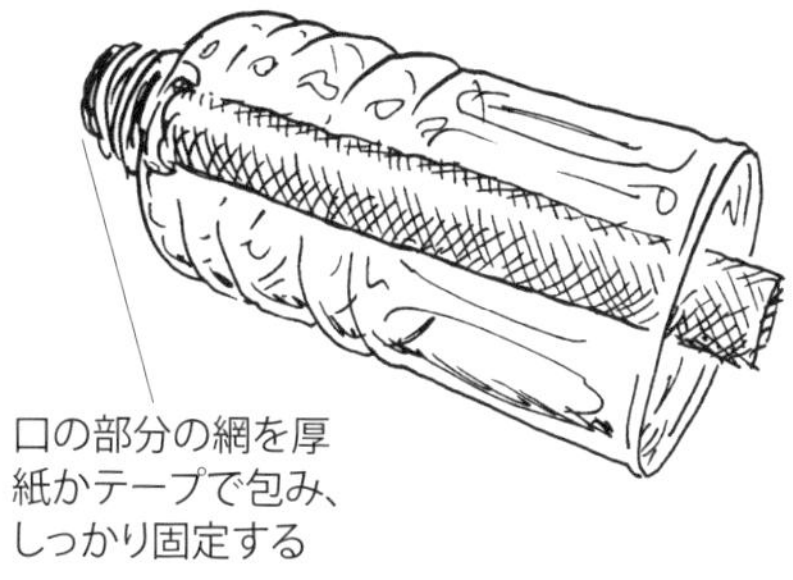

4 サイレンサーを組み立てる

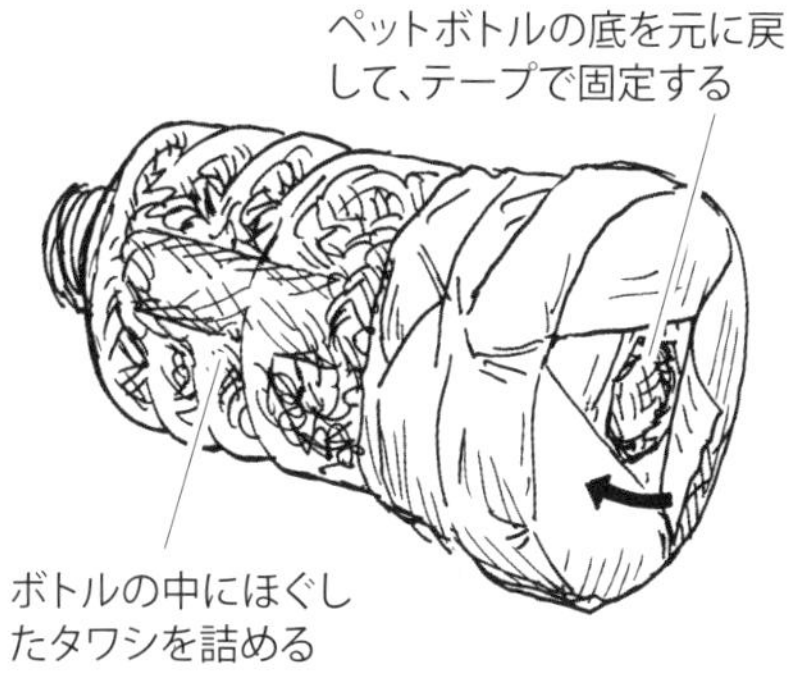

5 銃口に取り付ける

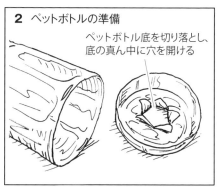

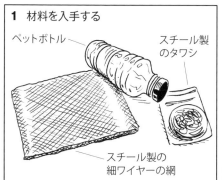

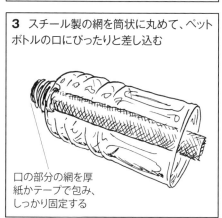

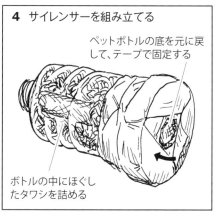

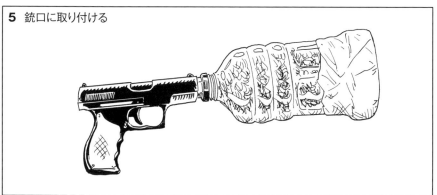

028

傘を鉛《なまり》のパイプに変える

銃を使用すると、その銃弾や弾痕が科学捜査で見つかってしまう。

こうした痕跡を残さないために、世界中で最も使われている暗殺武器は、ライフルでもピストルでもなく、新聞紙の中に隠し持った普通の鉛のパイプである。

この硬くて重い「こん棒」は、狙いどおりの結果だけをあとに残す。つまり、相手の骨を砕く、あるいは頭に振り下ろして相手の息の根を止める、という結果だ。

鉛で補強した折り畳み傘も、同じ理由で犯罪者に利用されている。

普通の折り畳み傘を自衛用の武器に変えるには、まず3～4本の頑丈なスパナを用意する。折り畳んだ傘の内側にスパナを滑り込ませて、結束バンド（配線などをまとめるためのプラスチックの紐）で柄に固定する。さらに、傘の外側も結束バンドでしっかりと縛る。これででき上がりだ。

黒い傘には黒い結束バンド、青い傘には青い結束バンドを使えば目立たない。でき上がった武器は、普通の傘と何ら変わりなく見えるだろう（とはいえ、かなり重いので、日常の使用にはお勧めできない）。

1　折り畳み傘、結束バンド、3～4本のスパナを用意する

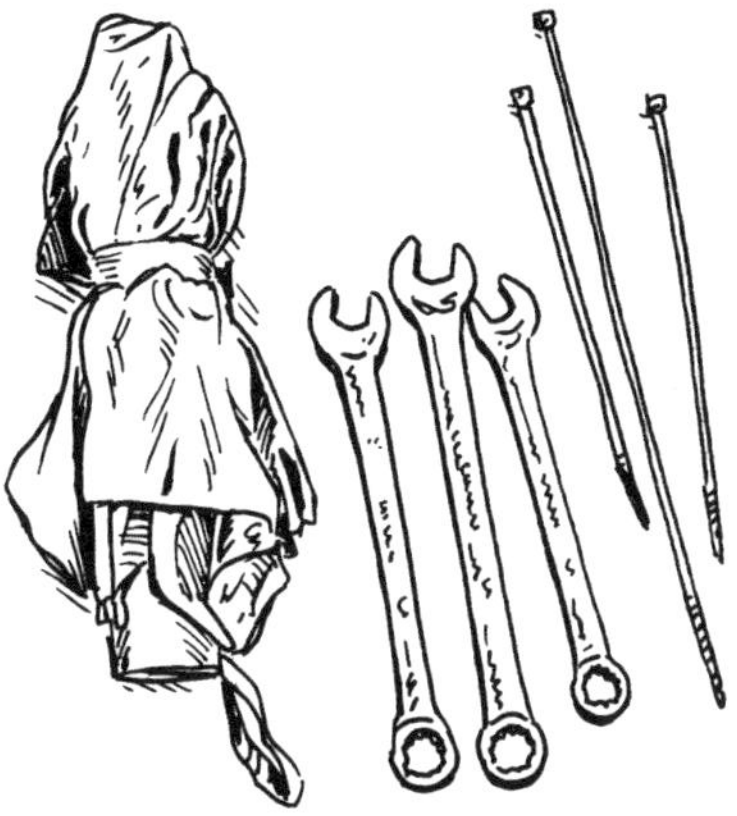

2　スパナを傘の内側に滑り込ませ、結束バンドで柄に固定する

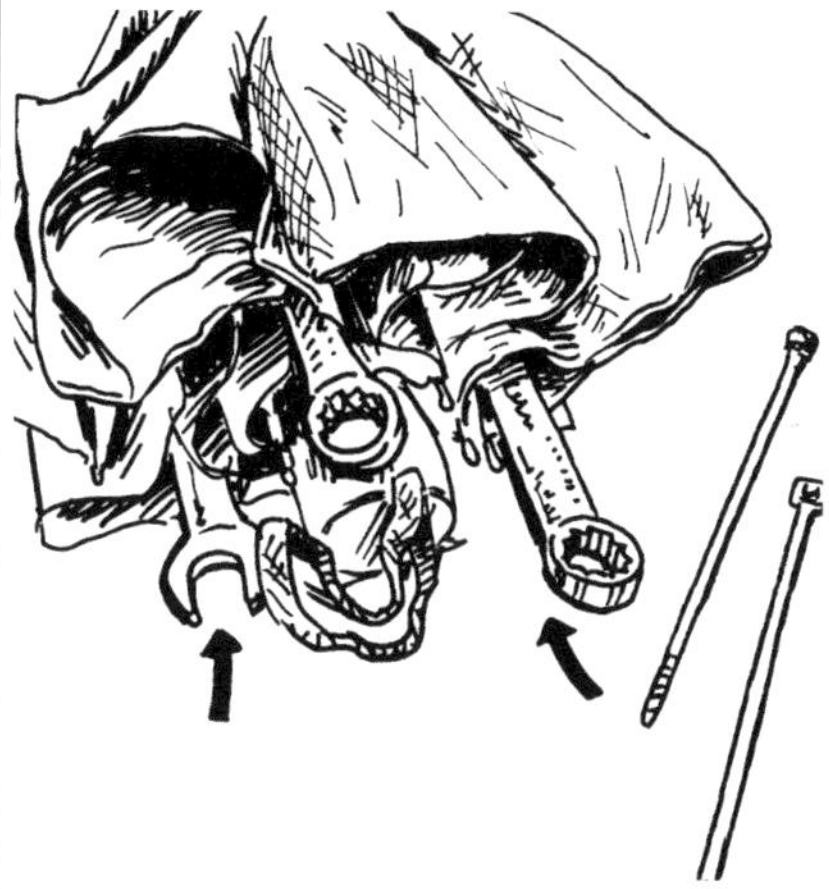

3　スパナを確実に隠す。傘とスパナを結束バンドでしっかりと縛る

4　効果を狙って振り下ろす

029
ペンを武器に変える

最も気の利いたペンとは何だろう？ タブレットで使うデジタルペンか？ 違う。見た目は平凡でも、破壊力があり、自衛用の武器となり得るペンのことだ。

もちろんどんなペンでも、ピンチのときにはハンドバッグやブリーフケースの底からつかみ出して反撃に使うことはできる。だが、その効果は限定的だ。

最も利用価値が高いのは、「ゼブラ」オリジナルのスチールペンである。本体がステンレス100パーセントのため突き刺す力が強く、その威力は合板を突き破るほどだ。専用の突き道具に代わる優れた代替品として、「ゼブラ」のペンは裏の世界で暗躍している。

攻撃するときは、ペンをしっかりと握りしめる。攻撃者の頭を狙う場合は、ペン先を下にして握り、至近距離で喉か膝を狙う場合は、ペン先を上にして握るとよい。

1 本体がステンレス製の「ゼブラ」のスチールペンを、バッグやポケットに入れて持ち歩く。自動車や部屋の中にも隠しておく

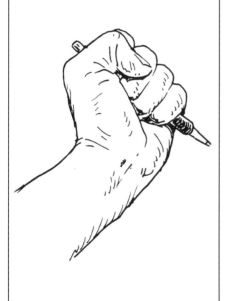

2 ペン先を下にして握れば、合板を突き破ったり、敵の頭を突き刺したりできる

3 ペン先を上にして握れば、喉や膝を攻撃できる

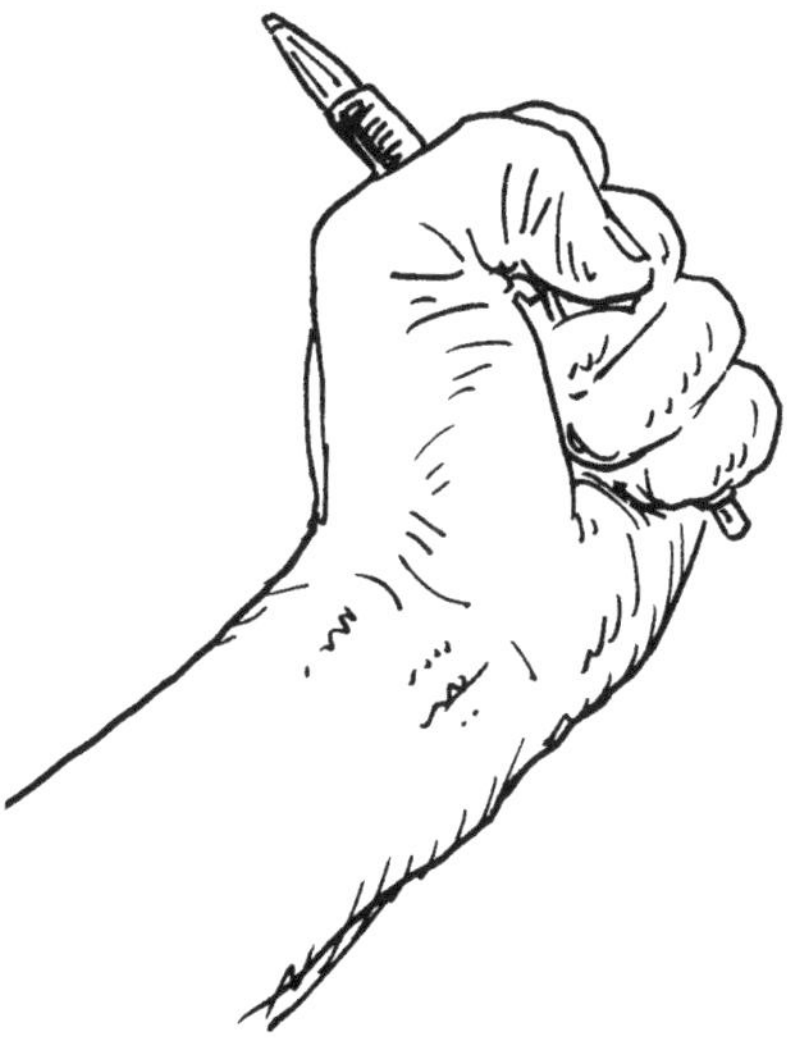

030
釣り用の重りでこん棒をつくる

釣りで使う8オンス（約227グラム）の重りとバンダナ。この2つが釣り人のバックパックに入っていても、まったく誰も気に留めないだろう。

これらのアイテムを個々に見ても、何ら脅威は感じない。だが、差し迫った危険に直面したとき、この重りとバンダナが、小さいながらも硬くて破壊力のある、即席の「こん棒」に姿を変えるのだ。

つくり方はきわめて簡単だ。重りをバンダナで包み、そのバンダナを丸めて筒状にする。そして、両端を合わせて半分に折る。以上。

でき上がった武器は、ココナッツを砕くほどの威力があるので、人間の頭蓋骨にも深刻なダメージを与えることができる。

敵を転倒させる場合は膝を、気絶させる場合は頭を狙って一撃を食らわすとよい。

1　バンダナを広げて四角にし、真ん中に釣り用の重りを置く

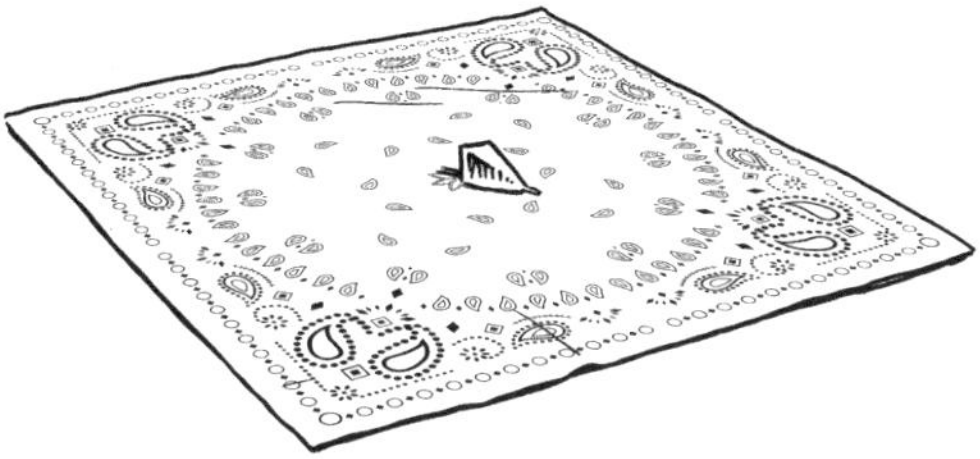

2　バンダナを対角線で折る

3　三角形の頂点から底辺に向かってバンダナを丸める

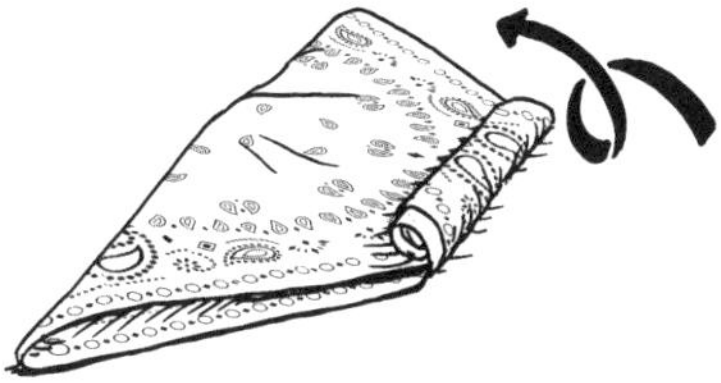

4　両端を合わせて半分に折り、ターゲットを狙って振り下ろす

ココナッツの硬さは、人間の頭蓋骨の10倍もある

031

使いやすい分銅鎖《ふんどうくさり》をつくる

分銅鎖は、鎖の両端に重りを付けた武器である。何となく暴走族が使うケンカ道具のようなイメージがあるが、実はその歴史は非常に古い。

中世の鎖鎌のような武器をモデルにしたシンプルで使いやすい分銅鎖は、鎖と南京錠という2つのアイテムをつなげることで、簡単につくることができる。

この2つは、いっしょに持ち歩いても別に不自然ではなく、誰も不審に思わないだろう。それでいて、でき上がった武器は、人間の骨を砕くほどの威力を発揮するのだ。

いつも自転車に乗っている人なら、鍵をかけるときに使う鎖と南京錠を使って、自衛用の即席の武器をつくることができる。

ただし、自転車用の鎖はベストな長さとは言いがたい。理想的な鎖の長さは、普通の人の肘《ひじ》から手首までで、自転車用のものより短い。

鎖が長すぎると、振り回したときの動きが遅すぎて、敵に反撃の時間をたっぷり与えることになる。

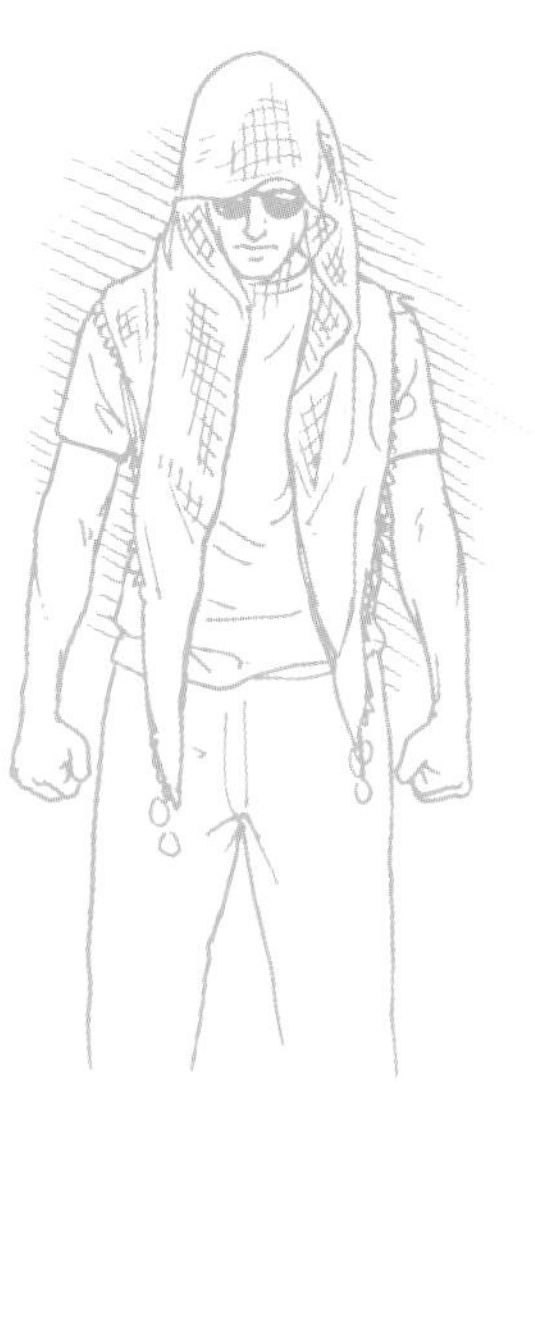

1 鎖と南京錠を入手する

2 鎖を前腕の長さに切る。鎖の片方の端に南京錠を取り付ける

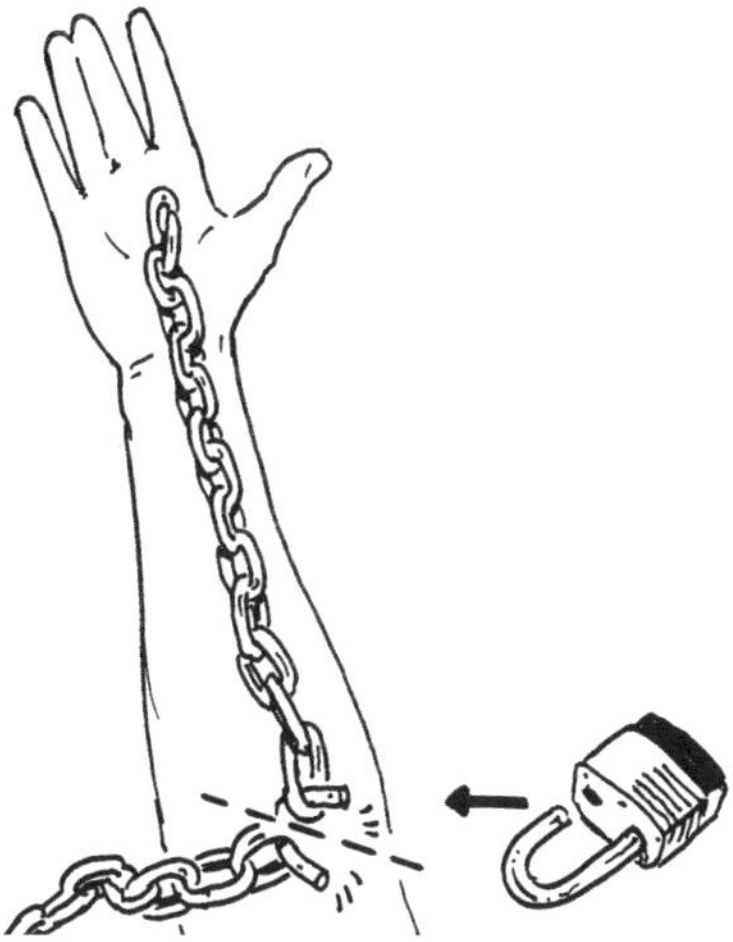

3 鎖を振り回し、南京錠の底でターゲットを殴打する

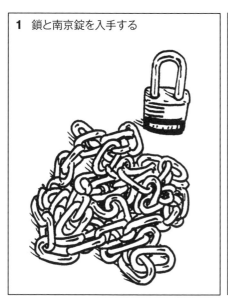

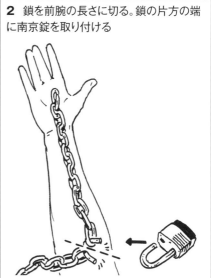

032

新聞と釘《くぎ》でバットをつくる

新聞を手に持って通りを歩く——そんなありふれた光景を見ても、誰も不審に思わないだろう。そのため、ターゲットを監視するときには、新聞がよくカムフラージュに使われる。

携帯電話やタバコと同じように、新聞を持っていれば公園のベンチでくつろぐ口実になり、そこからターゲットをこっそり観察することができる。

新聞は環境に溶け込むための最適な手段になる。そしてピンチになったときには、武器としても使えるのだ。

固く丸めて筒形にした新聞を、さらに半分に折ってテープで固定する。すると、ほんの数枚の新聞紙が、驚くほど頑丈なバットになるのである。

新聞紙を濡らせば、バットの重量が増して、さらに威力が増大する。そのバットに長さ2・5インチ（約6センチ）ほどの釘を外向きに突き刺せば、破壊力抜群の「こん棒」に変身する。

1 新聞紙、釘、粘着テープを用意する

2 重量を増やすため、濡れた新聞紙を使う。新聞紙を固く丸める

3 丸めた新聞紙を半分に折り、またまっすぐに伸ばす。折り目のすぐ近くに釘を突き刺す。釘の先が外側に突き出るように、もう一度折る

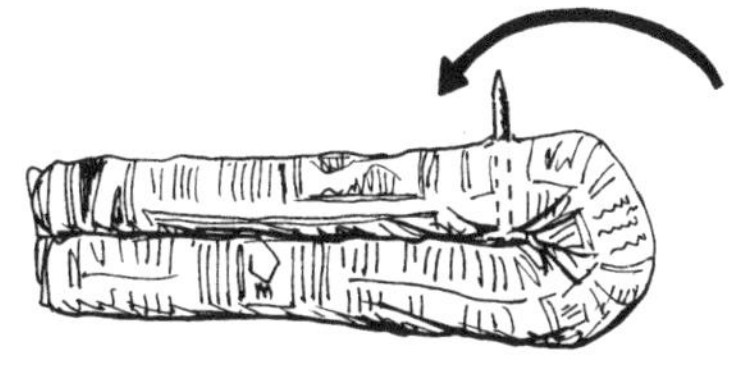

4 釘付きの「こん棒」の上下にテープを巻く

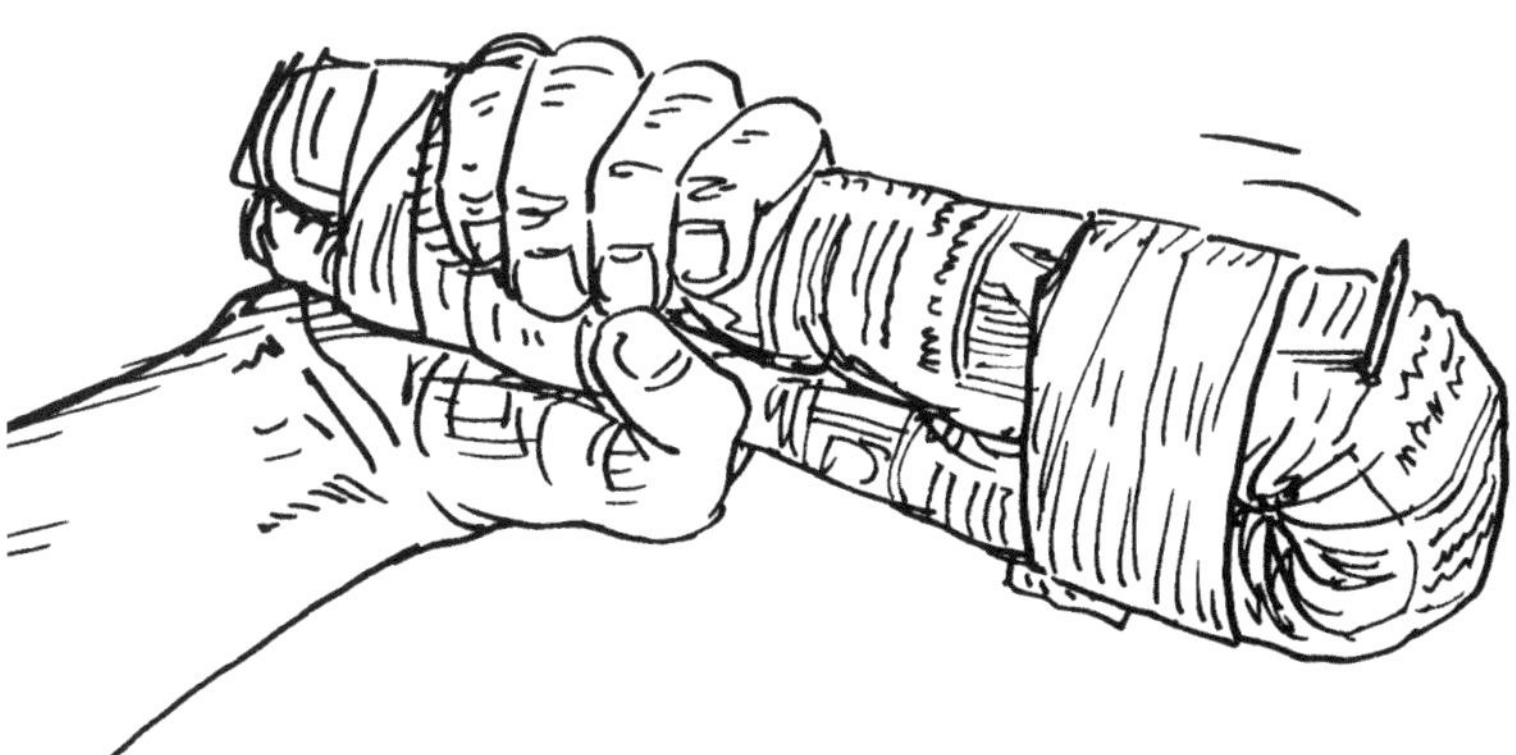

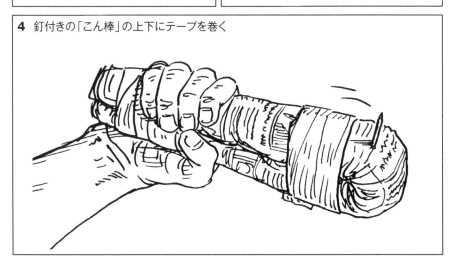

033 コインのロールを活用する

素手で戦うときにすばやく優位に立てるよう、エージェントはコインのロールをポケットに忍ばせて、いつも持ち歩いている。アメリカのコインなら、5セント硬貨か25セント硬貨がちょうどよい重さである。

コインのロールを手のひらでしっかり握りしめれば、拳《こぶし》の硬さと重みが増大する。ストレートを打つにしても、フックやアッパーカットでも、パンチの速さと衝撃力を格段にアップできるのだ。

コインのロールを靴下や枕カバーに入れたり、ハンカチで包んだりすれば、今度は即席の「こん棒」として使える。

この種の武器は、速度と密度が相互作用することで、驚くほどの威力を発揮する。力を込めて振り回せば、骨を砕くことさえできるのだ。敵の頭を直接狙えば、その衝撃で簡単にノックアウトできる。

コインのロールをさらに凶悪な武器に変身させたいなら、釘を何本か、コインのあいだに挿入すればいい。そして、ロールを握って、指のあいだから釘を突き出させれば、ストリート・ファイトでおなじみのブラスナックル（メリケンサック）のでき上がりだ。

この破壊力抜群の武器でパンチを繰り出せば、相手の体のどこに当たった場合でも、予想以上に深刻なダメージを与えられる。

コインのロール、何本かの釘、靴下——これらのアイテムを別々に持っていても、何ら警戒されることはない。

だが、危険が迫ってくるのを感じると、エージェントは1分足らずでこれらのアイテムを組み合わせて、効果的な自衛用武器に変えてしまう。

1 拳を硬くする——手のひらにコインのロールを握りしめる

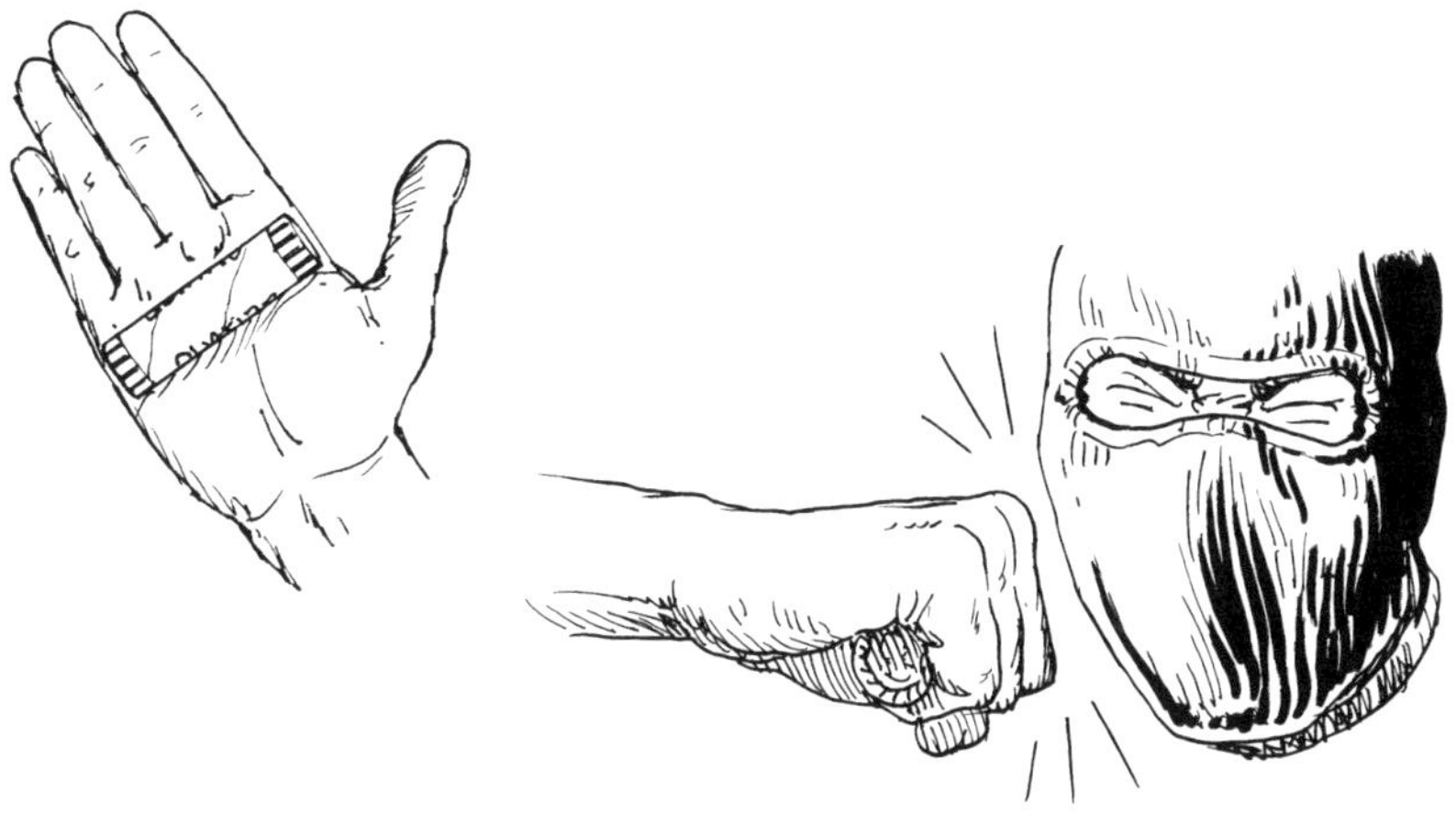

2 即席のこん棒をつくる——コインのロールを靴下に入れ、頭を目がけて振り下ろす

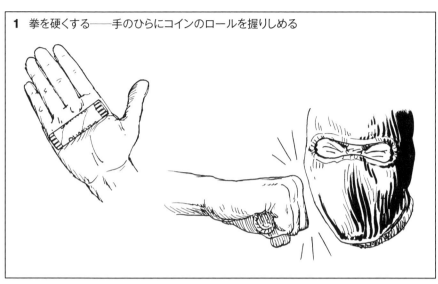

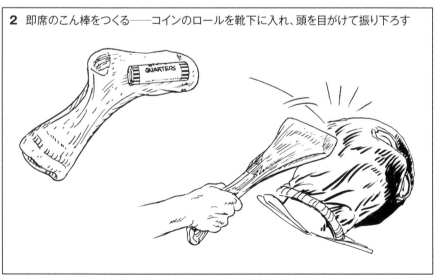

PART 4
SURVEILLANCE

追跡する／
追跡から逃れる

034 徒歩で尾行する

徒歩で監視ターゲットを尾行するのは、ローテクの仕事かもしれない。だが、尾行は相手に気づかれるリスクが非常に高いため、手間のかかる困難な作業でもある。

相手に見つかったら、任務は失敗するかもしれない――そんなストレスと戦いながら、忍耐力とスタミナが何時間も、あるいは何日にもわたって試されるのだ。

1人で尾行をするのは、特に難しい。単独行動のエージェントは、チームの仲間と交代することができないので、ますますターゲットに気づかれやすくなる。

どうすれば、気づかれずに尾行することができるか？　ここまで学んできたルールを使えば、ある程度リスクを減らすことはできるだろう。

まず、ターゲットの死角を歩くこと。

次に、できるだけ頻繁に衣服を取り替えること。ターゲットが食事や睡眠をとるあいだ、または仕事中など、着替えのチャンスを逃さないように。

同じ服を2回着てはいけない。人は遠目から他人を認識する場合に、顔の特徴ではなく、衣服の色や形で見分けるからだ。

周囲の状況をうまく利用するのも重要だ。ショーウインドーに映る相手の姿を観察したり、相手から見えない見通しのよい場所から、通りの様子をうかがったりもできる。

ターゲットの生活リズムを把握し、監視の時間を変えるとよい。そうすることで、逆に相手から監視されるリスクも軽減できる。

ターゲットを一日中、そして毎日尾行するという計画は立てるべきではない。間違いなく不審に思われる。24時間の監視は、交代可能な人員が多くいるチームで行なうほうがいいだろう。

実は、尾行チームの85パーセントは、ターゲット自身ではなく、第三者によって気づかれてしまう。このことからも、環境に溶け込むことの大切さがわかるだろう。

周囲の人たちに紛れ込むこと、そして、本や地図やタバコといった「小道具」を持ち歩くこと。これらをうまく使えば、そのへんをブラブラしていても警戒心を抱かれないですむ。

1　ターゲットの視界に入らないようにする

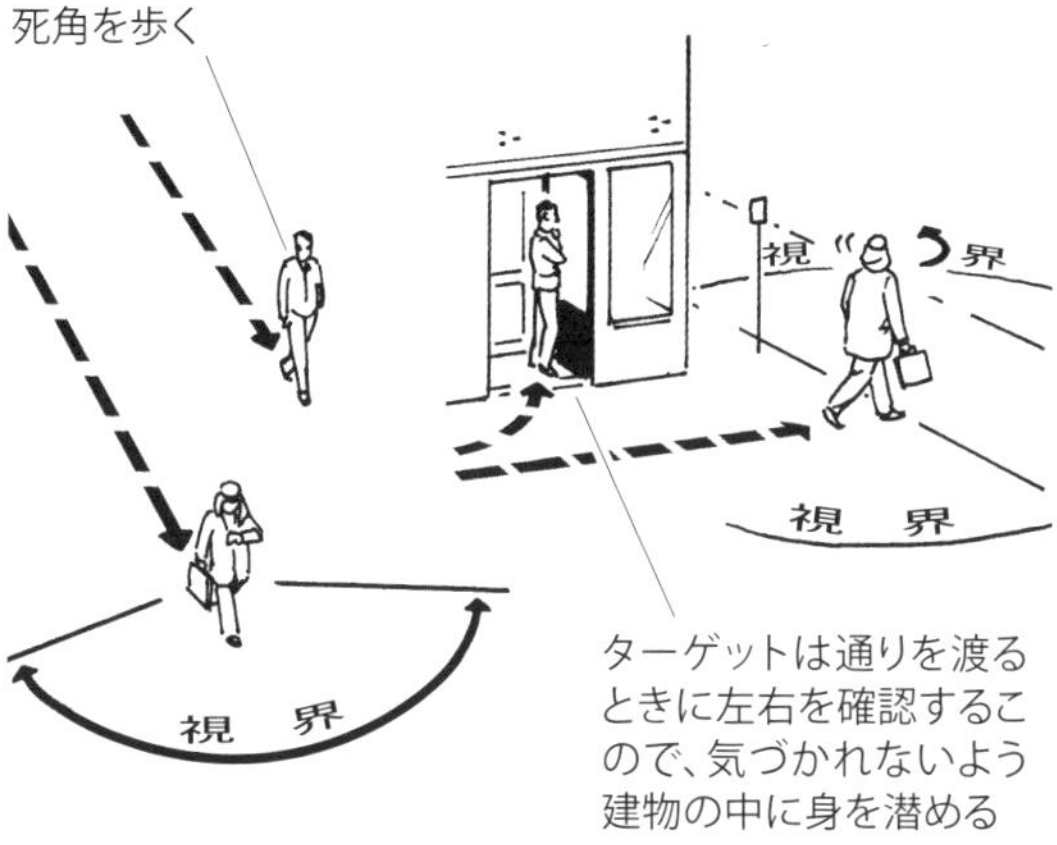

死角を歩く

ターゲットは通りを渡るときに左右を確認するこので、気づかれないよう建物の中に身を潜める

2　頻繁に着替える

メッセンジャーバッグ
バックパック
明るい色と暗い色の衣服を交互に着る
靴
ビーチサンダル

3　ショーウインドーを利用する

建物の中から監視する
反射を利用する

4　監視する曜日や時間を変える

5　立ち止まる理由になりそうなアイテムを持ち歩く

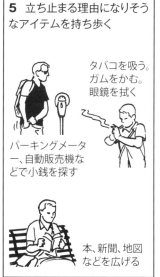

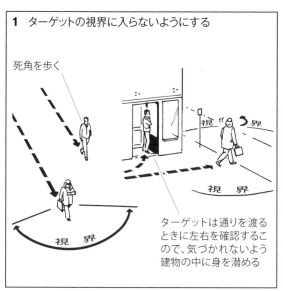

タバコを吸う。ガムをかむ。眼鏡を拭く
パーキングメーター、自動販売機などで小銭を探す
本、新聞、地図などを広げる

035 自動車で尾行する

スピーディーなカーチェイスは映画の華だ。しかし現実は違う。自動車を使った尾行はスローペースで、忍耐力と根気のいる作業である。

車が渋滞にはまるとか、映画館の外で2時間待機しているようなときは、つい気がゆるんでしまう。そんなときターゲットの車が急にカーブを曲がったり、一瞬目を離したすきに駐車場から姿を消していたりして、肝心の「獲物」を見失ってしまうことがある。用心が必要だ。

だが、用心のあまり相手の車に接近しすぎると、簡単に気づかれてしまう。相手の車のミラーに自分の車が映らないように、違う車線を走る、自分とターゲットの車のあいだに必ず別の車を1台挟《はさ》む、といった工夫が必要である。

そして、「ターンは2回まで」ルールを常に守る。連続して3回以上、角を曲がって尾行すれば、さすがに怪しまれる。

車による尾行は、チームで行なうほうがはるかに効率的だ。最初に尾行していたメンバーは、相手が曲がったカーブを曲がらずに走り去り、次の尾行メンバーに後を引き継ぐのである。

ターゲットと同じような動きは避けるべきだ。特にUターンのときは注意を要する。相手がUターンした場合、自分は次にUターンできる場所まで走り続けてUターンし、相手に追いつく。

ターゲットが自宅周辺を何回も通り過ぎるなど、何か不審な行動を繰り返したら、尾行は中止する。相手はおそらく、自分が尾行されていないか、確認しようとしているのだろう。

車や信号の多い都市部では、できるだけ相手に接近しよう。あいだに車が2、3台並ぶと、信号で置き去りにされて相手を見失いかねない。

逆に交通量の少ない田舎では、できるだけ後方から尾行する。車が少ないということは、それだけカムフラージュになるものも少ないということだからだ。

もしも…に備えるアクション!

車を運転しているとき、自分と同じ動きをしているように見える車に気をつけよう（特に何度角を曲がってもついてくる車は要注意だ）。そうすれば、誘拐やカージャックの被害に遭う危険を減らすことができる。

1　ターゲットの車と違う車線を走り、相手のミラーに自分の車が映らないようにする。自分とターゲットの車のあいだに、必ず別の車を１台挟んで、その後ろを走る

2　「ターンは２回まで」ルールを守る。ターゲットの後ろについて、連続して２回角を曲がったら、その日の尾行は中止する

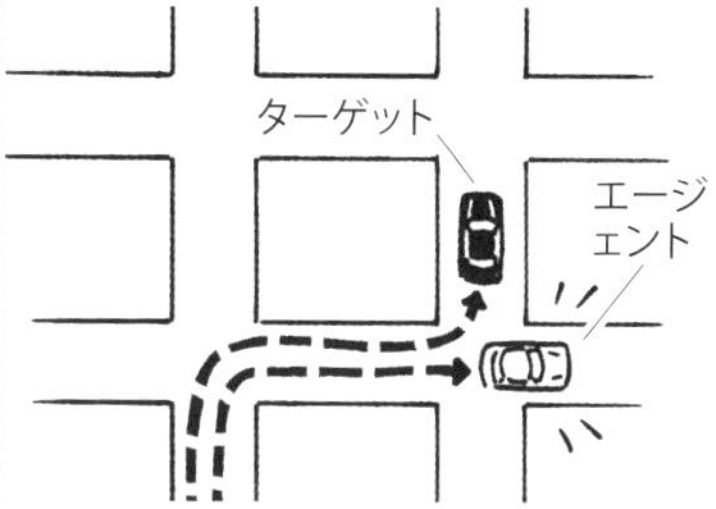

3　ターゲットと同じ動きはしない（車線を変更する、角を曲がる、停車する、など）

4　相手に不審な動きがあった場合、尾行は中止する――Ｕターン、自宅周辺を何回も通り過ぎる、行き止まりに入る、自宅と職場のあいだで何度も停車する、など

5　交通量や建物の密集度が、尾行の距離を決める。車の往来や建物が多い場合は、ターゲットに近づいてもいいだろう。田舎の見通しのいい道路で、交通量が少ない場合は、かなり離れたところをついていくか、尾行を中止する

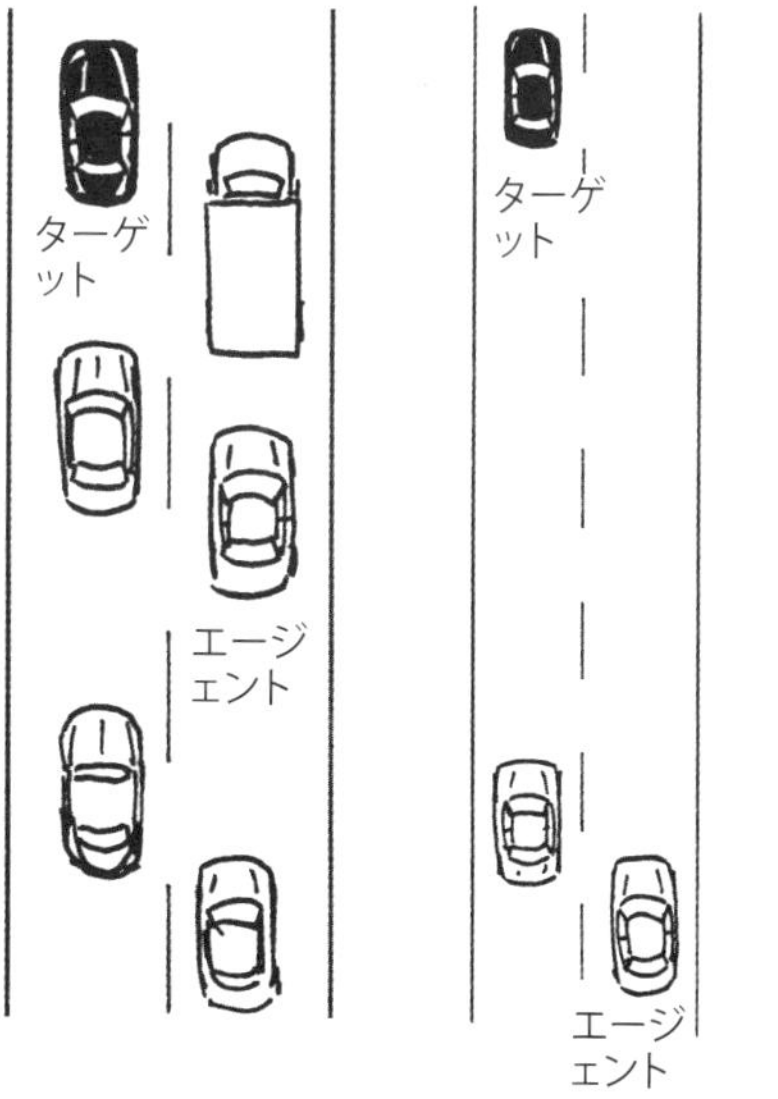

036
即席の「赤外線ライト」をつくる

ターゲットの自宅や職場内部で情報収集を行なうには、中に忍び込むチャンスが巡ってくるまで、何日も待機することになる。

そして、いざそのときが来れば、誰にも気づかれずにすばやく情報を集めなければならない。真っ暗闇の中、ほんのわずかな灯りが漏れても任務の失敗につながりかねない。

そうした状況では、赤外線が理想的な灯りになる。裸眼で見えない赤外線を使えば、真っ暗な部屋での捜索が可能になる。

赤外線球や赤外線フィルターは市販されているが、それを購入しようとして疑いの目を向けられるのも好ましくない。

そこで、即席の対応策。懐中電灯、カメラのフィルムの断片かフロッピーディスクの内部のプラスチック片、カメラ付き携帯電話を使えば、市販の赤外線ライトと同等の機能が期待できる。

カメラのフィルムとフロッピーディスクは、先進国ではもう廃《すた》れつつある商品だが、簡単に入手できる国もまだたくさんある。

懐中電灯の電球の前にフィルムをつけると、それがフィルターとして働き、可視光線を目に見えないレベルにまでカットする。

そして、この改造懐中電灯からの赤外線ビームで照らされた物は、カメラ付き携帯電話で見ることができる。真っ暗闇でも、赤外線を当てた物は、カメラのレンズを通して見えるのだ。

〈注意〉

最新のカメラ付き携帯電話の中には、赤外線遮断フィルターを内蔵したものがある。これは作戦に使えない。手持ちの携帯電話が使えるかどうかは、次の方法で調べよう。

まず、テレビなどのリモコンを手に入れる。携帯電話をカメラモードに切り替え、リモコンの先端のLEDライトが埋め込まれた部分を携帯電話のレンズに向ける。リモコンのボタンをどれか押してみて、赤外線がレンズを透過するかどうか確認する。カメラが赤外線光を感知すれば、リモコンのLEDライトが光るのを画面上で確認できる。感知しない場合は、作戦地域で安い携帯電話を探そう。赤外線遮断フィルターを備えていない可能性が高い。

1 懐中電灯とカメラのフィルムを入手する

2 フィルムの断片の上に懐中電灯のレンズを置いて型を取り、切り取る

3 フィルムをレンズと電球のあいだにはめ込む

4 赤外線ビームを照射し、携帯電話のカメラのレンズを通して見る

037
夜間用の「赤外線追跡装置」をつくる

自動車を使った尾行は、さまざまな情報収集手段の中でも、特に高度なスキルが必要となる。

監視者は、一度に押し寄せる膨大な情報の波に対処しなければならない。交通の流れやターゲット車両の突然のターンに気をつけながら、相手に気づかれないよう、細心の注意を払わなければならないのだ。

夜間の追跡はさらに困難になる。ターゲット車両の目印が、夜の闇に紛れてわからなくなり、メーカーやモデルで車を見分けるのがほぼ不可能になるからだ。

人や車で混み合う都市部での尾行が困難な一方で、ナンバープレートをつけなくてもいいような地域も厄介である。ターゲットがありふれた車に乗っている場合、ナンバーで見分けるしか方法がないのに、その術《すべ》がないからだ。

このようにターゲットを見失いやすい状況下では、追跡車両を照らし出してくれる単純なつくりの赤外線追跡装置が役に立つ。

この装置は、カメラのフィルムかフロッピーディスクの一部を使い、白色光のＬＥＤ懐中電灯のキーホルダーを細工して製作する。機能は即席の赤外線ライト（１００ページ参照）とまったく同じだが、でき上がった装置は手に持って使うのではなく、ターゲットの車体の下部に結束バンドを使ってつり下げる。

フィルムやフロッピーの素材は、白色光を発するあらゆる光のメカニズムに対して、可視光線をカットすることができる。つまり、目に見える光を遮断し、裸眼では見えない赤外線だけを透過させるのだ。

その光は、デジタルカメラかスマートフォンのレンズを通して車道を眺めるエージェントにしか見えない。

この赤外線追跡装置を使えば、衛星機器（１１０ページ参照）では数メートルの誤差が生じる場合もある追跡結果を、近距離で確認することができるのである。

ちなみに、長期にわたる監視ではＧＰＳ追跡装置がより適している。この装置をチームで使えば、ターゲットの生活パターンを長い時間をかけて把握することが可能になる。

1 カメラのフィルムかフロッピーディスク、白色光のLEDライト、ハサミ、結束バンドを入手する

2 フィルムを適切な形に切り取り、LEDライトを覆うようにテープで貼り付ける。ボタンを押したままテープで固定する。そうすれば、ライトが赤外線を放射し続ける

3 赤外線装置を、ターゲットの車体の下部に、目立たないようにつり下げる

4 旧式モデルのスマートフォンかビデオカメラを使い、ターゲットの車体下部から放射される赤外線を、カメラの画面を通して見る

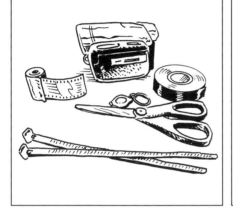

038
部屋が物色されたことを見破る

発展途上国では、欧米人旅行者に対する監視が日常茶飯事になりつつある。

彼らは、旅行者がどんな目的で入国したのか――ビジネスなのか、政府の機密情報が狙いなのか――を探ろうとしているのだ。多くの国のホテルでは、警備員が政府の役人と連携して、ホテルに滞在する外国人を密かに見張っている。

エージェントは何があっても、自分が国内に入り込んでいることを現地の保安当局に知られてはいけない。彼らが疑いを持つような証拠を与えようものなら、監視はさらに強化され、ことによると拘束されてしまうかもしれない。

そうならないためには、ホテルの部屋が無断で物色されていないかを確認して、相手の監視状況を把握する必要がある。

そこでエージェントは、目立たない整列テクニックを使って、所持品の配置を管理する。「目立たない」がキーワードだ。

基本方位に揃える――コンパスかコンパスのアプリを使い、所持品を基本方位に合わせて並べる。パソコンのUSBポートのまわりに方位を意識して物を置けば、侵入者がデータをダウンロードするためにUSBメモリを使ったかどうかがわかる。

親指で位置を測っておく――熟練のハッカーは、パソコンの電源を入れず、本体からハードディスクを取り出してデータを盗む。パソコンを動かされたことがすぐわかるように、親指を物差し代わりに使って、パソコンの置き位置を測っておくとよいだろう。

罠《わな》を仕掛ける――ホテルのドアノブに掛ける「DO NOT DISTURB（起こさないで）」の札を使って罠を仕掛ければ、誰かが部屋に侵入した証拠をつかめる（左図参照）。

写真を比較する――「フォト・トラップ（Photo Trap）」か同種のアプリを使い、出かける前と帰ったあとに所持品の写真を撮って比較する。2枚の写真を比較して、位置が変わった物を画像で示してくれるアプリだ。

1 基本方位に揃える（コンパスを使った配列テクニック）

N

2 位置を測っておく（親指の物差し）

3 罠を仕掛ける

DO NOT DISTURB
ドアを閉めるときに「DO NOT DISTURB」の札を挟《はさ》む。戻ってきたときに、それがドアから外れてぶら下がっていたら、誰かがドアを開けたと考えられる
引き出しやドアに糸くず（たいがいポケットの中にある）を挟んでおく

4 フォト・トラップで写真を比較する

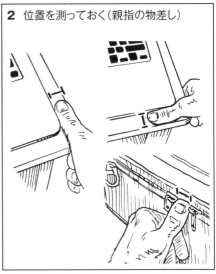

039 逆監視への確証をつかむ

犯罪行為を計画する者は、たいがいの場合、犯行前に何らかの下調べを行なうものだ。

だが、その段階で尻尾を出すことも少なくない。ターゲットを見張ることに集中するあまり、自分自身のほうが無防備になり、存在を隠すことに配慮を欠いてしまうのだ。ターゲットが、常に警戒を怠らないエージェントのような人間なら、なおさら気づかれやすくなるだろう。

エージェントは自分が「逆監視」されているかどうか確認するために、「偶然の一致」を見つけようとする。偶然の一致が時間や距離に関係なく繰り返されるようなら、それは偶然でなく必然である。

エージェントは「TEDD」という4つの判断基準を用いて、偶然の一致を見つける。Tは「時間（Time）」、Eは「環境（Environment）」、Dは「距離（Distance）」、そして「立ち居振る舞い（Demeanor）」である。

ただし、逆監視から逃れるときはさりげなく行なうこと。相手に「うっかりターゲットを見失った」と信じ込ませるほうが、「うまく逃げられた」と思われるよりも都合がよいからだ。

時間――長い時間のあいだに、異なる環境で同じ人物や集団を何度も見かけることはないか？　彼らに遭遇する時間帯に着目すれば、尻尾をつかめるかもしれない。

環境――服装や挙動が周囲の環境にそぐわない人はいないか？

距離――距離が離れている場所で、同じ人物に遭遇していないか？　例えば、今、近所の店にいるサングラスの男が、2時間前に10キロ先のスーパーマーケットで見かけた男と同一人物だとする。これは偶然だろうか？　さらに遠く離れた町へ移動してみて、再び同じ偶然が起こるようなら、そいつは「クロ」だ。

立ち居振る舞い――ここで言う「立ち居振る舞い」とは、行動と外見の両方を意味する。服装や行動が周囲の環境になじまない人物はいないか、目を光らせよう。

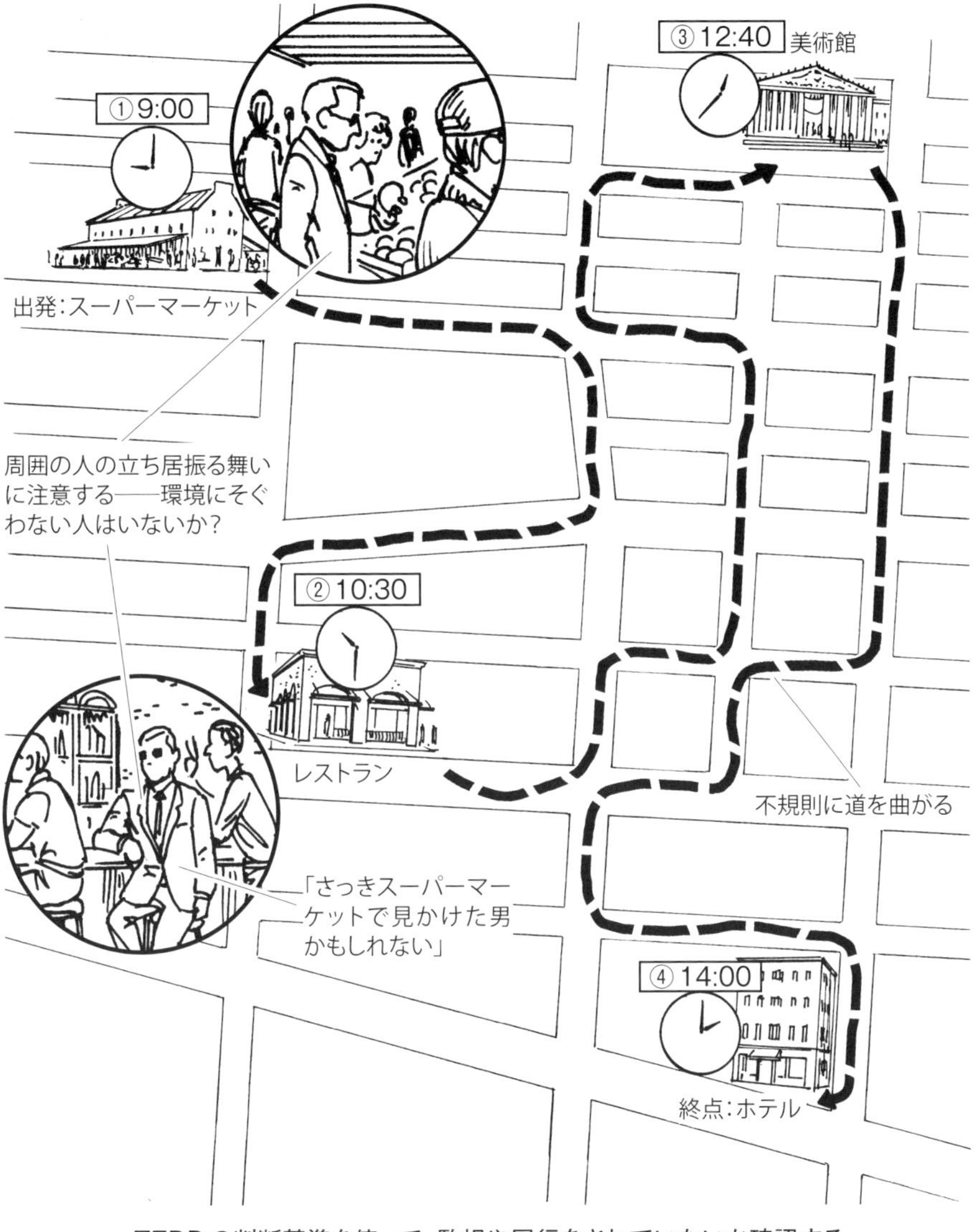

TEDDの判断基準を使って、監視や尾行をされていないか確認する

040 さりげなく監視から逃れる

緊迫した追跡劇を繰り広げることなく、さりげなく監視チームから逃れるには、相手に「ターゲットを見失った」と信じ込ませることが大切である。「まかれた」と思わせるのは得策ではない。

自動車による監視チームから逃れるには、いかにも「追跡をかわしていますよ」という運転テクニックは控え、次に挙げる方法を使う。

「アコーディオン効果」を引き出す——信号や一時停止の標識がたくさんある地域に誘い込んで、追跡チームを引き回す。長いあいだ停止と発進を繰り返すうちに、こちらの意図に気づくことなく、監視メンバーの数が減っていくことになる。いちばん近くを走っている車はともかく、残りのメンバーは次々に後方の信号で止まって、立ち往生する羽目になるだろう。

いちばん近くの追跡車は、ほかのメンバーと入れ代わることができなくなり、単独での追跡を強いられる。すると、「ターゲットが警戒するのではないか」という懸念が生じ、監視の中止を選択してくれるかもしれない。

停止と発進を何回も繰り返す——監視チームは、発進や停止の際にターゲットを見失うことが多い。この状況をたくさんつくり出せるように、駐車の回数を増やすとよい。駐車場の出口のそばに車を駐《と》めれば、ターゲットが発進したと相手側が気づくまでに、駐車場を出て2回はコーナーをターンできるだろう。

公共交通機関を使う——バスや電車に飛び乗って監視チームをまきたいなら、前もって計画を立てる必要がある。バスや電車が停止すると同時に乗り場に到着し、尾行が追いつく前に飛び乗るのだ。

人通りが多い場所を通る——人が多く混雑した場所でターゲットを見張り続けるのは困難である。徒歩の場合は、ショッピングモールや遊園地といった人通りの多い場所、あるいは観光客相手の混み合った店に入ろう。そうすれば、監視チームをまくチャンスも増える。

1 アコーディオン効果を引き出す

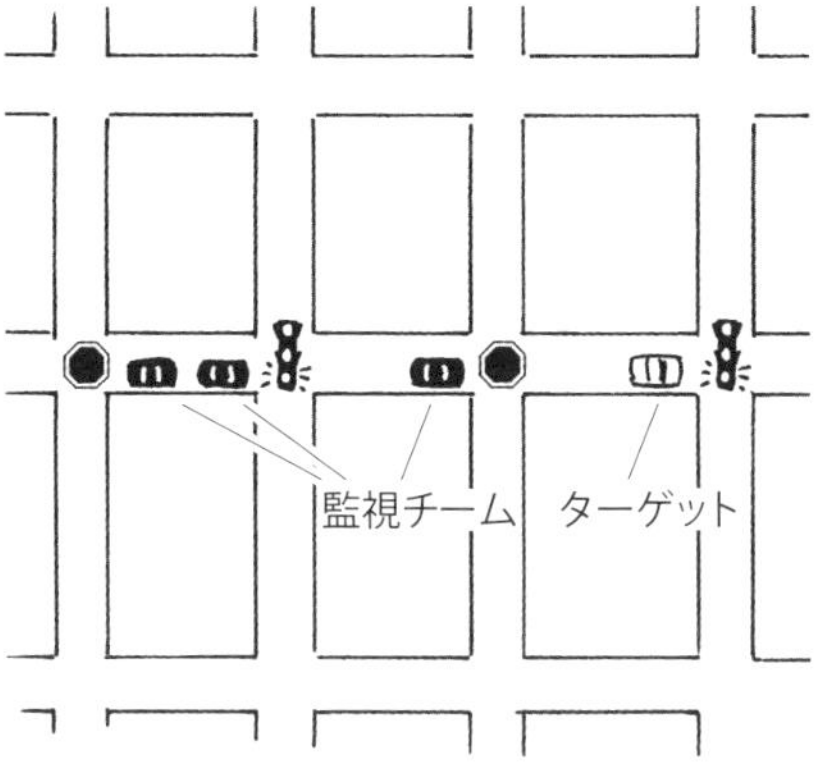

信号と一時停止の標識が多い地域を通る。そうすれば、監視チームのメンバーを引き離すことができる

2 停止と発進を頻繁に行なう

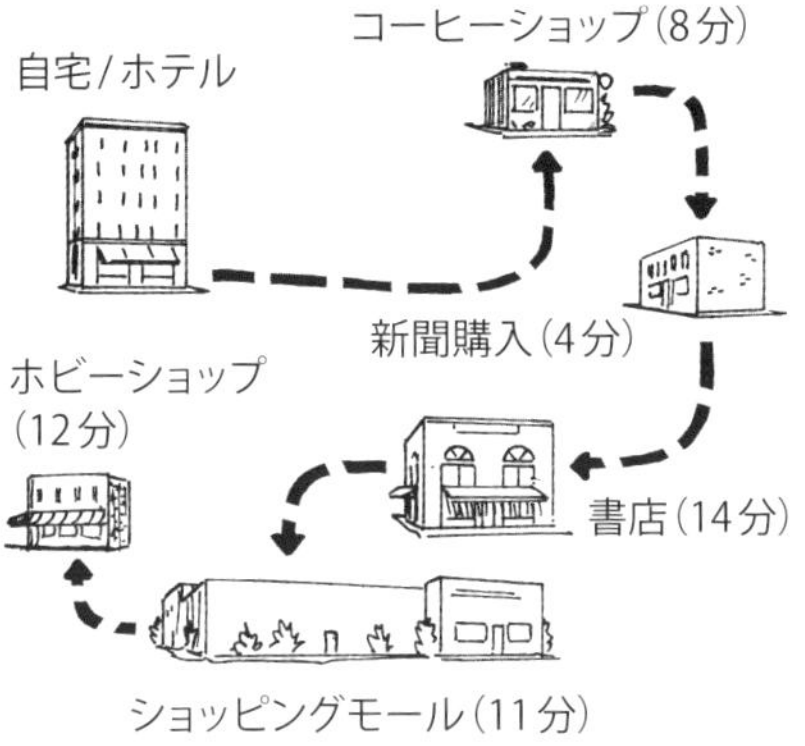

監視チームは、停止と発進のときにターゲットを見失うことが多い

3 公共交通機関を使う

4 人通りが多い場所を通る

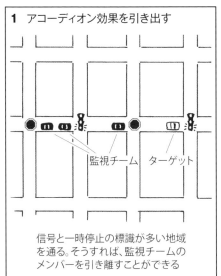

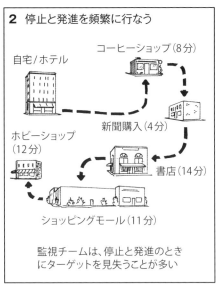

041
追跡装置を見つける

何でも小型化できる最近のテクノロジーのおかげで、磁石つきの追跡装置を自動車に取り付けるのは、まったく手間のかからない作業になった。これは、追跡する側には朗報だが、追跡される側には悲報である。

この追跡装置は、子どもの見守りから防犯まで、いろいろな目的に応じて使える。大きさはサムドライブ（親指大のＵＳＢメモリー）ほどで、入手するのも簡単だ。

携帯電話の位置情報取得やレンタカーの位置確認などの用途に応じて、追跡装置があらかじめ車に標準装備されていることもある。国境をまたいで旅をする際は、すべてのレンタカーに盗難防止用の追跡装置が搭載されていると考えるほうが無難だろう。

こうした装置は、単なる盗難防止用とは限らない。潜入先が非友好国なら、ほかの目的で使われることも想定しておかなくてはならない。

人工衛星や携帯電話の中継塔、さらにサーバーバンクを経由して通信可能な追跡装置は、自動車に固定搭載することも、車のフレームに一時的に磁石でくっつけることもできる。

追跡装置が発する信号は金属を透過しないので、フレームや金属製部品の内側に隠して使うことはできない。そのため、取り付けに適した場所はおのずと限られてくる。

だが、あからさまに車両を調べているところを、誰かに見られるのは避けたい。そこで、追跡装置の存在を音で探知する方法を伝授しよう。

すべての携帯電話の電源を切り、ＡＭラジオをつけ、周波数を合わせずに「ザーザー」という音を出す。雑音の中にときおり「カチッ」という音が混じるなら、何らかのセルラー方式の装置が、車内で作動しているということだ。この音は、セルラー方式の信号とラジオのスピーカーのワイヤーとコイルが相互に影響し合って生じるものである。

その追跡装置が、標準搭載されているものではなく、悪意ある誰かの仕業だとわかっても、あえて取り外さないようにする。それよりも、別の車と交換するための口実を考えよう。

1 追跡装置の仕組み

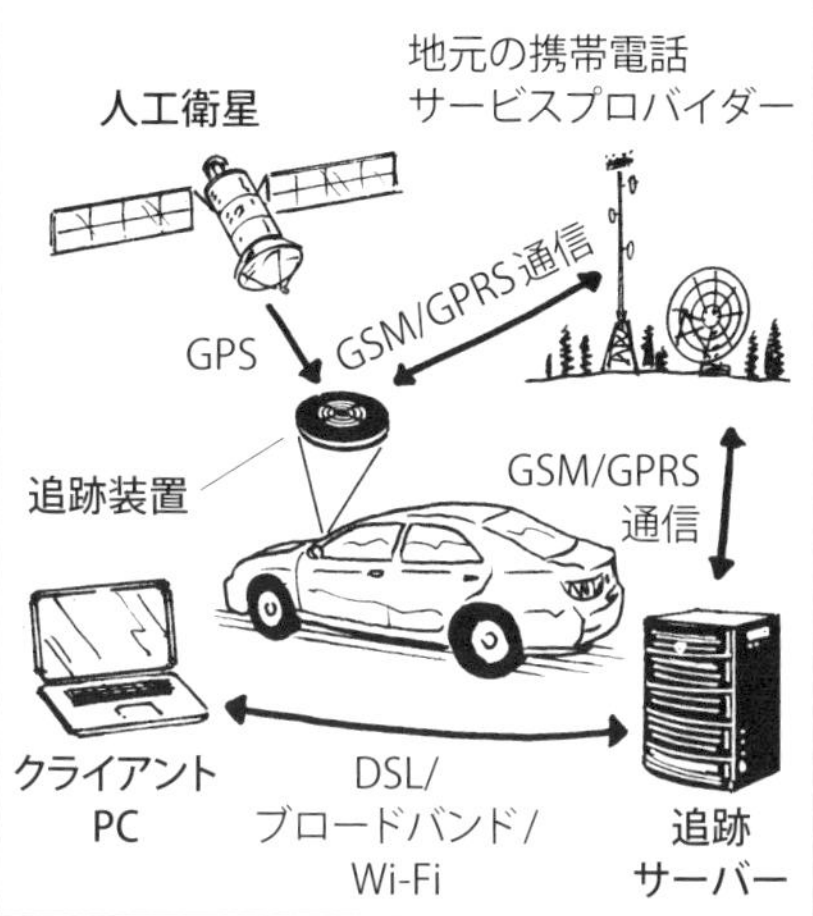

2 追跡装置を取り付けやすい場所

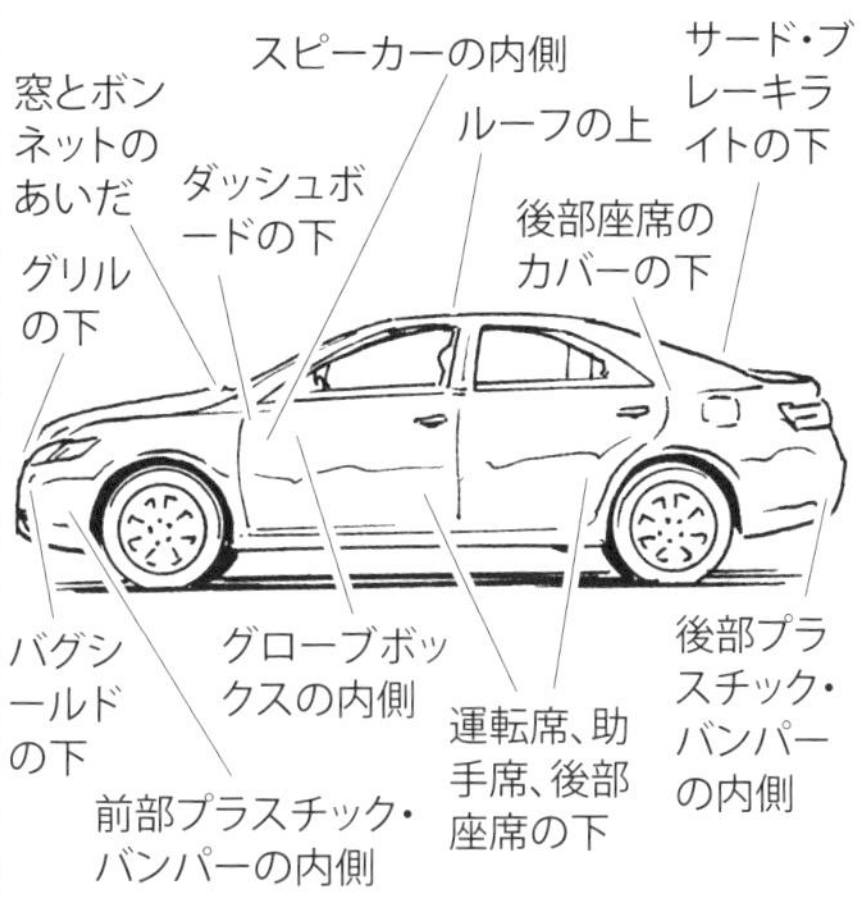

3 車のスピーカーを追跡装置探知機として使う

042 防犯カメラを欺く

世界中の大都市では、ＡＴＭのブース内や宝石店の入口はもちろん、街路の辻々に至るまで防犯カメラが連なって、私たちの顔を四六時中録画している。

こうしたカメラは、価格が安くなったことで、最近では世界の辺境地にも設置されている。用心するに越したことはない。

エージェントは、常に自分が撮影されているという前提で行動する。自分の身元が特定されるのを避けるため、あらゆる手段を使って防犯カメラの目を欺《あざむ》こうとするのである。

変装——マスクを付けたり奇抜な扮装をしたりといった、ドラマでお決まりの変装スタイルは、第三者にすぐに見破られるので避けること。その代わりに、帽子をかぶったり、頭部を何かで覆ったりする。

光——多くのカメラについている自動露出機能は、明るい光に対して露出を絞る。したがって、懐中電灯かＬＥＤライトでカメラを直接照らせば、映像の質が下がることになる。もしくは、自分の背後に必ず太陽が照っている時間帯を選んで行動するようにする。

静電気——防犯カメラの電気信号は、網組の金属とゴムの層で覆われた銅伝導体を通る。そのため、スチール製のカミソリの刃を使い、この銅伝導体に達するまで深く切り込みを入れると、回路がショートし、一時的にビデオへの給電が中断される。

カミソリの刃でまずゴムの被覆物を切り、小刻みに動かして網組のシールド（遮蔽《しゃへい》体）に深く切り込みを入れ、中心の固い金属にカミソリの刃の部分を当てる。その状態のまま放置すれば、カミソリの刃が静電気を起こし、モニターが乱れる。カミソリの刃を取り除くと、すぐに信号が元どおり流れるようになる。

1　簡単な変装——環境に合わせたアイテムを使って、顔を覆う

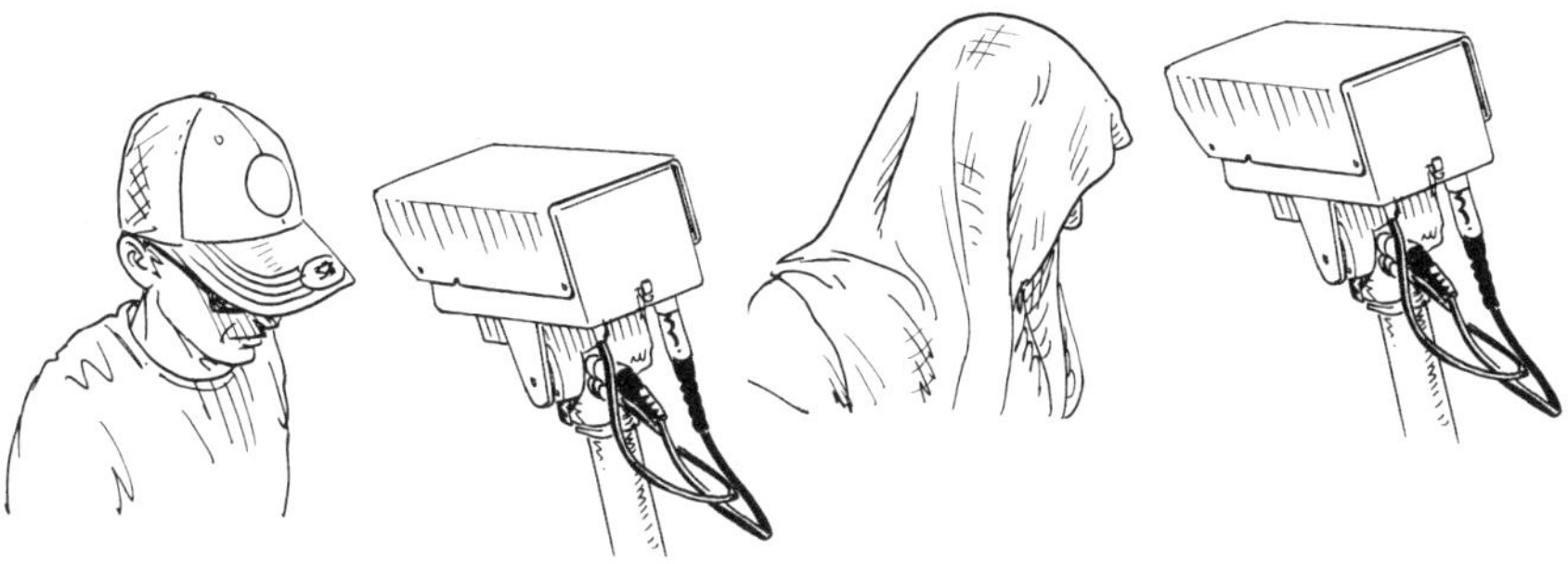

2　明るい光——赤外線か可視光線を使えば、カメラの露出を絞ることができる。太陽を背にする方法もある

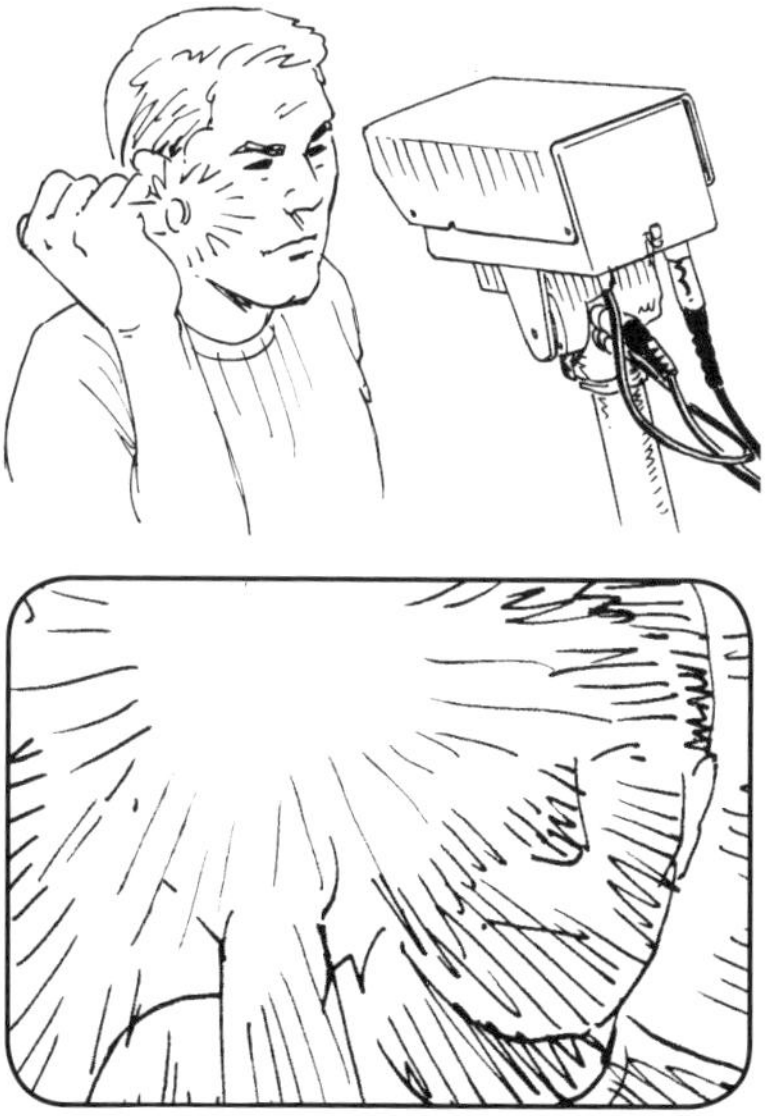

3　ビデオへの給電停止——カミソリの刃でケーブルの途中まで切り込みを入れ、シールドと中心の伝導体に接する位置で止めれば、モニターに静電気が起こり、映像が乱れる。カミソリの刃を取り除けば、モニターは元に戻る

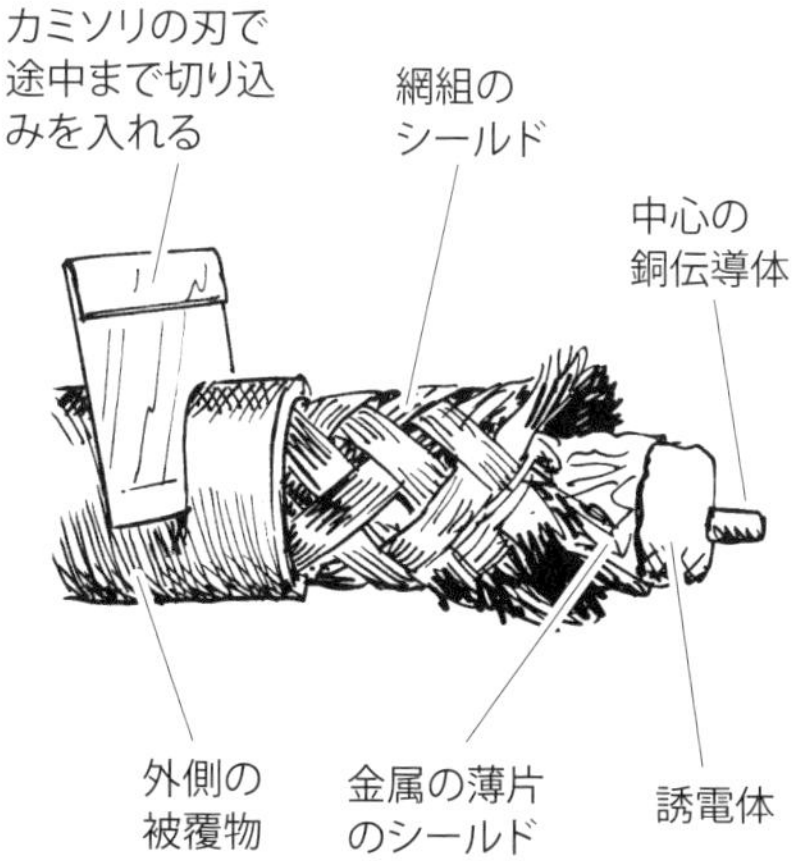

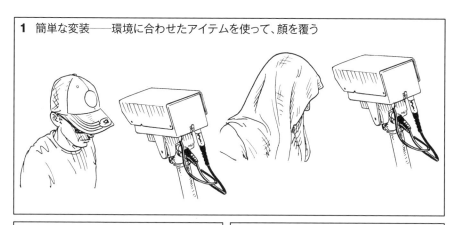

PART 5
ACCESS

忍び込む

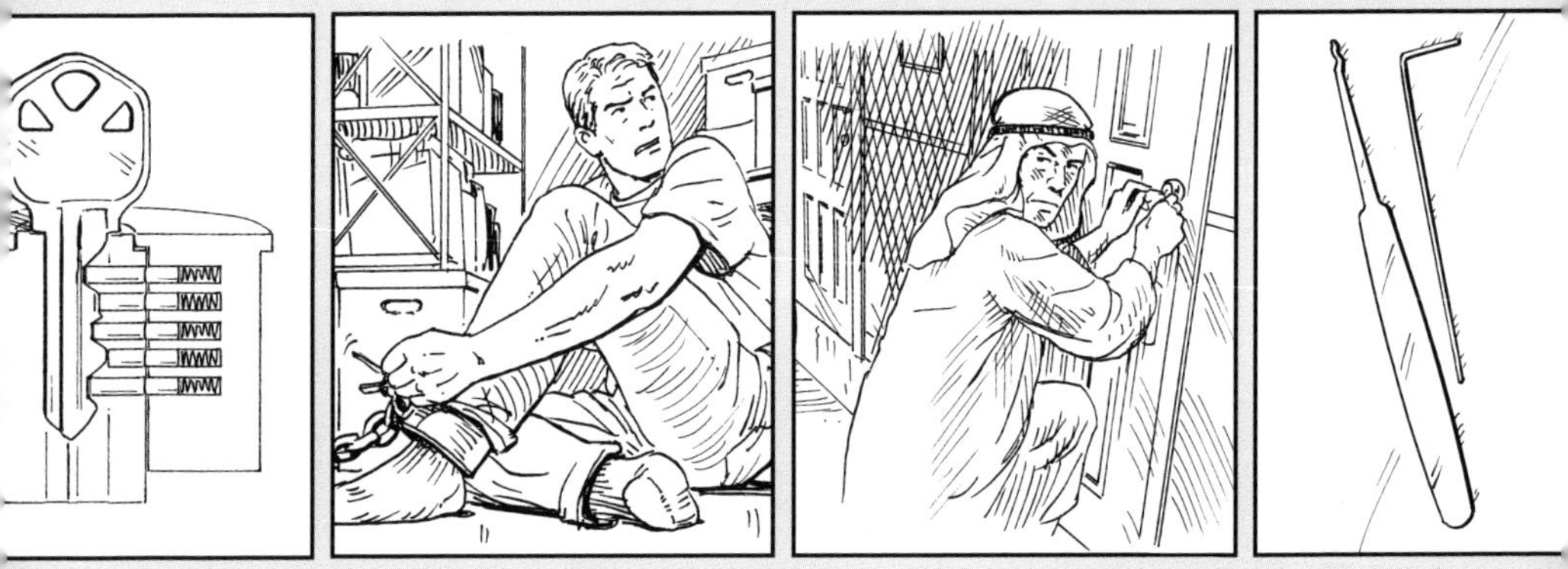

錠前をこじ開ける

たいがいのエージェントにとって、ターゲットの自宅や職場にこっそり忍び込むことなどお手のものである。そして、繰り返し出入りすることができれば、これほど好都合なことはない。任務遂行に時間的な制約がある場合、目標にアクセスする最も手っ取り早い方法は、昔ながらの「錠前破り」である。

錠前破りというと、泥棒がドライバーをガチャガチャ回して、鍵のかかったドアを力まかせにこじ開けるといった光景を思い浮かべるかもしれない。だが、現実の錠前破りはもっとスマートで、使うのは両手と2つの道具だけだ。ひとつの道具でロックピンを持ち上げ、もうひとつの道具でシリンダーを回すのである。

次のページからは、一般的なドアロックが、いかに簡単に破られるかを実例で紹介する。

錠前破りを返り討ちにするには、高性能のドアロックを導入するのが最善の方法だが、単純な錠前であっても、工夫しだいで防犯性を高めることができる。

043 錠前破り用の道具をつくる

理論的には、鍵で開ける錠前なら、どんなものでも破ることができる。とはいえ、安全性の高い錠前は、ロックピンを持ち上げて、さらにねじらなければならないので、即席の道具ではおそらく太刀打ちできないだろう。

ここで紹介するのは、即席の道具で太刀打ちできるタイプの錠前だ。たいていのピンタンブラー錠とウェハータンブラー錠ならば、クリップ2個と反復練習によって、こじ開けることができる。

2個のクリップとペンチ、それに平型ヤスリを使って、即席のピッキング・ツール（鍵開け道具）をつくる。

この道具は、レーク・ピックおよびテンション・レンチと同じような働きをする。レーク・ピックはピンを押してシアライン（錠前のピンの境目が一直線に並んで、シリンダーが回る位置）を揃えるための道具、テンション・レンチはシリンダーを回転させるための道具である。

クリップは、圧力に耐えられる頑丈なものを用意できればベストだが、ヘアピンや、配送用の木箱をまとめるときに使う金具でも代用可能である。

ピッキング・ツールは細いほうが操作しやすく、両方の道具を同時に確実に、錠前の内部にぴったりと挟《はさ》み込める。

クリップの先を磨くヤスリがなければ、代わりに床や壁の表面を使うこともできる。

1 ペンチを使ってクリップをまっすぐに伸ばす。伸ばすときは、一方向にだけ力を加える。何度も曲げたり伸ばしたりすると、金属がもろくなるので要注意。最終的に2個のクリップは、レーク・ピックとテンション・レンチの形に成型する

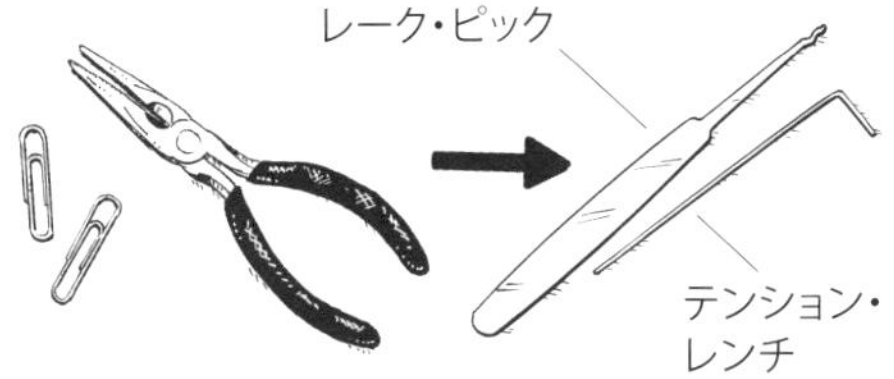

2 クリップの先端部を慎重に波型に曲げて、レーク・ピックの形をつくる

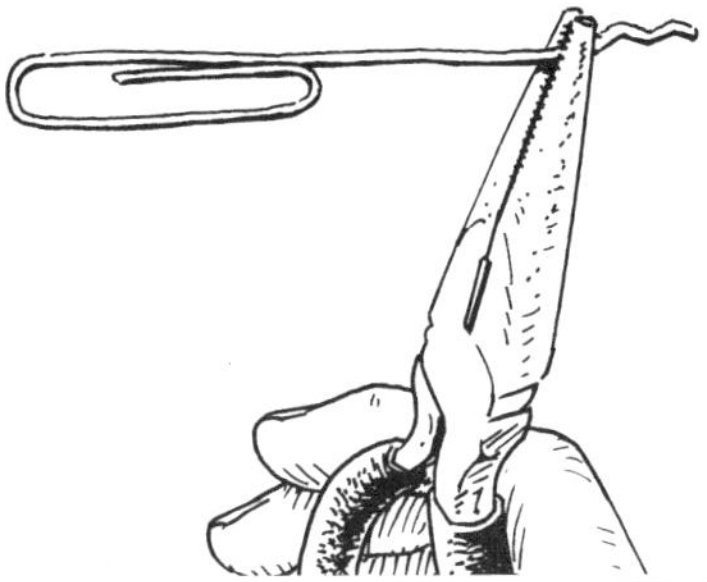

3 クリップの反対の端を、まっすぐに伸ばした部分に1回巻き付け、持ち手となる部分を補強する

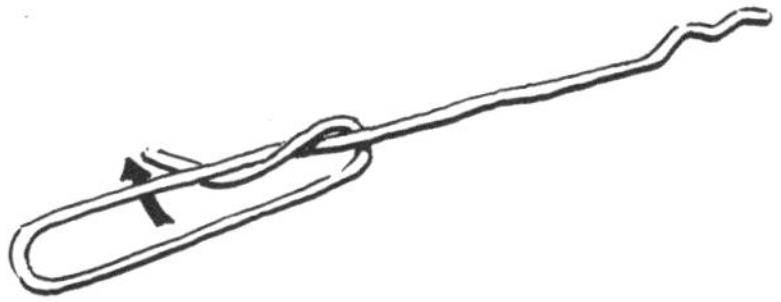

4 もうひとつのクリップの先を慎重に曲げて、テンション・レンチの形にする

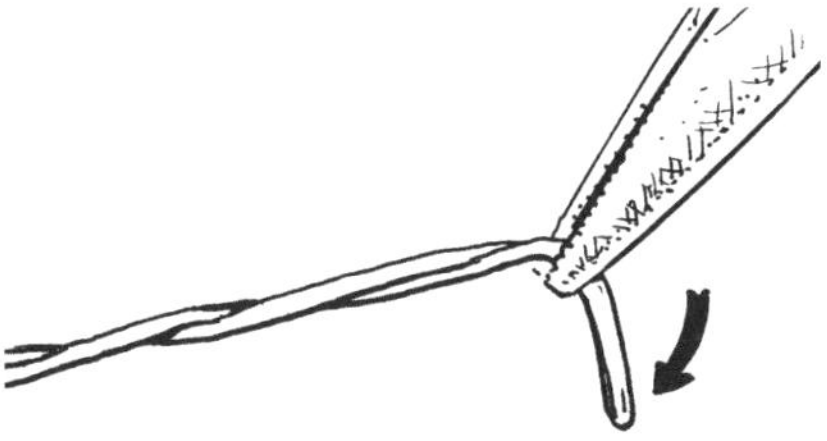

5 2つの道具の先端をヤスリで平らにすれば、錠前の内部で操作がしやすくなる

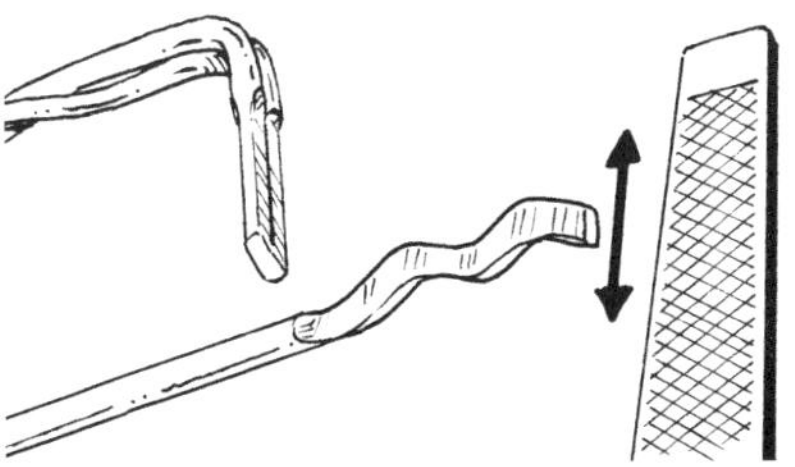

6 時間に制限がある場面を想定して、シミュレーション練習をする

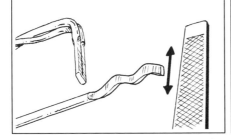

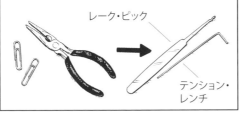

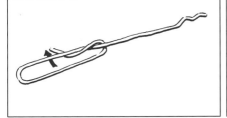

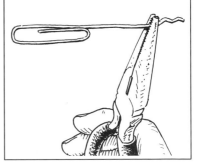

044 錠前を破る

一般的な錠前の断面図を見ると、内部の仕組みがよくわかる。それと同時に、弱点も見えてくるだろう。

錠前の筒の中には、5本のピンが上下2列に並んでいる。したがって、「ファイブピンタンブラー」と呼ばれるこの錠前の内部には、実際には10本の別々のピンが存在している。

ピンの収まっている筒の上部には、バネがついている。鍵を錠に差し込んでいないときは、このバネが上下のピンを押し下げるので、シアライン（上下のピンの境目が一直線に並んで、シリンダーが回る位置）が凸凹に崩れる。

適合する形の鍵を鍵穴に差し込むと、ピンが真っ直ぐな高さに押し上げられ、シアラインが一直線になる。その結果、シリンダーがスムーズに回転してデッドボルト（錠のかんぬき部分）が引っ込む――つまり鍵が開くのである。

錠前破りの基本は、シリンダーにテンション（張力）をかけると同時に、ピンを動かして、シアラインを一直線にすることだ。

利き手ではないほうの手を使って、まずテンション・レンチを鍵穴に差し込み、シリンダーを回転させる方向にテンションをかける。

もう片方の手でレーク・ピックを差し込み、それを使ってピンを1本ずつ動かして、全部のピンを鍵が開く高さに収める。レーク・ピックの先端を使って各ピンを探り当て、揺らすように動かしながら、ピンがシアラインで一直線に並ぶように押し上げるのだ。

ピッキング・ツールが手元にあって、そこそこの器用さと忍耐力があれば、誰でもピンタンブラー錠をこじ開けることができる。あとは練習あるのみだ。

1 錠前の構造を知る

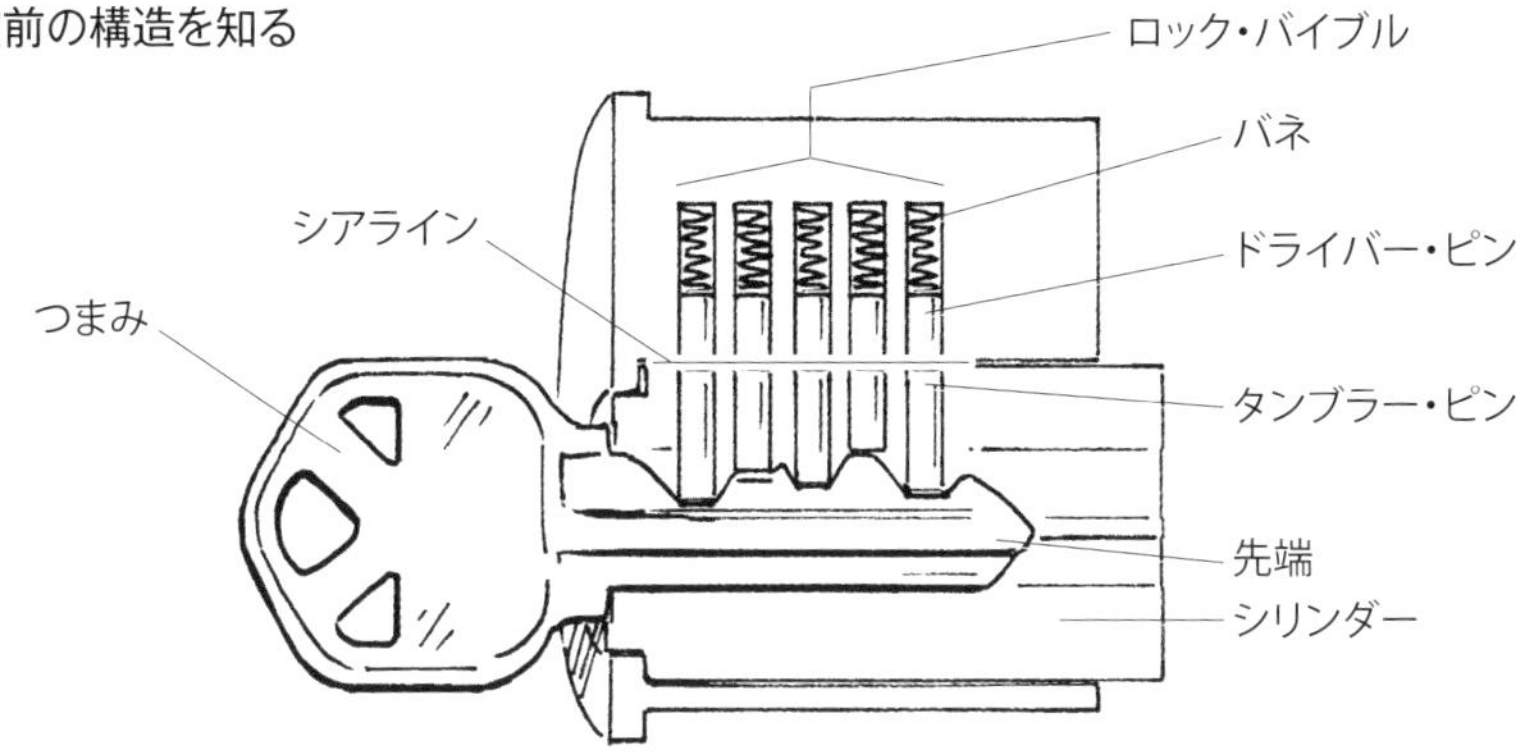

2 レーク·ピックとテンション·レンチを使って、錠前をこじ開ける

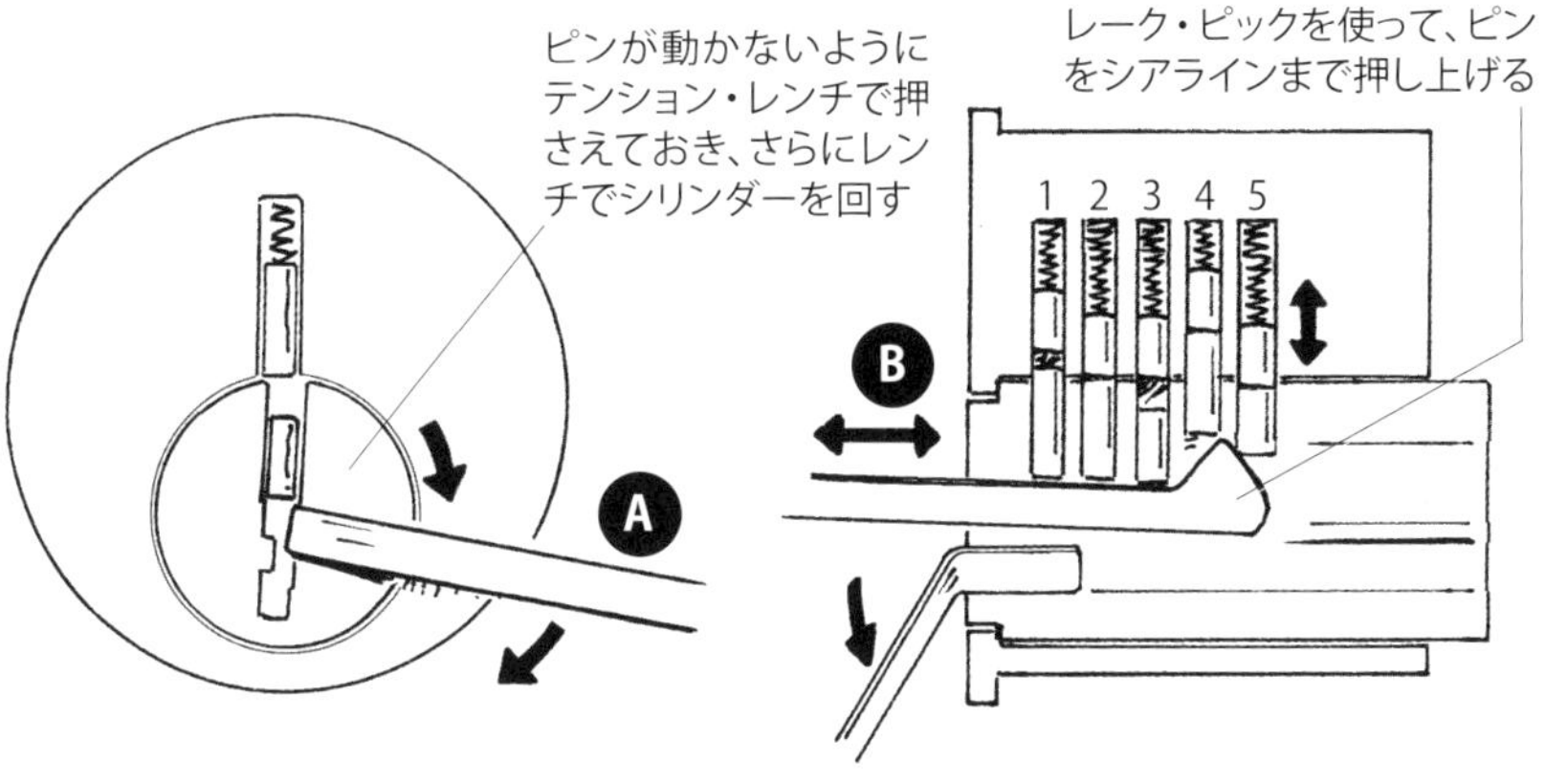

Ⓐ シリンダーにテンションをかける
Ⓑ ピンを持ち上げ、音や感触でシアラインに並んだことを確認する。シリンダーが回るまで、すべてのピンでこの作業を繰り返す

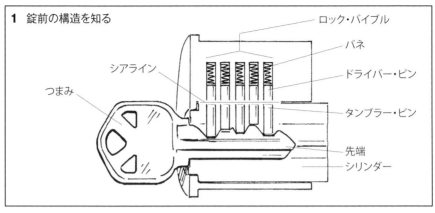

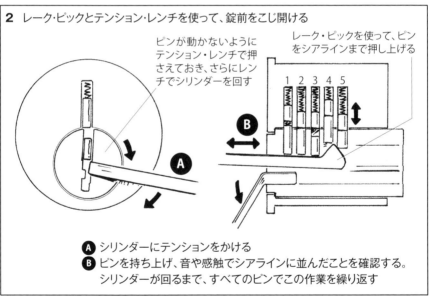

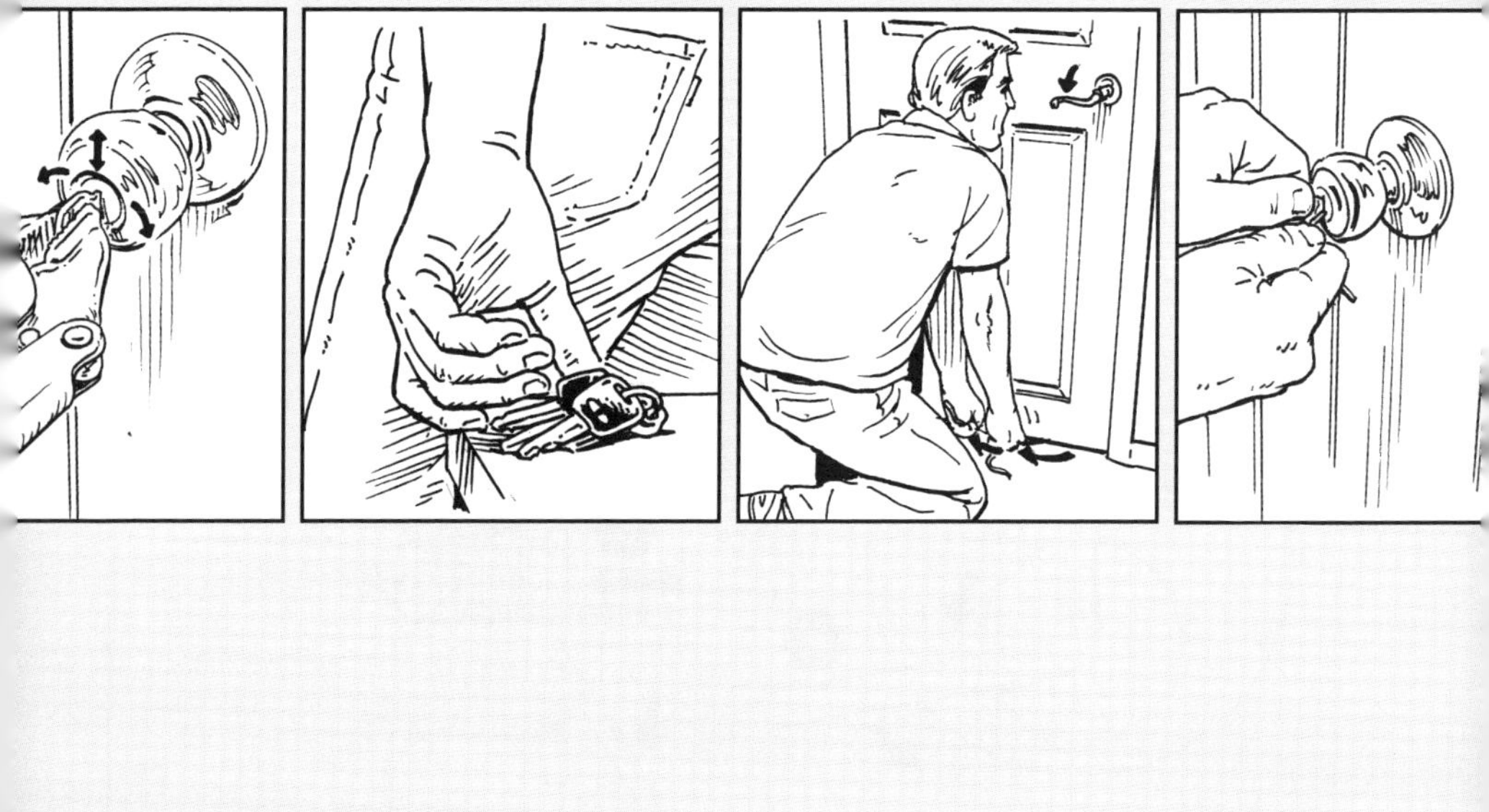

鍵の複製をつくる

錠前を破って任務を終えたあと、そのまま開けっ放しにして帰るわけにはいかない。道具を使ってこじ開けた錠前は、同じ道具で閉めなければならないのだ。

そうした手間とリスクを考えれば、錠前破りは効率的とは言えない。実のところ、錠前破りは最後の手段なのである。

その代わりにエージェントは、鍵の複製をつくろうとする。ターゲットの鍵を一時的に無断借用するチャンスがあれば、複製は簡単につくれる。

鍵の複製があれば、ターゲットの自宅や職場に繰り返し侵入する手段を確保できる。相手に気づかれることなく、何日間、あるいは何週間にもわたって、少しずつ諜報活動を行なうことができるのだ。

045
鍵の型を取る

鍵の複製をつくる第1段階は、ターゲットの鍵から直接、型を取ることである。石鹸、発泡スチロール、皮膚の一部分といった、すぐに手に入る素材を使って、型押ししてパターンを浮き上がらせることができる。

鍵の実物を入手できない場合は、写真を撮るという方法もある。ターゲットがレストランのテーブルやバーのカウンターにちょっと鍵を置くといった、ほんの一瞬を狙って画像に収めればよいのだ。

もちろん、正確に型を取るのなら写真より実物のほうがよいが、そのチャンスはなかなか巡ってこない。チャンスがいつ来るかも予想できない。だから、どんなときでもすぐ行動できるよう準備が必要だ。

型を取る道具がないときは、鍵を自分の皮膚の柔らかい部分に押し当てるだけでもよい。皮膚に残った鍵の型は、数分間は消えない。その場を離れてから、マーカーかペンで型の輪郭をなぞれば、形がはっきりとわかるので、写真を撮ったり、複写したりできる。

もっと正確な型を取りたければ、型のつきやすい素材に、鍵を強く押し当てればよい。例えば、石鹸、発泡スチロールのカップや皿が使えるだろう。

型を取るための粘土をセットした、昔ながらの鍵の型取り器もある。

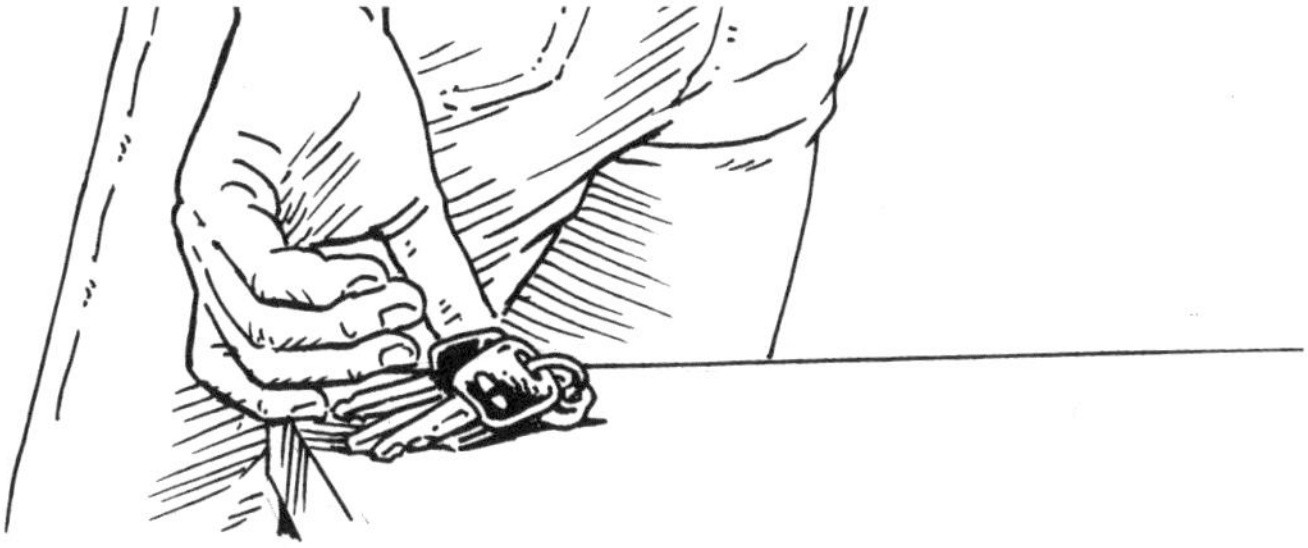

1 鍵の写真を撮る

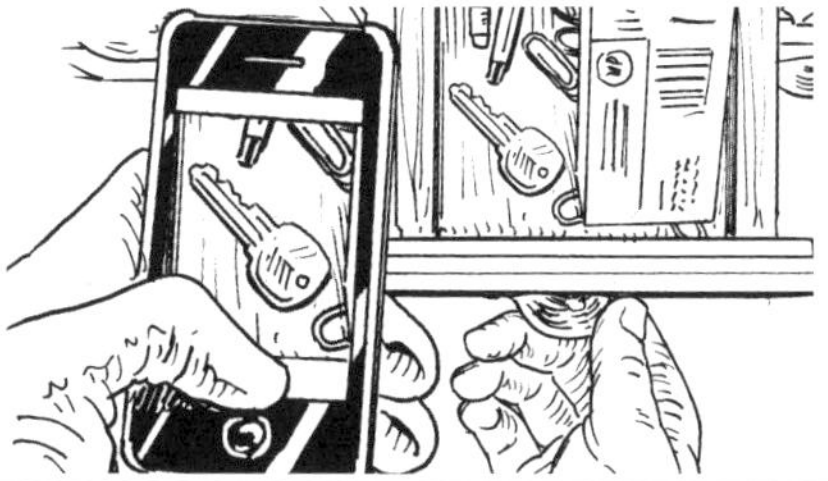

2 鍵を皮膚に押し当てて型を取り、輪郭をペンでなぞる

3 鍵を石鹸に押し当てて型を取る

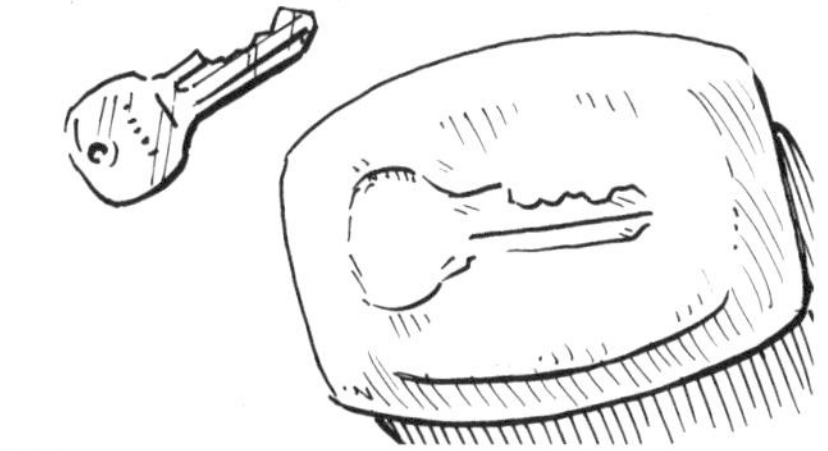

4 発泡スチロールのカップや皿を使って、鍵の型を取る

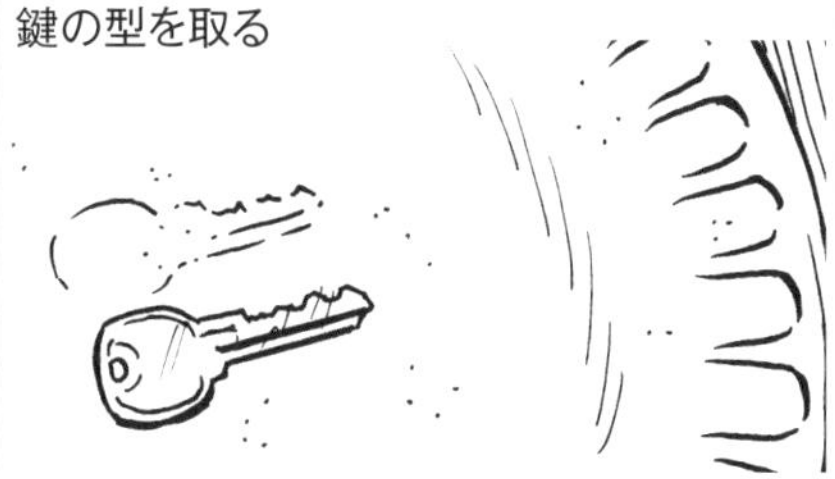

5 鍵の型取り器を使い、粘土で鍵の型を取る

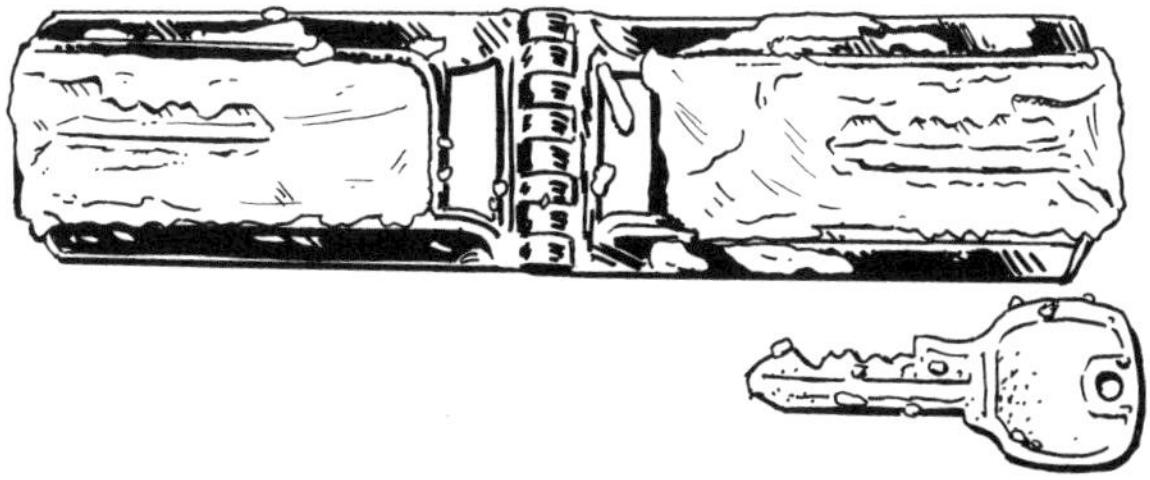

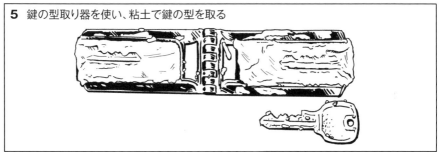

046
アルミ缶で合鍵をつくる

鍵の型が取れたら、それをもとにして複製をつくる。必要なものは、清涼飲料水のアルミニウム缶、紙、ペンか鉛筆、ハサミ、クリップだけである。

計画どおりに合鍵をつくることができれば、エージェントはターゲットの自宅や会社への直接の出入りが可能になる。

まずコピー機を使って、ターゲットとなる鍵または鍵型の実物大コピーを取る。鍵の写真からつくる場合は、実物大になるように写真のサイズを変更するか、適切に倍率を設定してコピーを取る。

次に型紙をつくる。ハサミを使い、鍵の輪郭に沿ってコピー紙を丁寧に切る。

アルミ缶の上下、つまり飲み口と底の部分を切り取り、残った筒の部分を切って開く。この長方形のアルミニウム片の上に型紙を置き、輪郭をトレースして、ハサミで鍵の形に切る。

これで合鍵のでき上がりだが、アルミニウムはとてもたわみやすいので、これだけでは鍵を開けられない。シリンダーを回転させる道具も、別に必要になる。

こちらの道具はクリップでつくれる。クリップをまっすぐに伸ばし、片方の端を曲げてL字型にするだけである。

道具が揃ったら実行だ。まず、ターゲットの部屋の錠前に合鍵を差し込む。これでロックピンをシアラインまで押し上げることができる。次に、クリップの短いほうの端を鍵の下に差し込み、シリンダーを回す。これで鍵が開く。

1 鍵の型を入手し、ペンで輪郭をなぞる

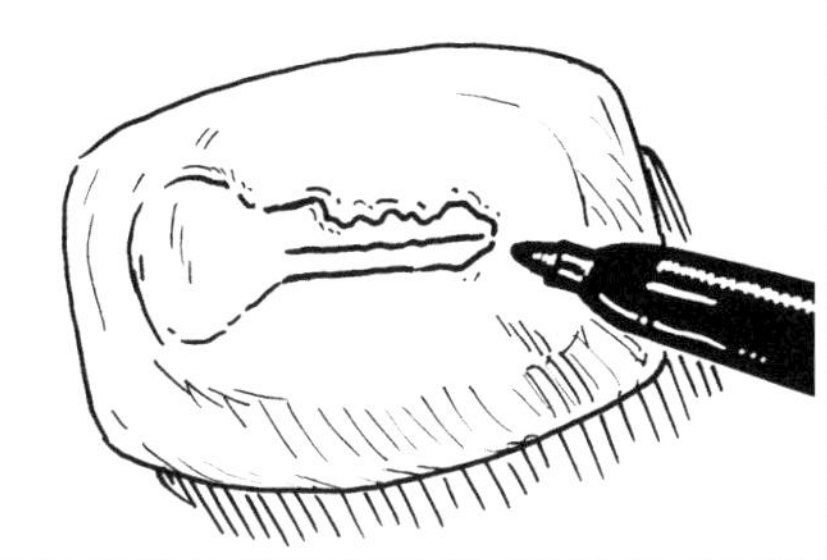

2 鍵の型を実物大でコピーする

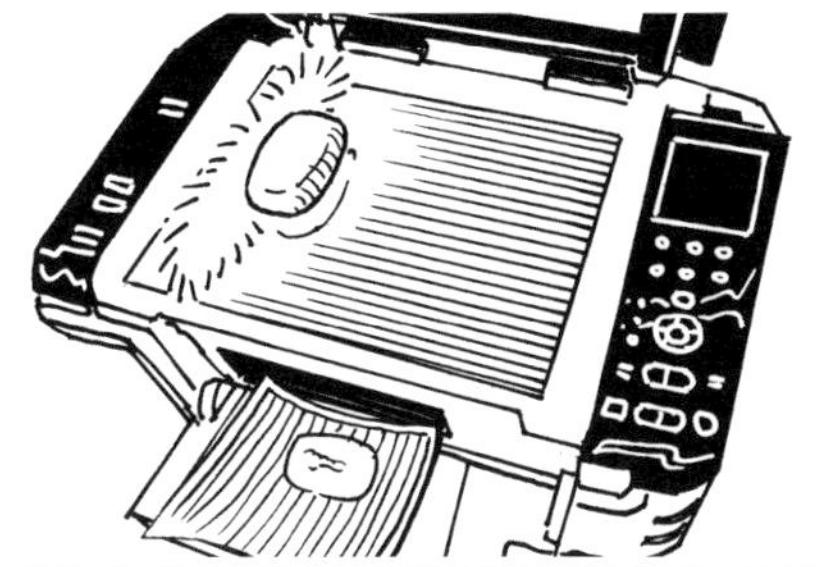

3 コピー紙を輪郭に沿って切り、型紙にする。アルミニウム缶から切り取ったアルミニウム片に型紙をトレースし、切り抜く

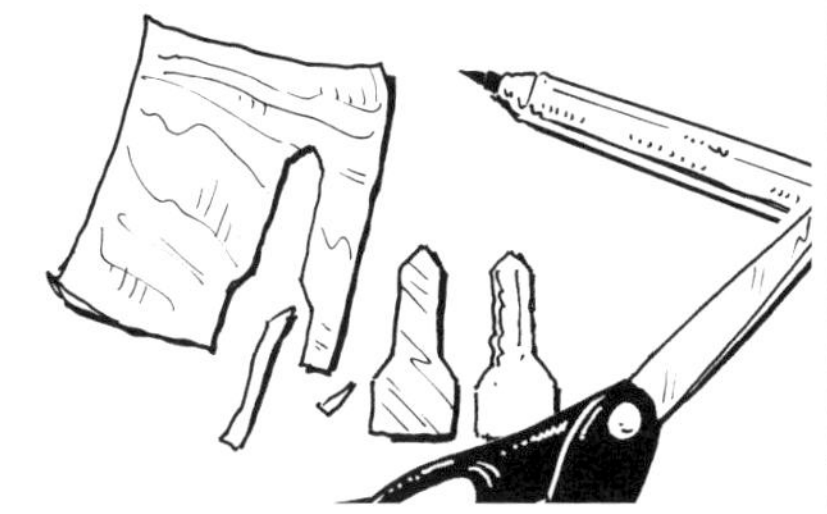

4 アルミニウム製のキー・ブランク（合鍵材）を使って、同様に切り抜いてもよい

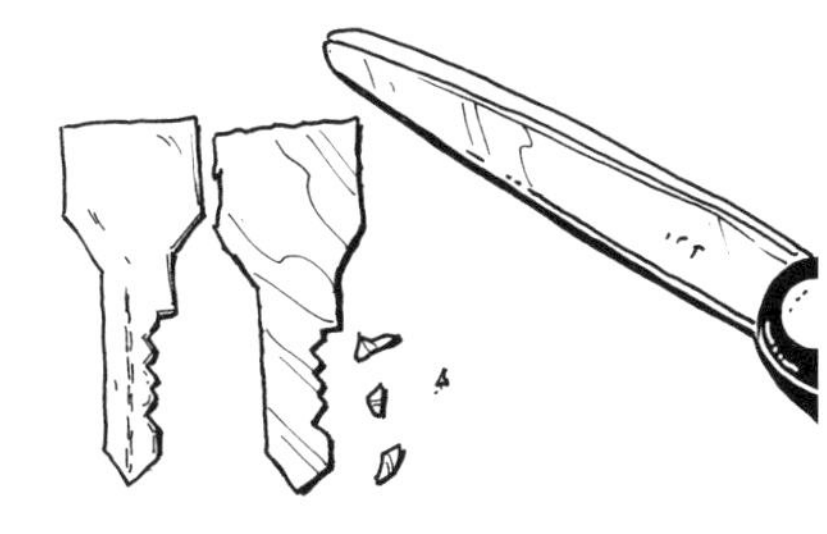

5 アルミニウム製の鍵を錠前に差し込み、ピンを正しい位置まで押し上げる。クリップを使ってシリンダーを回せば、鍵が開く

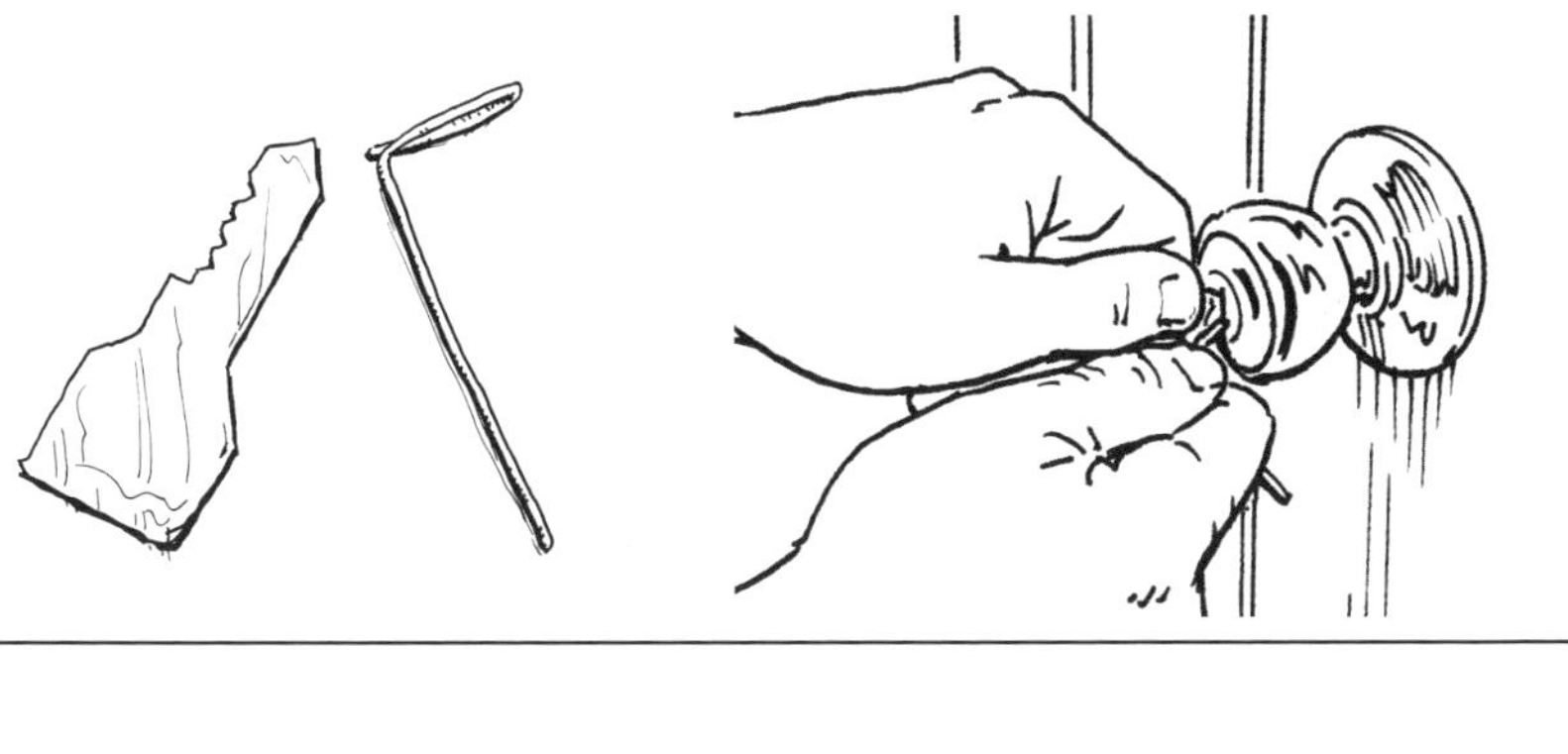

047 鍵穴の型を取る

錠前破りにおける最大の課題は、鍵の複製をつくるために、ターゲットの鍵をどうやって拝借するかということだ。

ターゲットに接近して鍵をこっそり持ち出せればいいが、これは任務全体を危険にさらすことになり、以後の活動に支障が出かねない。

ターゲットの住居に一度だけ侵入するのであれば、錠前をこじ開けるという手段もある。だが、任務をまっとうするために、何度でも侵入を繰り返したいと思うのが、エージェントの心情だ。合鍵を使って自由に侵入できれば、1時間かかる仕事を5分、10分、あるいは15分に分割して、1カ月以上かけて行なうことができる。別の機関と共同で作戦を行なう場合に、鍵の複製を渡すことも可能になる。

鍵の型が取れない場合、残された最後の手段は「鍵穴の型を取る」ことだ。これは、熟練の鍵師にはおなじみの手段だが、マスターするには相当な練習が必要である。

しかも、ターゲットの自宅や職場のドアの前に長時間居続けなければならないので、危険度も半端ではない。だが、高いリターンを求めるなら、ときには高いリスクを冒すことも必要だ。

実行するにあたっては、まず下見に行って錠前の写真を撮り、どのタイプのキー・ブランク（未加工の合鍵材）を購入するか決める。あるいは、偵察用のキー・ブランクを1セット購入して現場に持っていけば、そのどれかが錠前に合う可能性はとても高い。

本番では、キー・ブランク、平型ヤスリ、丸ヤスリ、ペンチを持っていく。

最初に、キー・ブランクに平型ヤスリをかけて、表面を滑らかにする。それを鍵穴に差し込み、上下に小刻みに動かす。すると、ロックピンがこすれて、1列の引っかき傷がはっきりと残る。この引っかき傷の部分に溝ができるように、丸ヤスリで丁寧に削る。

再びキー・ブランクを鍵穴に差し込み、同じ動作を繰り返し、傷跡がついた場所にヤスリをかける。最後には、カチッと音がしてシリンダーが回り、鍵が開く。

1 ターゲットの鍵のメーカーと型がわかったら、キー・ブランクを入手する。キー・ブランクに平型ヤスリをかけて、表面を滑らかにする

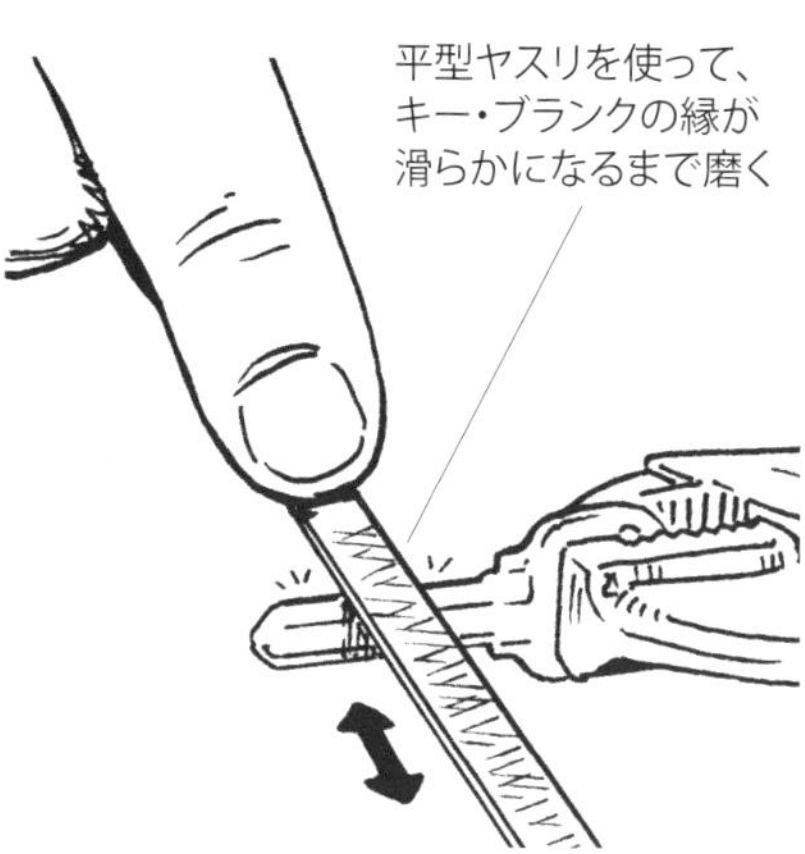

2 キー・ブランクをペンチでしっかり挟んで鍵穴に差し込み、右にねじり、上下に動かす。次に左にねじり、上下に動かす

3 キーを抜き、鍵の差し込み部分についたロックピンの傷跡を確認する

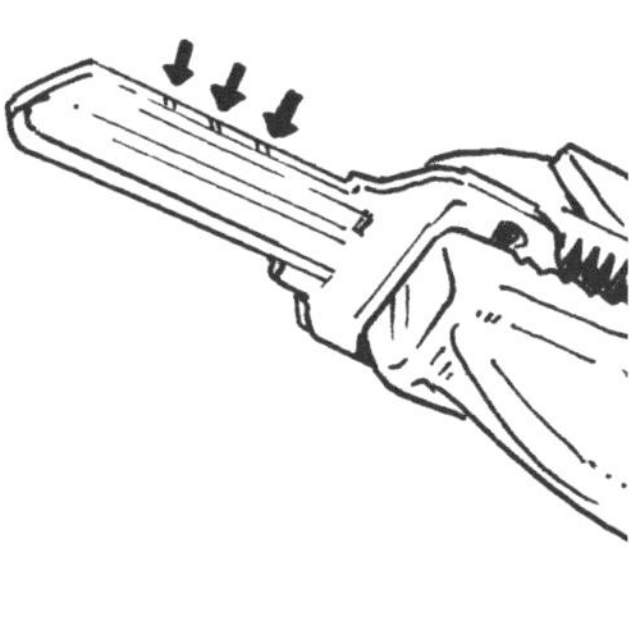

4 傷跡のところに軽い圧力でヤスリを2～3往復かける。同じ作業をシリンダーが回るまで繰り返す

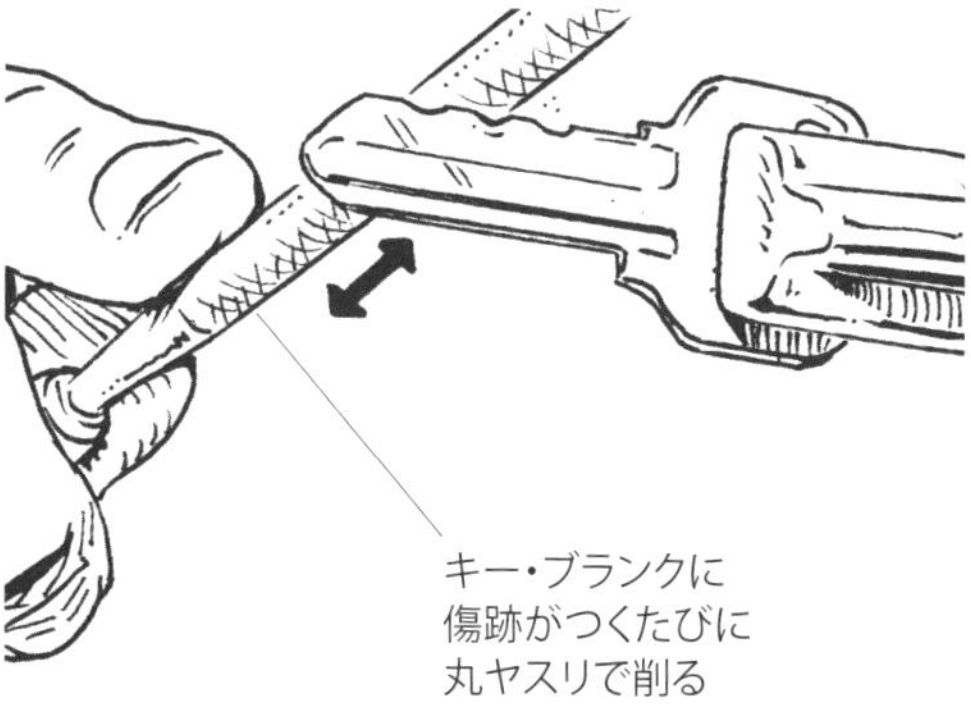

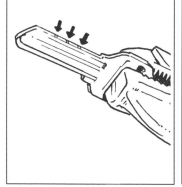

048
レバー・ハンドルの鍵を開ける

多くの商業ビルやホテルにあるレバー・ハンドルのドアノブは、ハンドルを下からすばやく引っ張ることで、鍵が開くようになっている。

これは、火災時に這って逃げようとする人が手を伸ばして開けられるようにとの配慮であり、アメリカでは消防法や障害者関連法で義務づけられている。

しかし、使う人にやさしいこの鍵は、侵入者にとってもやさしい鍵になってしまう。

客が部屋に鍵を忘れて締め出されたり、ハンドルが正常に動かなくなった場合、ホテルのスタッフは廊下側から鍵を開けるために、ドアの下から挿入するレバー・ロック・ツールを使う。

こうした道具は、ハンガーと1本の紐を使って簡単につくれる。泥棒やエージェントも、この方法でたやすく鍵を開けることができるのだ。

道具を組み立てる――ペンチを使ってハンガーを2か所で切り、一方の端に小さなL字型のフック、もう一方に大きなJ字型の持ち手をつくる。L字型のフックの先をさらに曲げて、もうひとつ小さなフックをつくり、そこに長さ4フィート（約120センチ）の紐を結び付ける。

ドアの下から挿入する――ドアの下にL字型の先端部分を滑り込ませ、紐は廊下側に残して手で握る。J字型の持ち手を押し入れ、ドアから1インチ（約2・5センチ）の位置まで近づける。

ハンドルに引っかける――J字のカーブに沿って道具を縦方向に回転させる。道具がドアの裏側に当たる音が聞こえたら、まっすぐ立った証拠である。内側のハンドルに引っかかるまで、道具をドアノブの方向へ滑らせる。

鍵を開ける――ハンガーと紐を引っ張れば、ハンドルが下に下がり、鍵が開く。

もしも…に備えるアクション！

レバー・ハンドルのドアノブは、簡単に解錠できるので要注意。ドアの下にタオルを詰めて隙間をふさげば、防犯の足しにはなるだろう。

1 まっすぐに伸ばしたハンガーと紐を使って、鍵を開ける道具を組み立てる

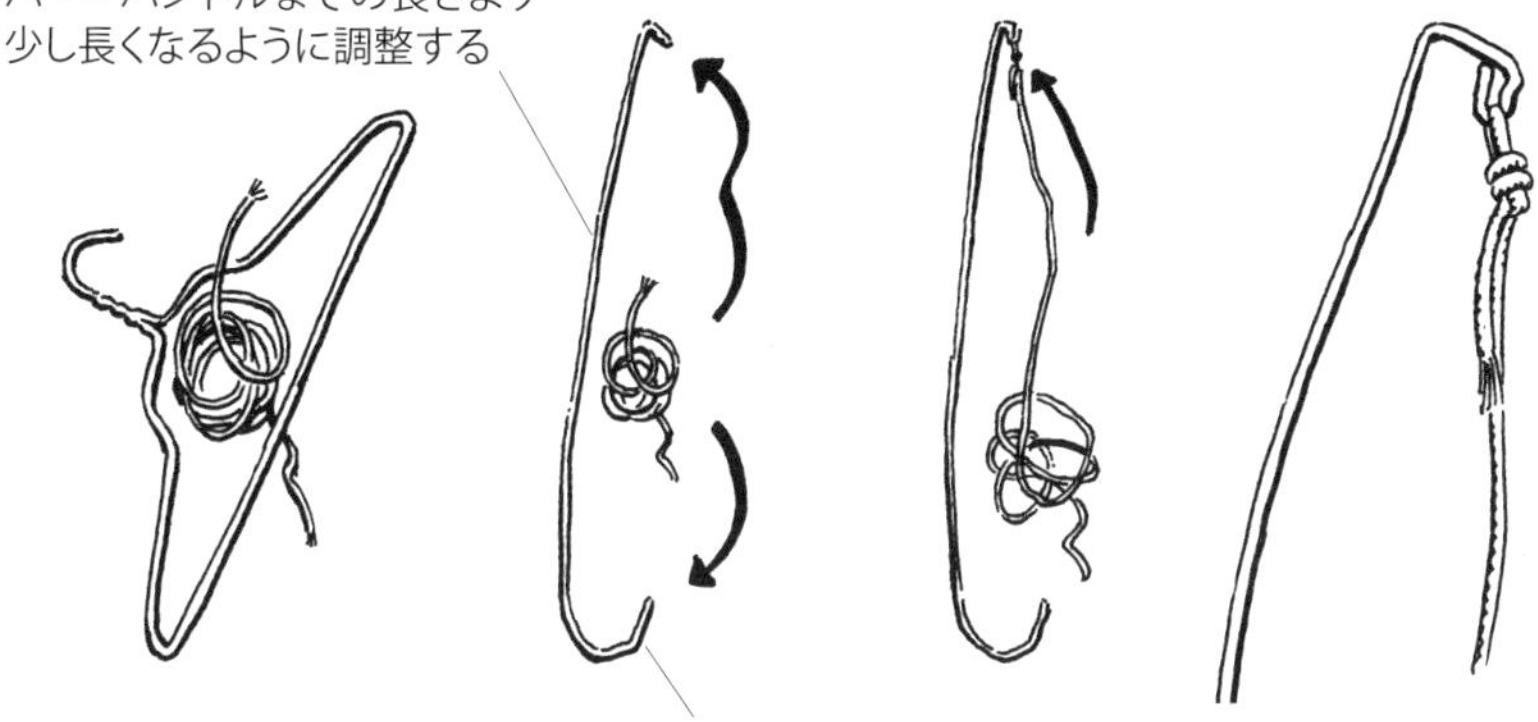
道具の長さが、ドアの下からレバー・ハンドルまでの長さより少し長くなるように調整する
J字型の持ち手は「てこ」の役目を果たす

2 J字型の端を握り、道具をドアの下から滑り込ませる。長い紐は廊下側に残したままにしておく

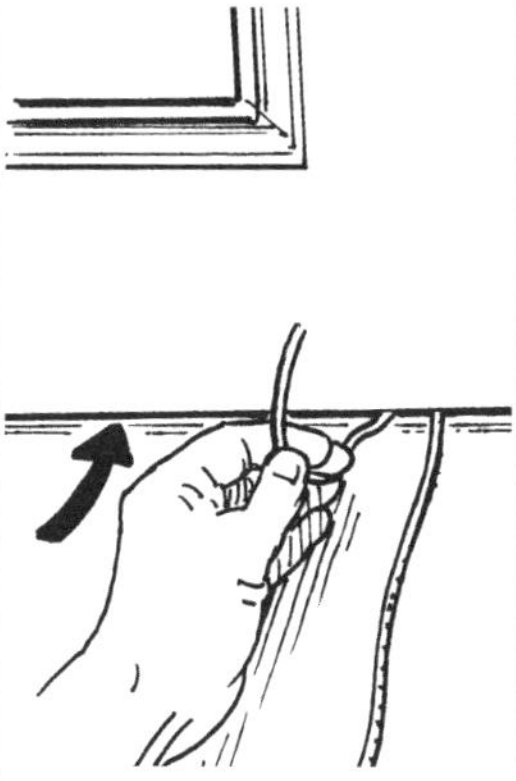

3 道具がドアの内側に当たるようにまっすぐ立たせる。道具をノブのほうへ滑らせ、ハンドルにうまく引っかける

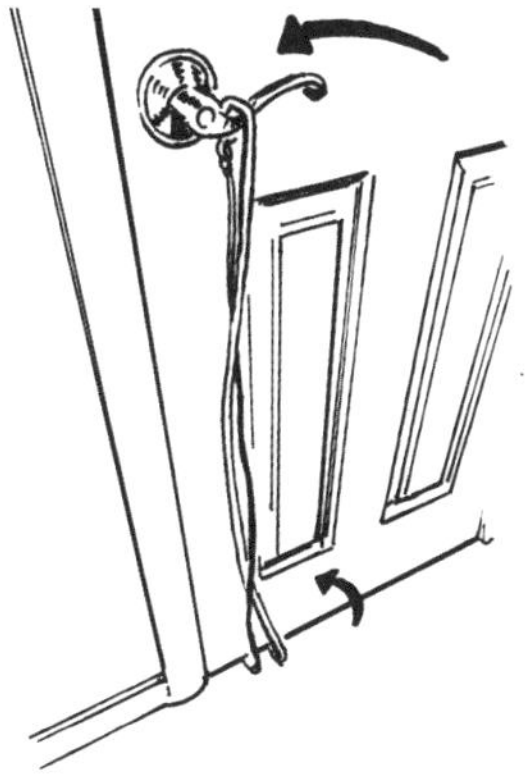

4 ハンガーと紐を引っ張って、ハンドルを下に下げれば、鍵が開く

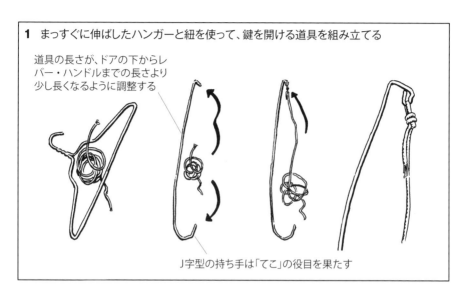

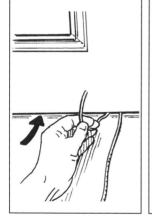

049
ドアのチェーンを外す

ホテルの部屋や一般家庭で普通に使われているチェーンロックとバーロックは、あらゆる錠前の中でも、最もお粗末な仕組みだといえるだろう。

しかし、目的の部屋へ侵入しようとするエージェントにとって、粉々になったドアフレームや壊れた錠前があとに残るような、力まかせの侵入は最後の手段だ。

彼らの信条は痕跡を残さないことである。現場から離れるときには、開けた鍵を元どおりにかけ直さなければならない。

チェーンロックやバーロックのかかったドアは約3インチ（約7・5センチ）開く。それだけの幅があれば、無理やり片方の腕を突っ込んで、「自動解錠装置」を取り付けるのに十分だ。この装置は、輪ゴム、押しピン、そしてデンタルフロスがあればつくれる。

チェーンロックの場合は、輪ゴムの輪をチェーンの端のつまみにかけ、ゴムをドアの真ん中まで引っ張って伸ばし、端を押しピンで止める。この状態でドアを閉めると、輪ゴムにかかる張力でチェーンが引っ張られ、ロック本体から外れる（左図参照）。

バーロックの場合は、やや難しいテクニックが必要だ。まず、輪ゴムを「ガース・ヒッチ（ひばり結び）」でバーに結ぶ。そして、輪ゴムのもう一方の端をドアフレーム（ドアの真ん中と反対の方向）のほうへ引っ張り、ドアの横の壁に押しピンで止める。この状態でドアを閉めると、輪ゴムの張力でバーが外れる。

バーロックをかける場合は、バーの2倍の長さのデンタルフロスをバーの片方の付け根の部分に巻き付ける。フロスの両端を握ったままドアを閉め、フロスを引っ張ると、バーロックがかかる。フロスを回収するには、片方の端を引っ張り、ドアの隙間から引き抜く。

もしも…に備えるアクション！

チェーンロックやバーロックをかけているから安心だと思ってはならない。常にデッドボルト（かんぬき）錠をかけておくようにしよう。

チェーンロックを外す

1 チェーンのつまみの端に輪ゴムを通す。ロックと平行になるように輪ゴムを引っ張り、押しピンでドアに留める

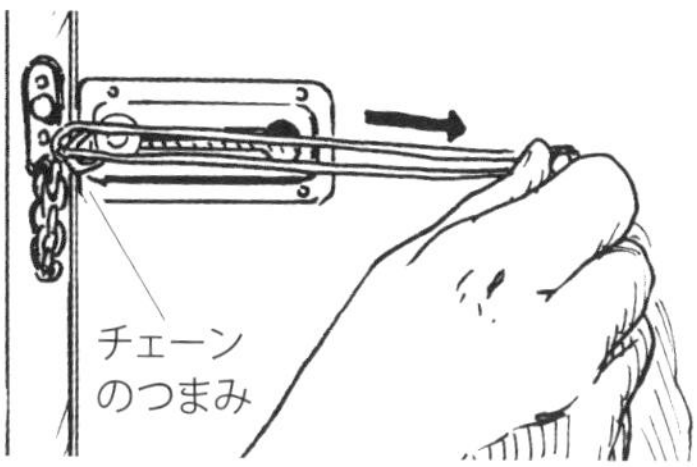

2 ドアを閉めると、ゴムの張力でチェーンが外れる

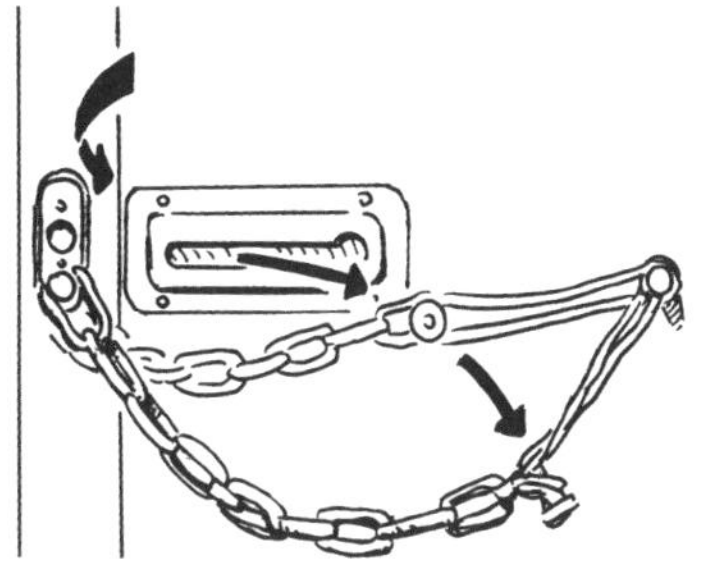

バーロックを外す

1 バーの湾曲部に近いところに輪ゴムを結ぶ。ロックと平行になるように輪ゴムを引っ張り、壁に押しピンで留める。

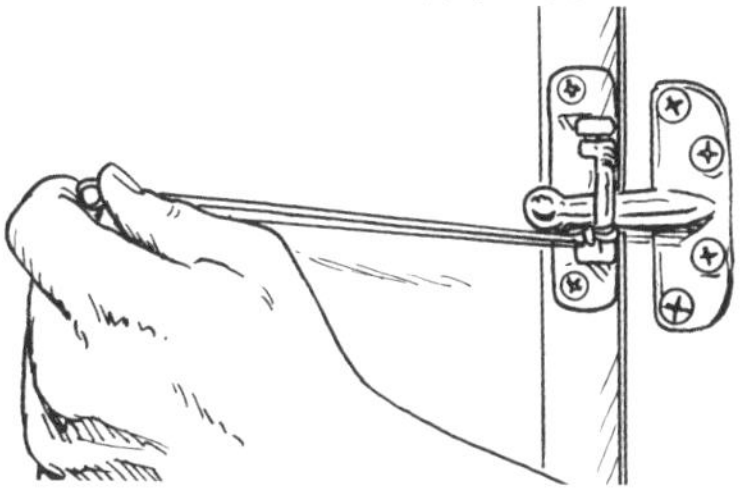

2 ドアを閉めると、輪ゴムの張力でバーが外れる

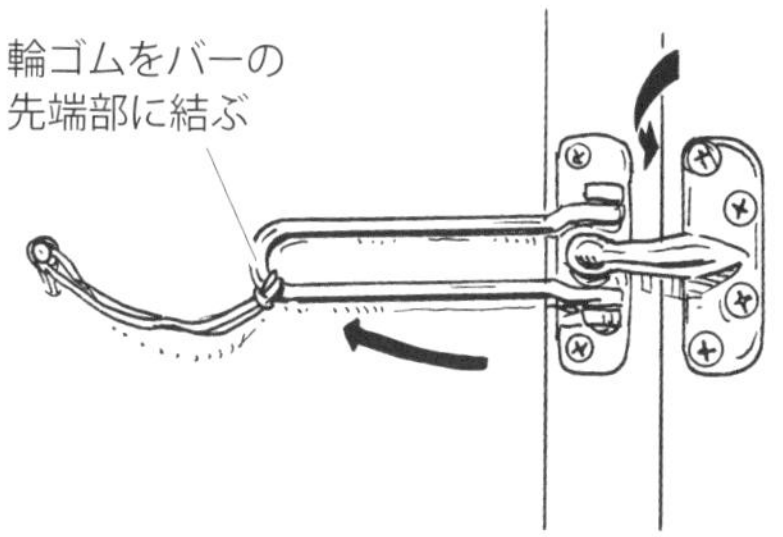

輪ゴムをバーの
先端部に結ぶ

バーロックをかける

1 バーの付け根の部分にデンタルフロスを巻き付ける

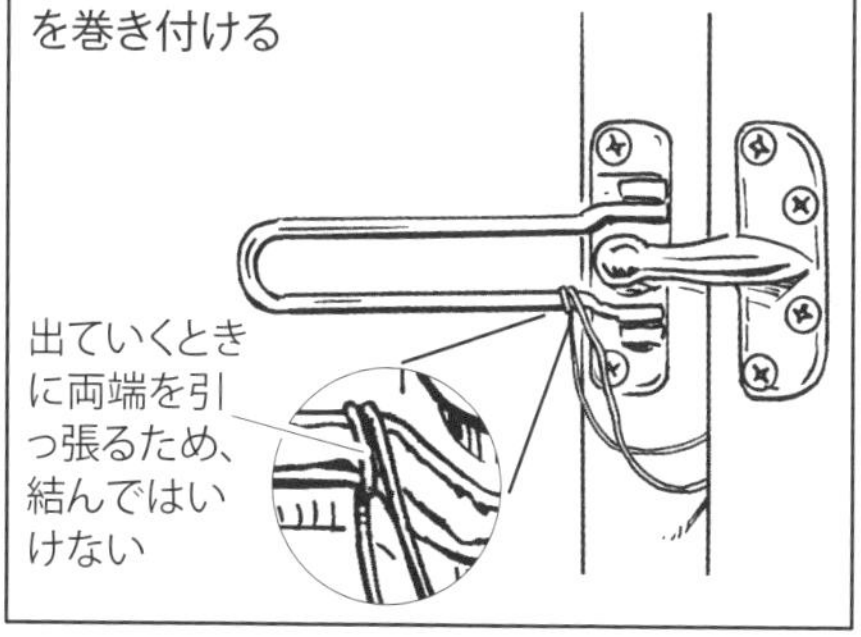

出ていくとき
に両端を引
っ張るため、
結んではい

2 ドアを閉めた後、フロスを引っ張ってバーロックをかける。フロスは片方の端を引っ張って回収し、あとには何も残さない

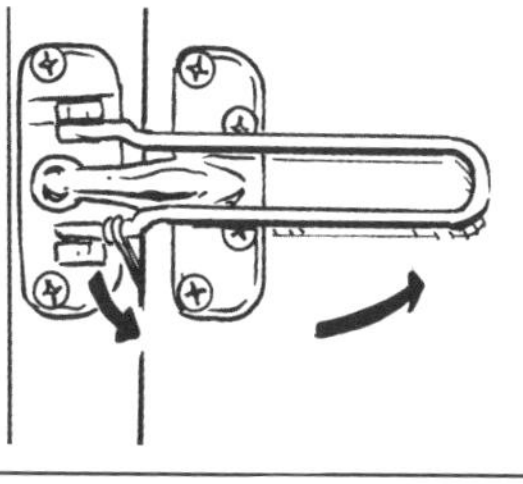

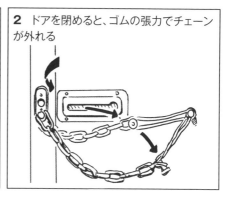

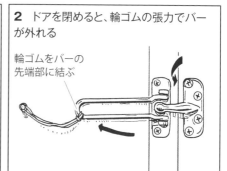

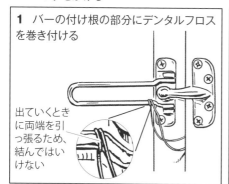

050 南京錠を破る

南京錠は重量があるので、頑丈で壊れないと錯覚させるような安心感があるが、それは大間違いである。

実際、エージェントは建物に侵入するとき、南京錠のかかっている入口をわざわざ探すくらいである。こじ開けるのが簡単なことをよく知っているからだ。

ほとんどの南京錠は、つくりがとてもお粗末で、耐久力にも欠ける。侵入者にとっては格好の餌食であり、錠をいじくることなく侵入できる場合もある。

例えば、南京錠を取り付けた部分が留め金のようなつくりになっていれば、ネジを外すだけで簡単に門から取り外せてしまうのだ。

南京錠を直接こじ開けるための即席シム（詰め金）セットは、軽くて曲げやすいアルミ缶と剪定《せんてい》バサミを使ってつくることができる。

アルミ缶の上下の部分を切り取って、長方形のアルミ片シートをつくり、そこから半円形のタブがついたシムを切り取る（左図参照）。これが2枚あれば強度は十分。たいていの南京錠なら破ることができる。

使い方はごく単純だ。南京錠のU字型の掛け金と錠本体の隙間にシムをねじ込む。シムの持ち手を回転させると、タブの部分がU字型金具の内側で動き、内部のボールベアリング（玉軸受）を脇に押しやる。ボールベアリングが掛け金のくぼみから外れると、上方への圧力が生じて、南京錠が開く。

もしも…に備えるアクション！

入口に南京錠で鍵をかける場合は、必ず最高性能のタイプを選ぼう。また、南京錠を設置する場所の、壊されやすい部分を補強するようにしよう。

1　アルミ缶と剪定バサミを入手する

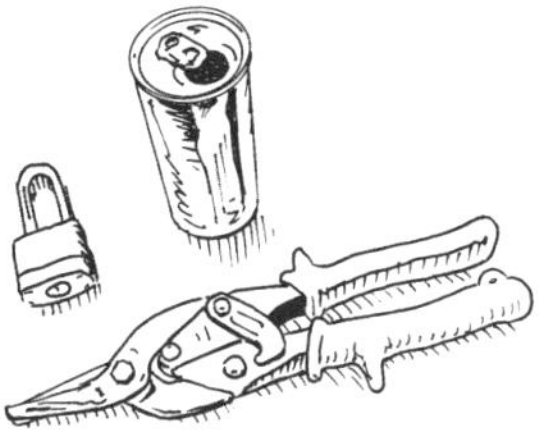

2　缶の飲み口と底の部分を切り取り、筒の部分を切って開き、長方形のシートにする。シートの上にタブのついたシムの型を2つ描いて切り取る

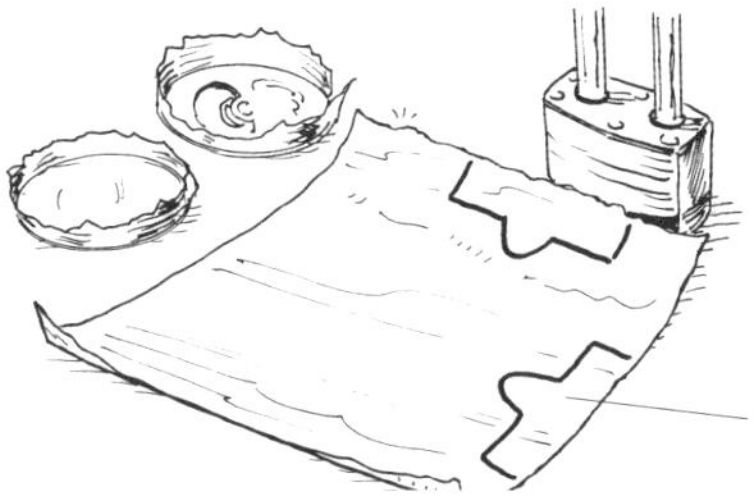
シムのサイズは、掛け金のU字型金具のサイズによって変わる

3　シムの長方形の部分を半分に折ると、南京錠内部での動きがより効果的になる

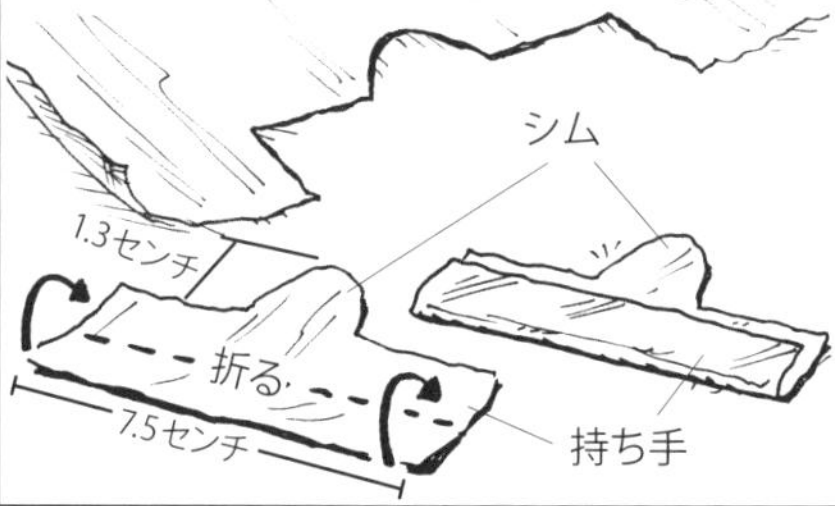

4　シムをU字型金具と南京錠本体の隙間にねじ込む

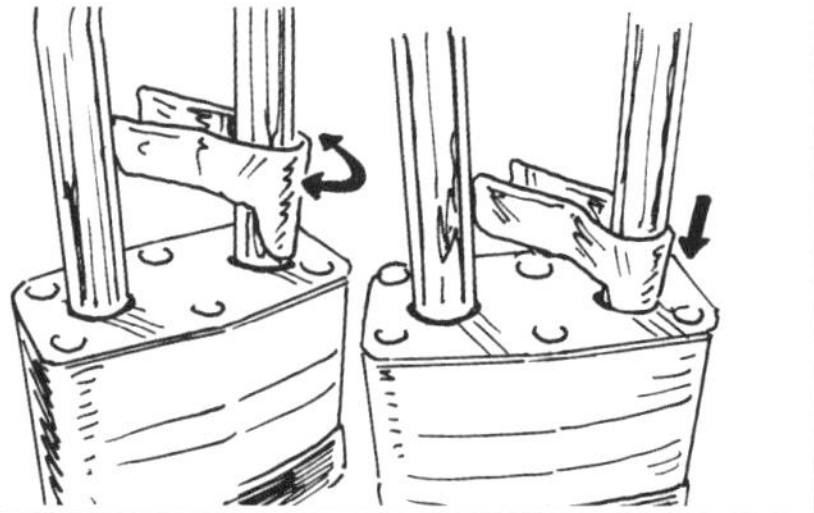

5　シムの持ち手をU字型金具の外側に回転させる

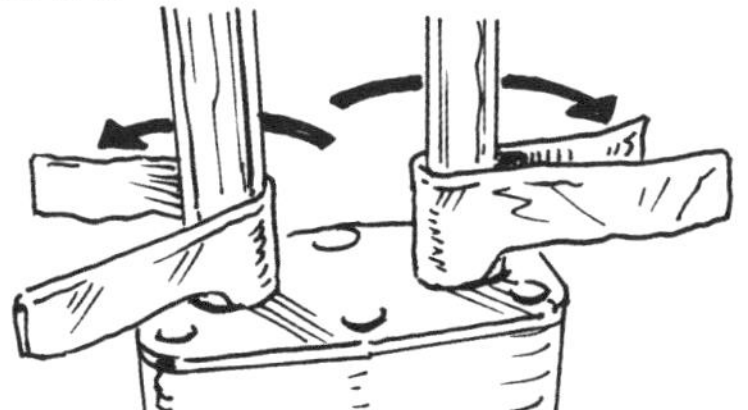

6　両方のシムが正しい位置に来れば、U字型金具が上がり、鍵が開く

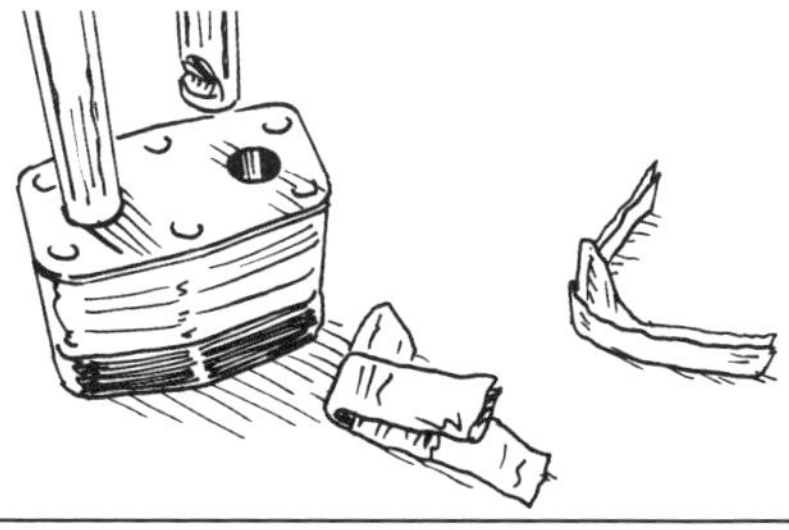

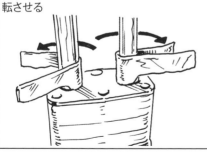

051

鍵のかかったスーツケースを開ける

十分な訓練を受けたエージェントにとっては、鍵のかかったスーツケースを開けることなど朝飯前である。

マスター・キーを使えば簡単に開くし、鍵がなくても、ボールペンが1本あれば十分に目的を達成できる。スーツケースの開閉部がファスナーの場合、かみ合った部分にボールペンを突っ込むだけでよいのだ。

だが、ターゲットが有益な情報を持っていて、それを何とか探し出そうとしている場合は、スーツケースを開けた痕跡を残さないように、細心の注意を払う必要がある。

ターゲットをさらに監視しやすくするために、盗聴器や追跡装置をスーツケースに仕掛ける場合は、なおさら相手に気づかれてはいけない。

相手が整列テクニックを使って、所持品が物色されたかどうかチェックしている可能性もある（104ページ参照）。いくら用心しても、しすぎることはない。

ボールペンでファスナーを開けようとするときは、「フォト・トラップ」（104ページ参照）のようなスマートフォンのアプリを併用するとよい。すべての状態が最初に見つけたときとまったく同じかどうか、確認するのに役立つ。

スーツケースを開けたら、市販の追跡装置をケースの内張りの中に挿入することができる。特に車輪と布地のあいだは、目立たない隠し場所としてよく利用される。

もしも…に備えるアクション！

ファスナーで開閉するスーツケースのほとんどは、本当の意味で鍵をかけることはできない。外張りが布地のものは、鋭利な刃物で切り裂かれれば終わりである。絶対に開けられたくなければ、側面が固いものやトランク型になっているもの、さらに開口部がフレームタイプになっているスーツケースを選ぼう。

1　アプリ「フォト・トラップ」を使って、最初のファスナーの位置を写真に撮る。そして事がすんだあと、完璧に元の位置に戻す

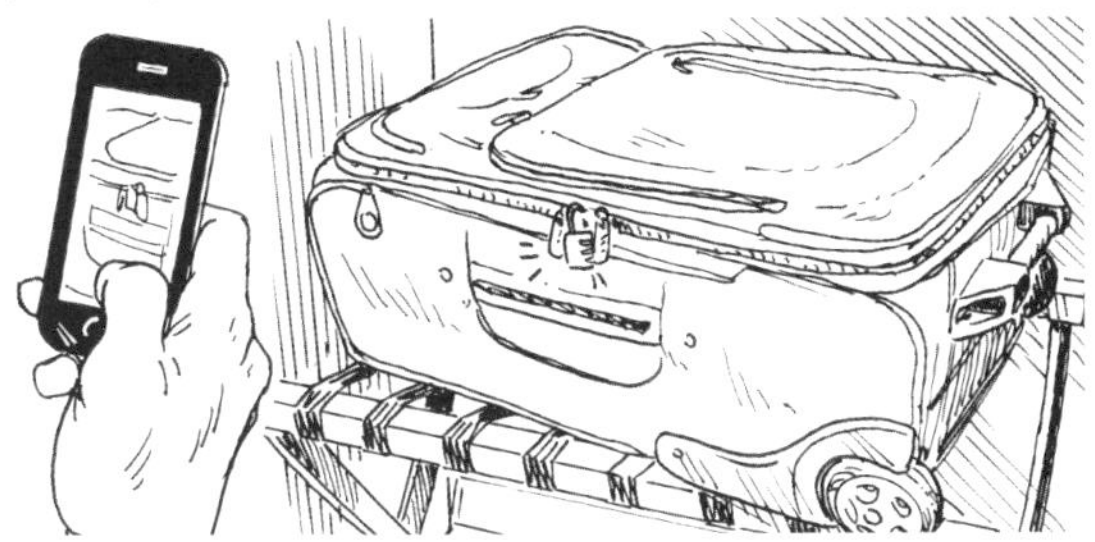

2　鍵のかかったファスナーのつまみを、端に寄せる

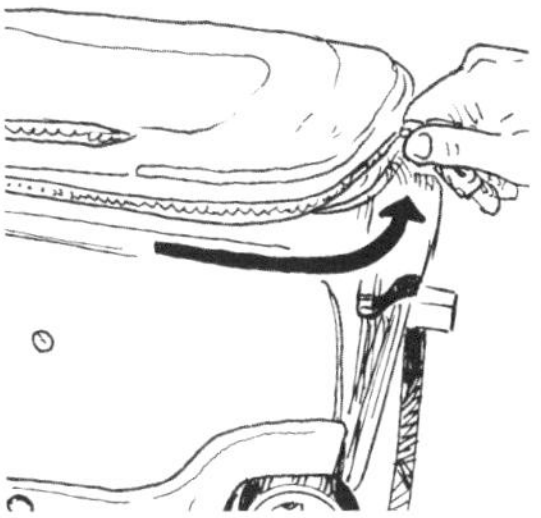

3　ファスナーのかみ合った部分にボールペンを突っ込んで、隙間を開ける

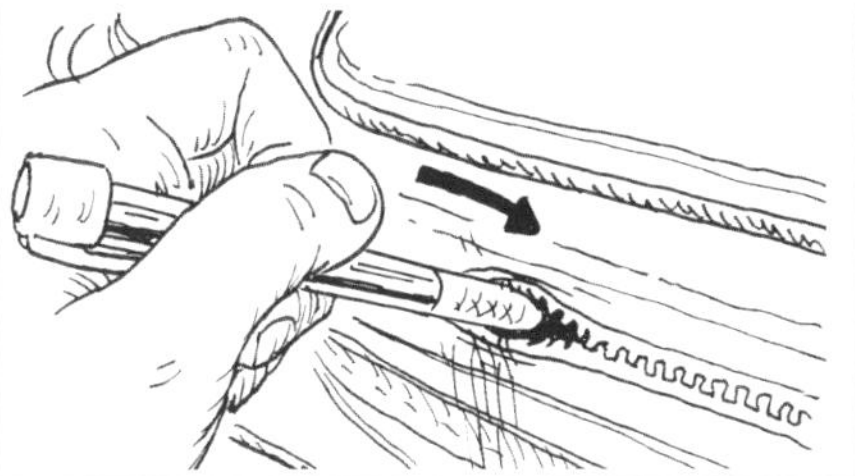

4　スーツケースを開ける

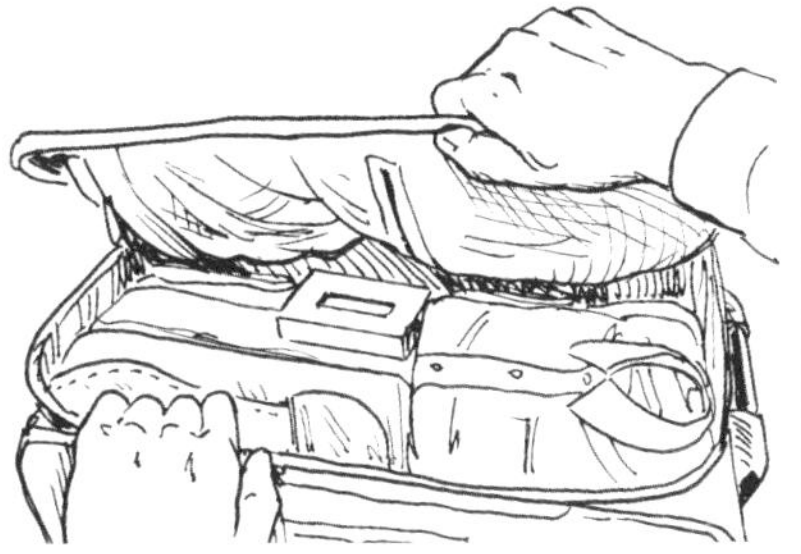

5　鍵のかかったつまみを使ってファスナーを閉め、つまみを元の位置に戻す

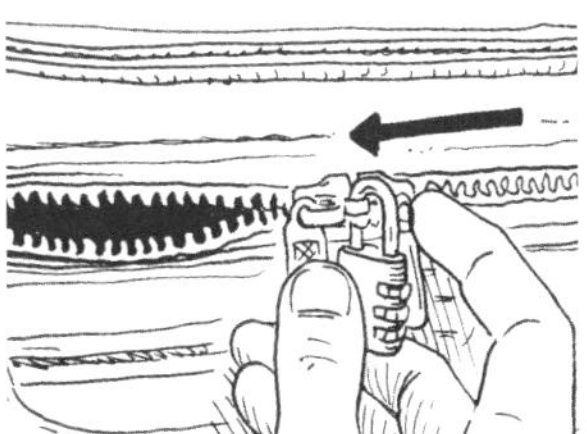

6　フォト・トラップを使って、元に戻したファスナーの位置を確認する

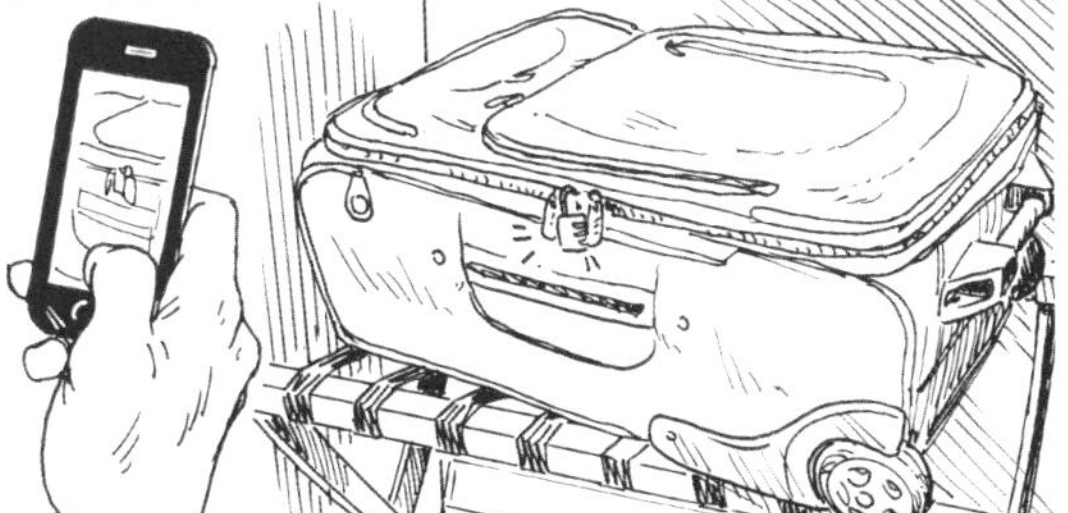

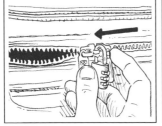

052
紐１本で車のドアを開ける

自動車のドアロックにはさまざまなタイプがあるが、旧型モデルに使われているプルアップ式のロックなら、たった1本の紐で簡単に開けることができる。

この紐を、窓とフレームの隙間から車の内部に滑り込ませる。ゴムパッキンの部分に紐を無理やり通すわけで、これはかなり難しい作業だが、古い車ほどゴムパッキンはゆるくなっているはずだ。

スリップ・ノット（引き結び）で結び目をつくる――長さ約6フィート（約1・8メートル）の紐かパラコードを用意し、真ん中に輪をつくる。まず、紐の片方の端を1度巻いて輪にする。さらに紐の端をその輪に通し、2つ目の輪をつくる。内側の輪に通っている紐を引き、最初の輪の部分を残したまま結び目を締める（左図参照）。

結び目を隙間から滑り込ませる――結び目をつくった紐を、車のドアロックの真上の角から中へ滑り込ませる。紐の両端は、車の外側に出したままにしておく。結び目を窓の角のほうへ引き寄せる。窓ガラスにフレームのついていないモデルは、窓に圧力をかけすぎると割れるので、気をつける。

ロックのつまみに輪をかける――結び目の輪をロックのつまみまで移動させ、つまみに輪をかける。

結び目を締める――紐の両端を反対方向に引っ張って、ロックのつまみにかけた結び目の輪を締める。

ドアのロックを開ける――結び目をしっかりと締めたら、紐の両端を引き上げ、ドアのロックを開ける。

1　長さ6フィートの紐かパラコードを入手する。真ん中にスリップ・ノットで結び目をつくる

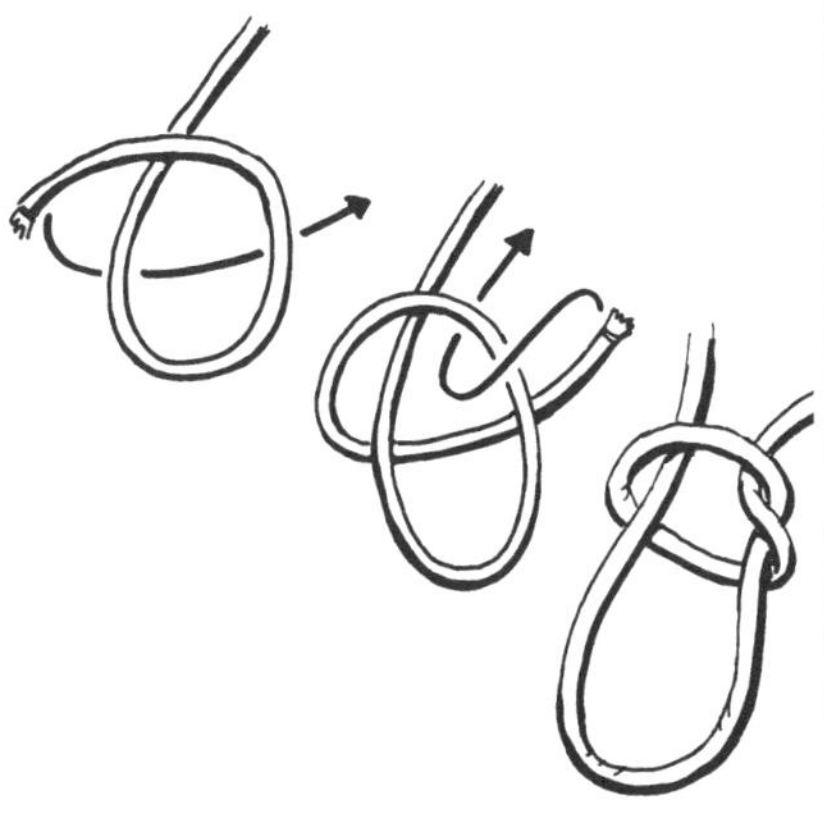

2　結び目のついた紐を、車のドアの隙間に滑り込ませる

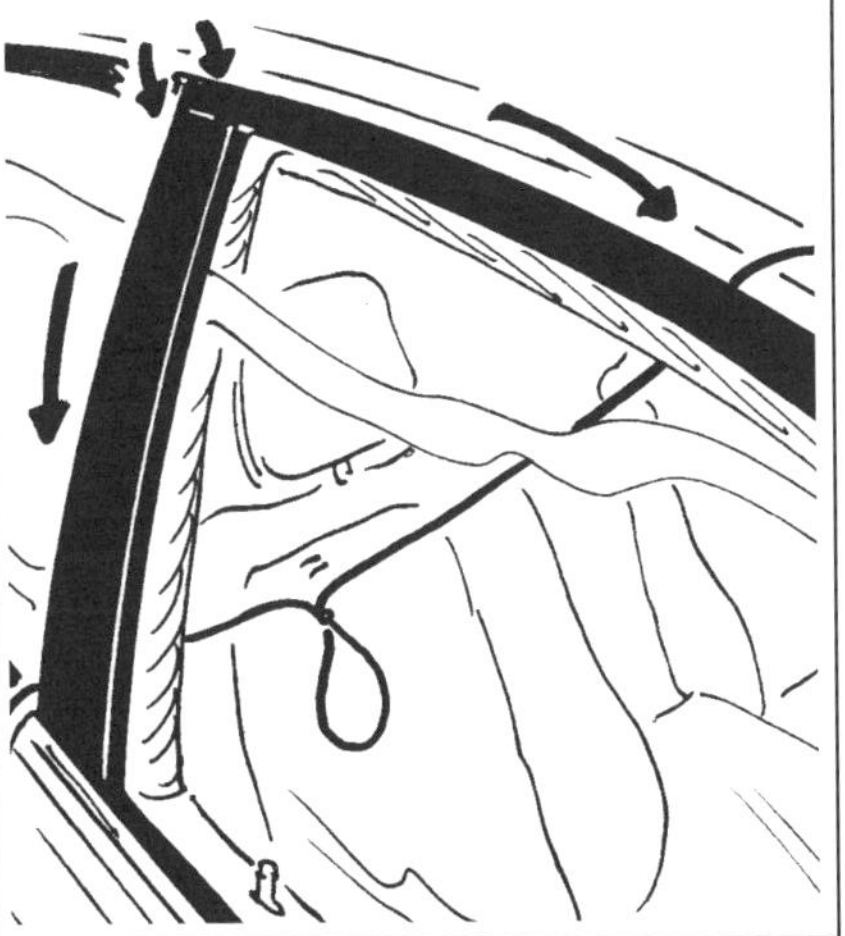

3　結び目の輪をロックのつまみにかける

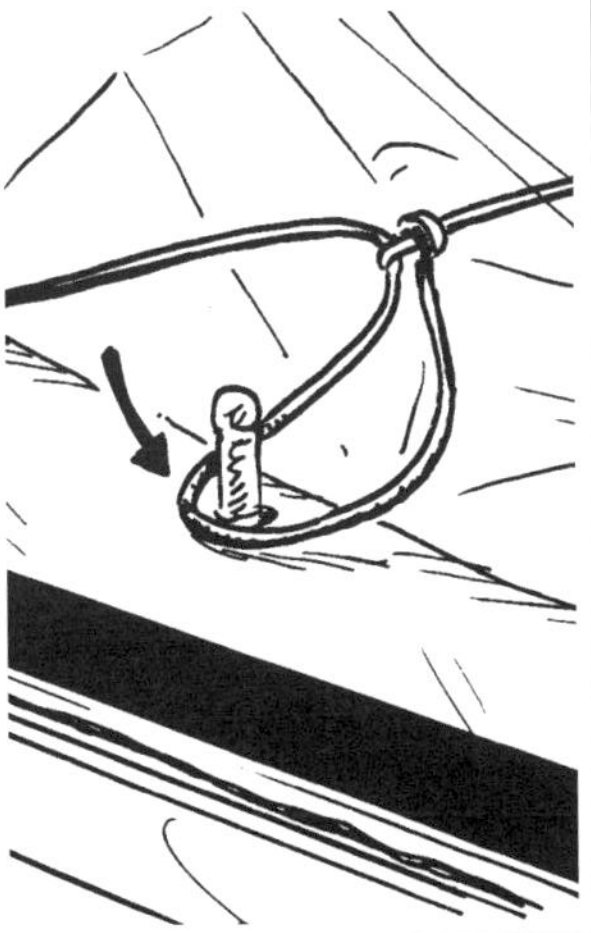

4　紐の両端を反対方向に引っ張って、ロックのつまみにかけた結び目を締める

5　結び目が固く締まったら、紐を上に引っ張ってロックを開ける

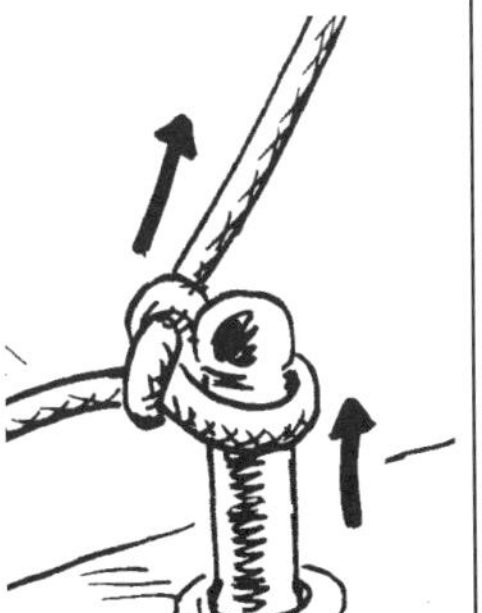

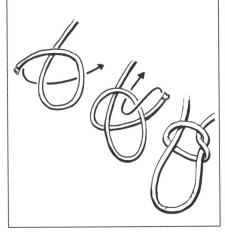

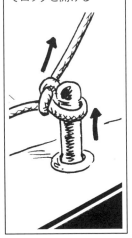

053 ガレージのシャッターを開ける

錠前をこじ開けたり、鍵の複製をつくったり、エージェントはあの手この手でターゲットの拠点に侵入しようとする。

家屋に侵入する場合、母屋に隣接するガレージに自動解錠システムで作動するシャッターがついていれば、それを利用すればいい。こうしたシャッターは、防犯性がきわめて低いのだ。

ガレージのシャッターはスライド式で上がり、レールに沿って後方に収納される仕組みになっているので、シャッターの上部には空間が設けられている。ここが狙い目だ。

洋服のハンガーをまっすぐに伸ばして、先をフック状にする。これをシャッターとその上のシャッター・フレームのあいだに滑り込ませて、ケーブルに引っかけると、自動解錠システムを解除することができる。

ほとんどの人は、自動解錠システムを初期設定のまま使っているはずだ。したがって、シャッターの「解錠」にはこれで十分。あとは、手動でシャッターを上げればよい。

シャッターをほんの数十センチ上げて、下の隙間からすばやく中に滑り込み、すぐにシャッターを下げる。

ガレージの中から家の中へ侵入するのは簡単だ。多くの家主は、ガレージから家へ入るドアの鍵をかけていない。

また、たとえドアに鍵がかかっていても、そこはもう外界から閉ざされた安全な空間なので、必要なだけ時間をかけて、何らかの方法で鍵を開けることができる。

もしも…に備えるアクション！

ガレージのシャッターの手動解錠ケーブルを、切るか束ねるかする。そうすれば、シャッターの上部から道具を差し込まれても、ケーブルに届かなくなる。安全なガレージの中でも、キーは車内に残したままにしておくべきではない。さらに防犯性を高めるために、家とガレージのあいだのドアには鍵をかける。

1　普通の衣料用ハンガーを伸ばして曲げ、フックをつくる

2　ガレージのシャッターの上部中央とドア・フレームのあいだの隙間に、ハンガーを滑り込ませる

3　自動解錠システムの解除ケーブルに引っかける

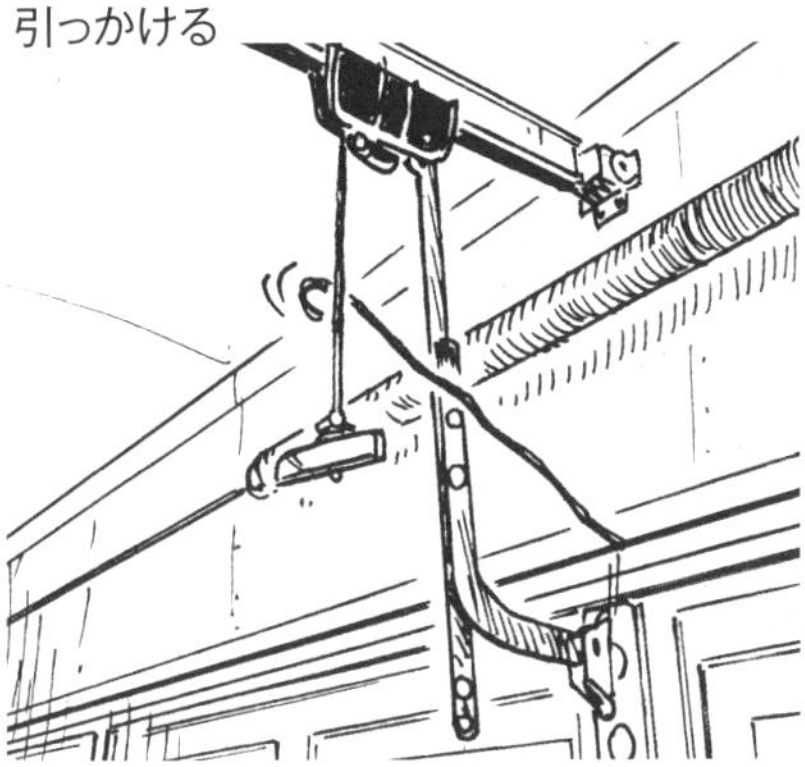

4　ケーブルを強く引っ張ってシステムを解除する

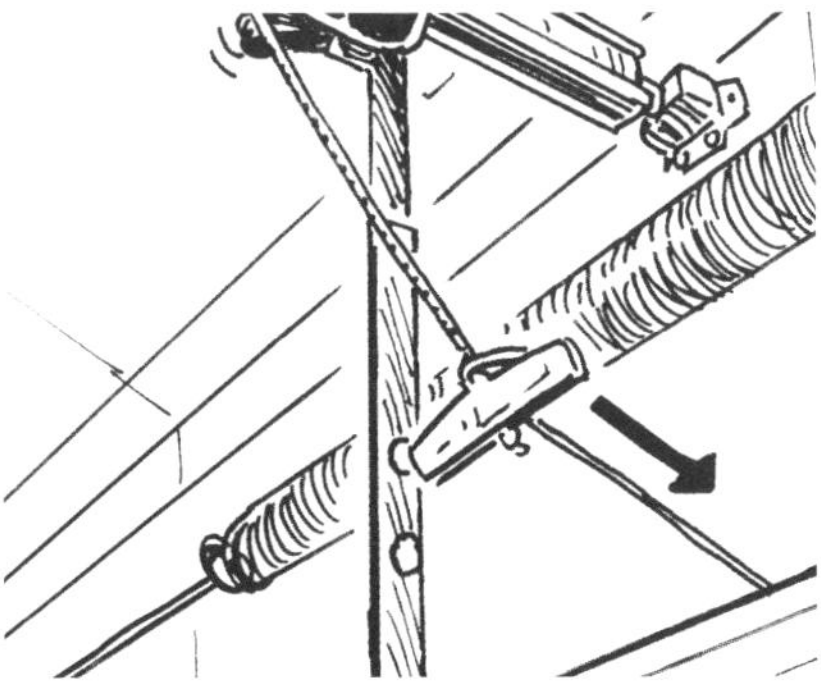

5　手動でシャッターを上げて隙間をつくり、中に転がり込む

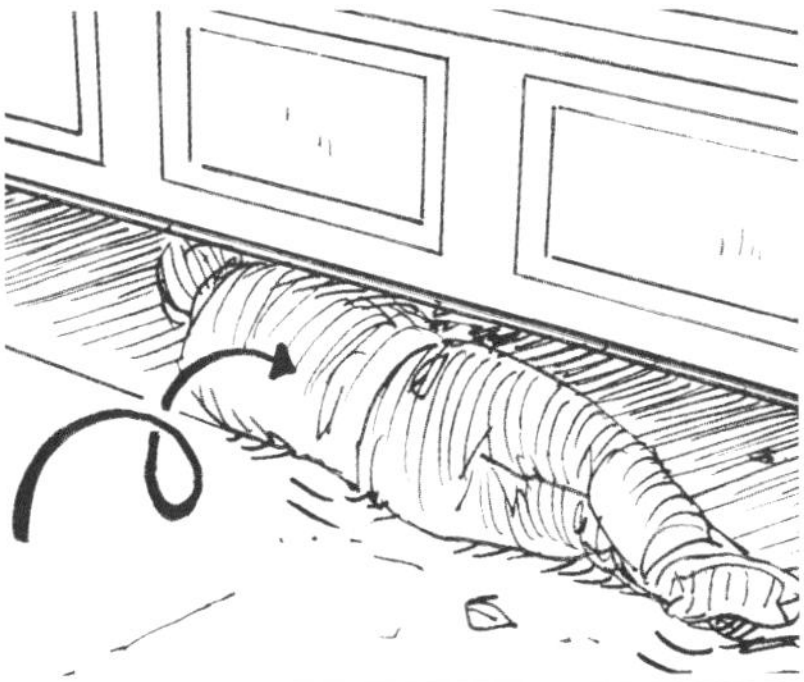

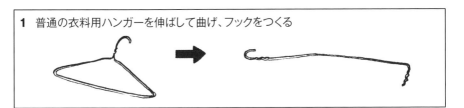

PART 6
COLLECTION

情報を収集する

054 盗聴器を取り付ける

盗聴器などの音声受信機器を隠すのに最適な場所はどこだろうか。その答えは、ターゲットの監視にかけられる時間や、得られる音質との兼ね合いによって変わってくる。

携帯電話やヘッドフォンなどを使えば、実用的な盗聴器をつくることはできるが（146ページ参照）、うまく設置しなければ、実用に耐える音声はなかなか得られない。

盗聴器の設置場所を選ぶときには、相手が油断しやすく、不用意な会話をしそうな場所を探す。一般的には、リビングより寝室やキッチンのほうがよいだろう。そして、「会話の中心地」を狙って盗聴器を設置する。

隠し場所によって音質も違ってくる。車の中では、運転席の隣のセンターコンソールか頭上のルームランプの位置が、前後の座席で行なわれる会話をよく拾ってくれる。しかし、前に寄り過ぎた場所に盗聴器を設置すると、モーターやAV装置の電波の影響を受ける場合がある。

テレビの本体カバーの内側は、かなり効果的な隠し場所ではあるが、プラスチックのバリアが加わるので、音質が低下するかもしれない。

最後に設置方法を選ぶ。ひとつは、テレビやコンセントのような電源につないで、半永久的に電気を盗用する「ハード・インストール」と呼ばれる方法。これに対して、例えばティッシュボックスの中にただ録音装置を設置する方法は「ソフト・インストール」と呼ばれる。

ハード・インストールは、設置に相当時間がかかるが、装置のメンテナンスのために現場へ戻る必要がない。一方、ソフト・インストールを選ぶと、バッテリーが切れたときやメモリがいっぱいになったとき、現場へ戻る危険を冒さなければならない。

もしも…に備えるアクション！

ノイズ・キャンセラー（雑音消去）・ソフトを使えば、テレビやラジオの音を軽減することはできるが、蛇口から出る水の音は処理できない。したがって、盗聴向きと目されるバスルームが、実は秘密の会話をするのに理想的な場所なのである。

1 会話の中心となる場所に、マイクを設置する

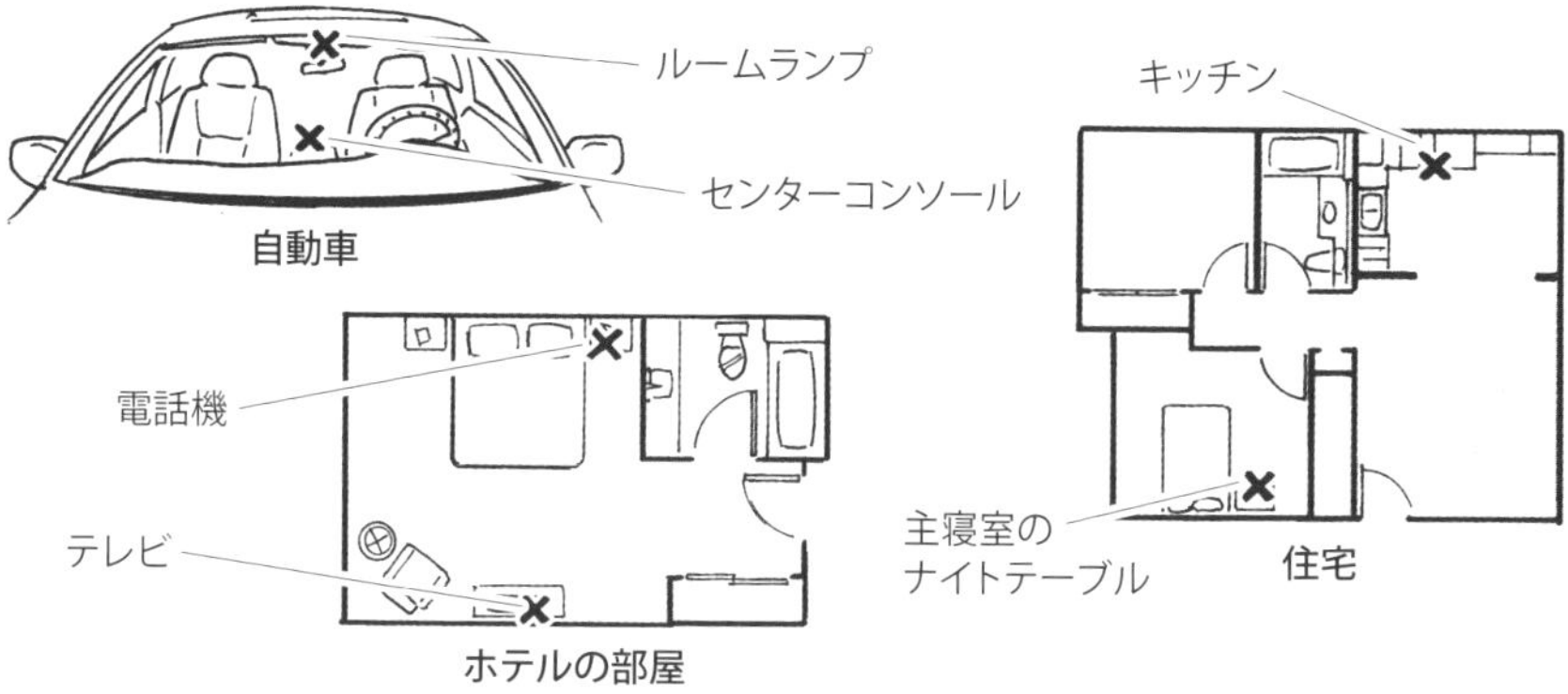

2 マイクを額縁やコンセントの裏、あるいはテレビの本体カバーの内側に隠す

3 ハード・インストールかソフト・インストールを選ぶ。ソフト・インストールの場合は、バッテリーやメモリを取り替えるために、設置場所を再び訪れる必要がある。ハード・インストールの場合は、コンセントやテレビを電源として機器を動かすので、追加の作業は必要ないが、最初の設置に時間がかかる

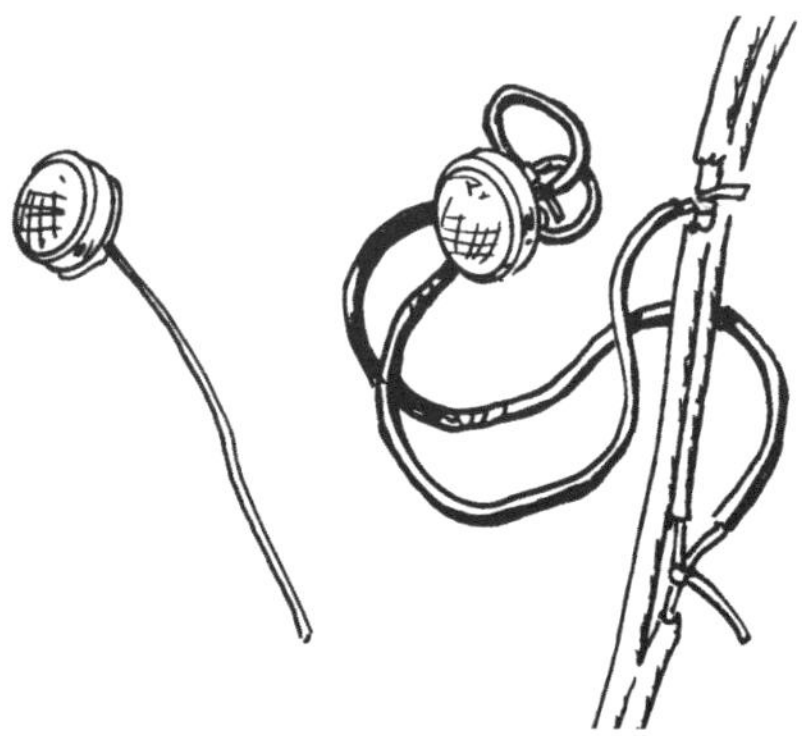

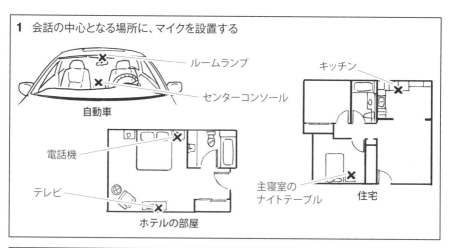

055
スピーカーをマイクにつくり変える

録音装置をターゲットの部屋や自動車に隠すのは、比較的簡単な作業だ。

だが、録音された声は、音を増幅させないとなかなか聞き取れない。聞き取れなければ、音声情報としての価値はない。

マイクを通して音を増幅できる音声受信機器がベストだが、そうした専用機器がなくても、携帯電話、オーディオ・ジャック、ヘッドフォンなどを利用して、効果的な盗聴装置をつくることができる。

マイクとスピーカーは本質的に同じ機器なので、イヤフォンやヘッドフォン、テレビのステレオ・システムに至るまで、どんなスピーカーでもほんの数分でマイクに変えることができる。

両者の違いは単に、機能が逆であることだけだ。スピーカーが電気信号を音に変えるのに対し、マイクは音を電気信号に変えて操作することにより増幅させる。

こうした機能の違いは、プラス（赤）とマイナス（黒）の2本の配線コードで決まる。2本のコードの極性を逆にして付け替えると、機器の機能も逆になるのだ（左図参照）。

実際に盗聴するためには、スピーカーの外に出ている配線コードの端を切ってオーディオ・ジャックを取り付ける。そのオーディオ・ジャックを盗聴装置につなぐ。

携帯電話をサイレント・モードと自動着信にセットして盗聴装置として使うと、2つの利点がある。まず、リアルタイムで情報収集ができる。そして、機器を回収するために設置場所に戻るという危険を冒さなくてよい。

このテクニックは、さまざまな状況に合わせて、臨機応変に使うことができる。車の監視を行なう場合、車の後部スピーカーをひとつ無効にして、その配線コードをボイス・レコーダーか携帯電話につなぐ。そして、その盗聴装置を後部座席（助手席）のドア部分のデッドスペースか、トランクの裏張りに隠す。

また、公共の場所では、コートのポケットからイヤフォンをぶら下げておけば、秘密受信ステーションとして機能し、まわりの声や音を拾うことができる。

1　スピーカーの本体ケースを外して、プラス（赤）とマイナス（黒）の配線コードを探す。赤のコードを黒の端子へ、黒のコードを赤の端子へ配線しなおす

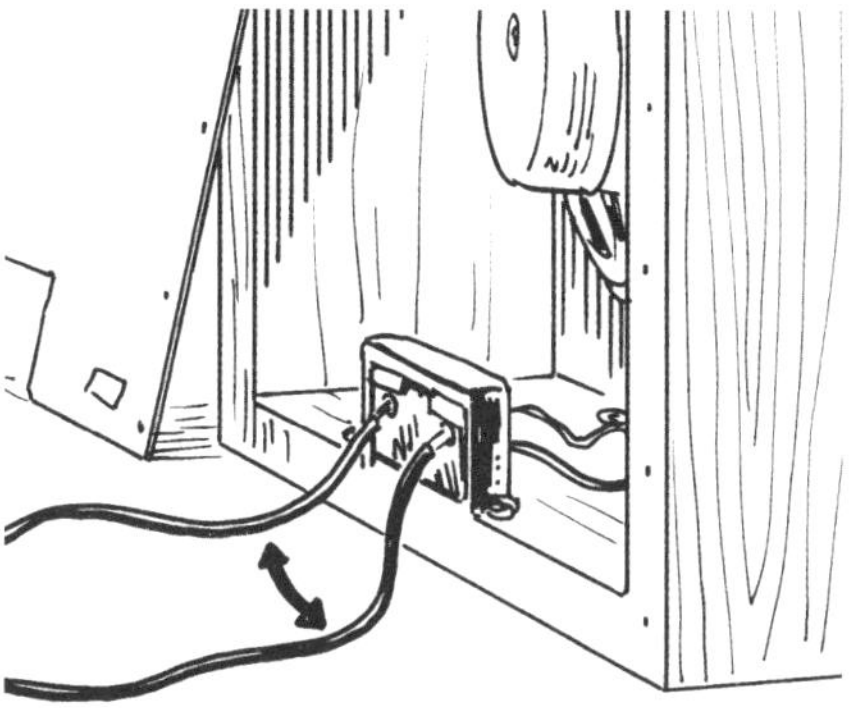

2　スピーカーの配線コードの反対の端を切り、2.5ミリのオーディオ・ジャックを取り付ける

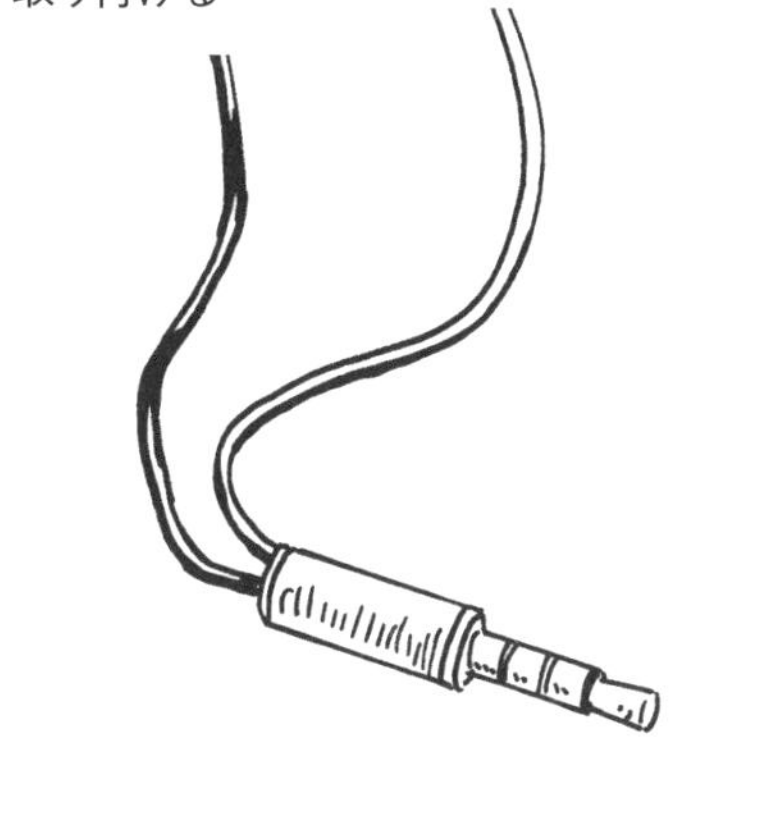

3　盗聴用の携帯電話を、サイレント・モードと自動着信にセットする。オーディオ・ジャックを携帯電話に差し込み、スピーカーの内部に隠す

4　盗聴用の携帯電話に電話をかけると、自動的につながり、盗聴が可能になる

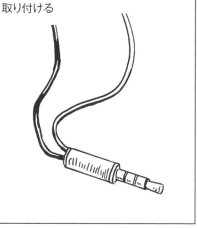

監視カメラをつくって隠す

エージェントにとって任務に最適な監視カメラとは、周囲の環境によくなじみ、さらに、とてもカメラには見えないような、自然な形状の装置である。

ベースになるのは、地元のスーパーマーケットでも買えるような市販品。例えば、ベビー・モニターなどもいいだろう。

日に日に小型化・軽量化するカメラは、あらゆる物の中に隠すことができる。ティッシュペーパーの箱、ハードカバーの本のケース、あるいはプリンターのようなオフィス機器の、内側の広々としたデッドスペースなども隠し場所に使える。

エージェントがターゲットの自宅や職場の外に監視カメラを設置して、鍵の所有者や訪問者の身元を特定する場合は、カメラがただの岩や土くれに見えるよう、自家製プラスチックを使って偽装することもある。

056 ピンホール・カメラをつくる

ピンホール・カメラをつくるためには、まずワイヤレスのベビー・モニターを購入する。ベビー・モニターは赤ちゃんを監視する子機（カメラ）と、子機からの情報を受け取って画像を映し出す親機（モニター）で構成される。

子機の外側のケースを外し、トランスミッター（送信機）、バッテリー・パック、カメラのレンズを、ワイヤーにつながったままの状態で取り出す（ケースは処分する）。

153ページに示した手順で自家製プラスチックをつくる。カメラのレンズの真ん中の部分につまようじを垂直に当て、その状態でレンズのまわりを自家製プラスチックで覆い、石の形にする。つまようじを外したときに、その部分が目に見えないくらい小さなピンホール（針穴）になり、カメラはこの穴を通して撮影することになる。

プラスチックの石に色を塗る。くすんだ無彩色か、ターゲットの家のまわりの景色にぴったり合う色調がよいだろう。

トランスミッターとバッテリー・パックは、ジッパーのついた防水性のビニール袋かタッパーなどの密封容器に入れる。

準備ができたら、いよいよセッティングだ。建物に出入りする人物の顔を撮影できるような場所を選び、穴を掘って、トランスミッターとバッテリー・パックが入った袋／容器を埋める。深すぎるとトランスミッターの信号が届かないため、穴は浅くする。

次にカメラを設置する。確実に対象物をとらえられるように、カメラが「見る角度」を調整する。つまようじは最後までそのまま差しておき、レンズの視野を確認する基準とする。

さらに、周囲になじませてカムフラージュするため、石を設置するときにスプレー糊《のり》をかけて、その場で集めた土で覆う。

カメラの設置場所から半径200ヤード（約180メートル）以内に車を駐《と》める。車内に親機を設置すれば、相手に気づかれるリスクもほとんどなく、出入りする人物を観察することができる。

1 子機（カメラ）のケースから、レンズ、トランスミッター、バッテリー・パックを取り出す

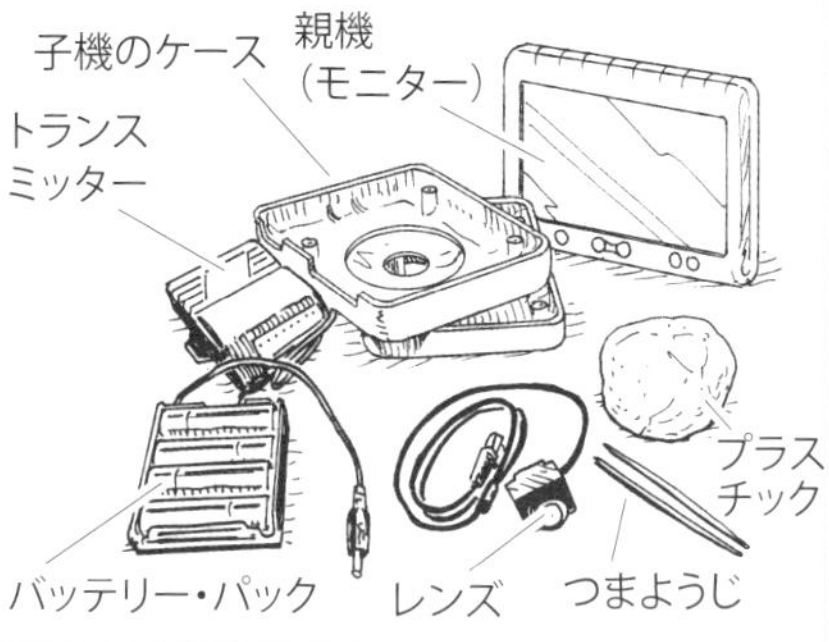

2 カメラをプラスチックで隠し、石に見えるように形を整える

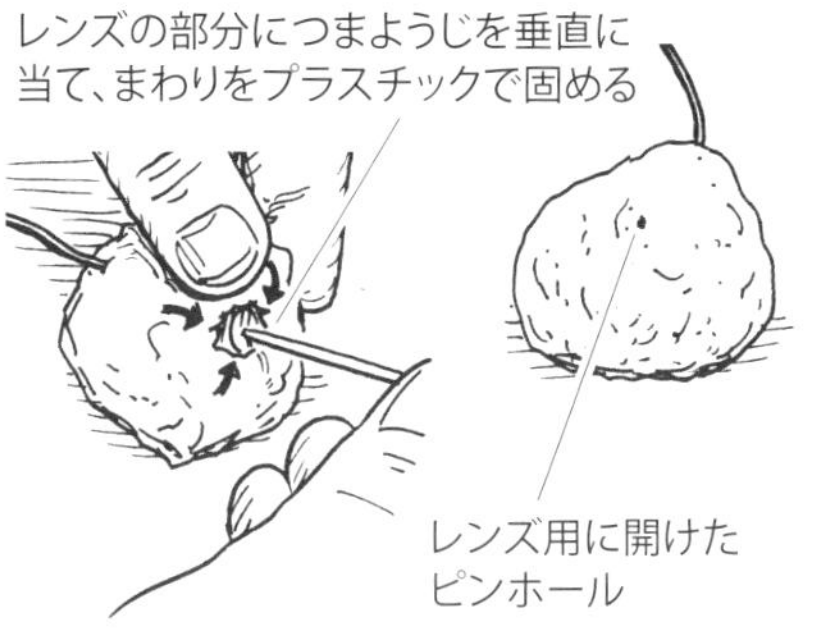

3 くすんだ無彩色か、背景に合った色を、プラスチック製の石に塗る。カメラを接続する。トランスミッターとバッテリー・パックを、ジッパー付きのビニール袋か密封容器に入れる

4 浅く穴を掘り、トランスミッターとバッテリー・パックを埋める。カメラを撮影する方向へ向け、周辺にあるものでカムフラージュする

5 車内に親機（モニター）を設置し、離れたところからターゲットを監視する

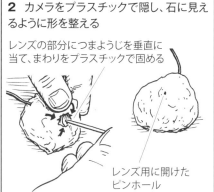

057 自家製プラスチックをつくる

牛乳と酢は、どこの家庭のキッチンにもあるだろう。この2つの材料を使って、貴重なデータや鍵、カメラやマイクなどの監視装置を隠すのにうってつけの、自家製プラスチックをつくることができる。

まず牛乳を熱し、酢を入れて濾《こ》すと、カゼイン（タンパク質の一種）が凝固し、ゴム状のプラスチックに似た物質になる（つくり方の詳細は左図参照）。この混合物を使えば、どんな形のものもつくることが可能で、乾くと粘土のような硬さになる。

ある特別な状況下で貴重品や監視機器をカムフラージュしたいとき、この手づくりプラスチックはたいへん役に立つ。環境に応じて、岩、レンガ、木の幹、その他ありとあらゆる素材に似せて成型でき、さらに色を塗ることまでできるからだ。

重要なデータを内密に仲間へ渡すためのデッド・ドロップ（情報の隠し場所）では、エージェントは自家製プラスチックでカムフラージュすることが多い。

〈注意〉

牛乳を熱する時間は、電子レンジの出力や設定によって変わってくるので、試作してみよう。

もしも…に備えるアクション！

盗撮カメラはどこにでも設置されている可能性がある。自分が撮影されているかもしれないことを、常に頭に入れておこう。

1　牛乳、酢、耐熱容器、濾し器を準備する。牛乳18オンス（約500cc）を耐熱容器に入れる

2　牛乳を4分間温める。沸騰させてはならない

3　酢を大さじ8杯入れ、全体的によく混ぜる

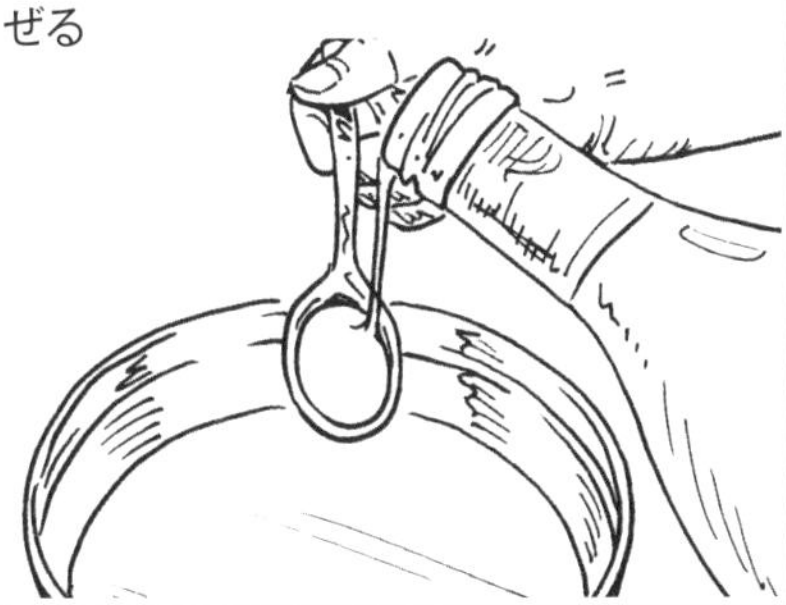

4　牛乳と酢の混合物を濾し器で濾す

5　18オンスの牛乳から、卵1個分の大きさのプラスチックがつくれる

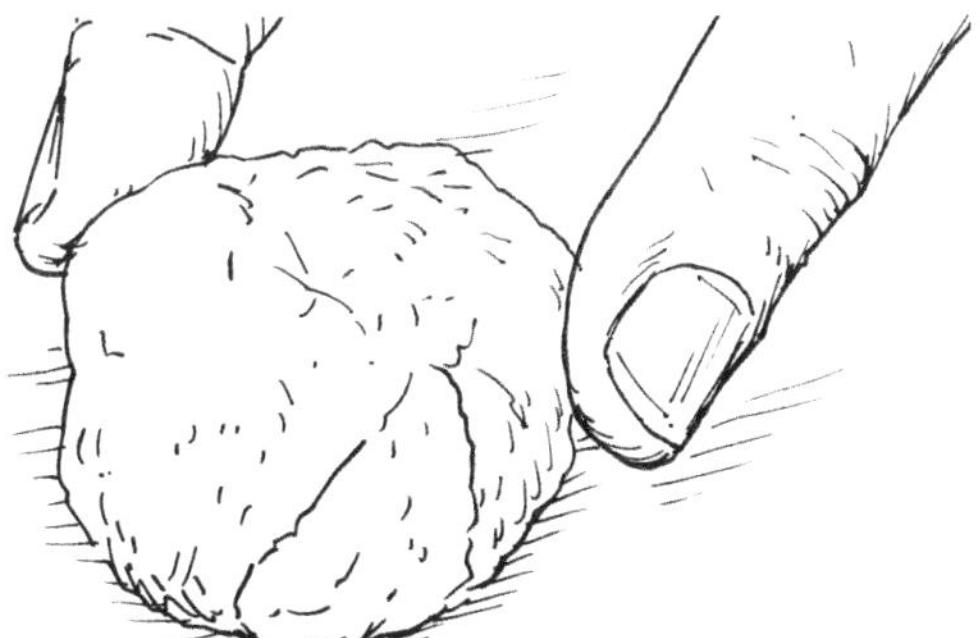

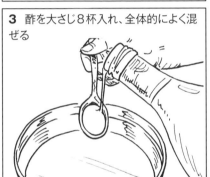

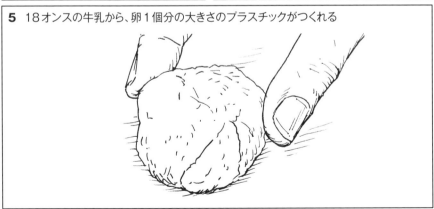

058 安全にEメールのやり取りをする

熟練のハッカーや情報分析の専門家にかかれば、Ｅメール・アカウントやＷｉ－Ｆｉ接続を保護するパスワードなど、子どもだましのようなものだ。

彼らの裏をかいて安全な通信を図るために、エージェントは「トーア（Tor）」という匿名通信システムを用いる。これはもともと、アメリカ海軍調査研究所の職員が開発したものだ。トーアは世界中のボランティア・サーバーを次々と経由しながら、情報を暗号化したり跳ね返したりすることにより、科学捜査でも痕跡が見つからないようになっている。

送信元を偽装することで、エージェントの所在地を探し出そうとしている第三者からも、ネットワークが守ってくれるのだ。

エージェントの名前や身元と一切つながりのない匿名のＥメール・アカウントを使えば、セキュリティーがさらに強化される。

フリーＷｉ－Ｆｉのホットスポット（公衆無線ＬＡＮサービスが利用できる場所）は、セキュリティーに問題があり、ハッカーに狙われやすいことは周知の事実だ。だが、自宅やホテルのネットワークを監視されている恐れがあるエージェントには、役に立つ場合もある。

匿名でインターネットを利用したい場合は、通常の行動範囲外の場所へ移動する。そして、ログインやパスワードを要求されないフリーＷｉ－Ｆｉのネットワークにアクセスし、「テイルズ（Tails）」をダウンロードする。テイルズとは、トーアのネットワークを介してインターネットに接続し、ブラウザの情報を保存しない、使い勝手のよいＯＳである。これを使って、完全に匿名の新しいＥメール・アドレスをつくる。

ここからは、独裁政権に支配されている人民がよく使う情報伝達手段が手本になる。彼らは、自分の足跡がネット上に残る時間をできるだけ短くしたいので、Ｅメール・アカウントを親しい仲間と共有することが多い。Ｅメールを送受信するのではなく、Ｅメールの下書きにお互いの返事を書き足すことで、安全にコミュニケーションを取ることができる。

この方法を使えば、疑われる可能性のあるやり取りをする必要が、まったくない。

1　自宅や職場とは関係のない公共の場所へ移動する。近所のショッピングセンターやカフェのフリー Wi-Fiのホットスポットへ行く

2　「テイルズ」OSをダウンロードする

3　「テイルズ」をインターネットのブラウザとして使い、新しいEメール・アドレスをつくる

059
画像の中に情報を隠す

デジタル情報のやり取りにおいては、どれほど注意深く自分の痕跡を消そうとしても、セキュリティーにほころびが出てくる可能性がつきまとう。

そこでエージェントは、システムを何重にも使って自分たちのメッセージを保護する。伝える内容を何層にもなったさまざまな形式で暗号化し、ニセのEメール・アドレスを使って、匿名のネットワーク経由で送るのである（154ページ参照）。

かつてのスパイは、情報の詰まったマイクロドット（縮小した写真や文書）を待ち針の頭に隠したものだ。それと同じように、今日《こんにち》のエージェントは、デジタル画像の中にテキスト・メッセージを埋め込む。その画像は圧縮されているので、内容を明らかにするためには解凍しなければならない。

暗号化の基本的な形をつくるため、まず「テキストエディット」か「ノートパッド」のようなエディター・ソフトを入手する。ワープロ・ソフトの類《たぐい》は、どれも更新メカニズムと連動しているので、使用を避けたほうがいい。このようなソフトで作成された文書は、たとえハードディスクやクラウドに保存されていなくても、第三者に復元される可能性があるからだ。

メッセージを作成する前に、赤ん坊の写真のような何の変哲もない画像を、エディター・ソフトでつくったテキスト文書に貼り付ける。その画像の上か下の余白に機密情報を打ち込む。さらにカムフラージュするために、フォントの色を白に変えるか、フォントそのものを記号に変える。

一連の作業を短時間でやれば、メッセージを作成しているあいだ、周囲の人たちに何をしているか気づかれないですむだろう。

メッセージを送信するとき、容量の大きい画像ファイルは、余白に追加したテキスト文書の存在をごまかす隠れ蓑《みの》として、役に立つだろう。

1　安全な場所で、可能であれば壁に背を向けて座る。画面が他人から見えないようにパソコンを置き、テキストエディットかノートパッドを立ち上げる

2　何の変哲もない写真の画像を切り取って、テキストエディットかノートパッドの文書に貼り付ける

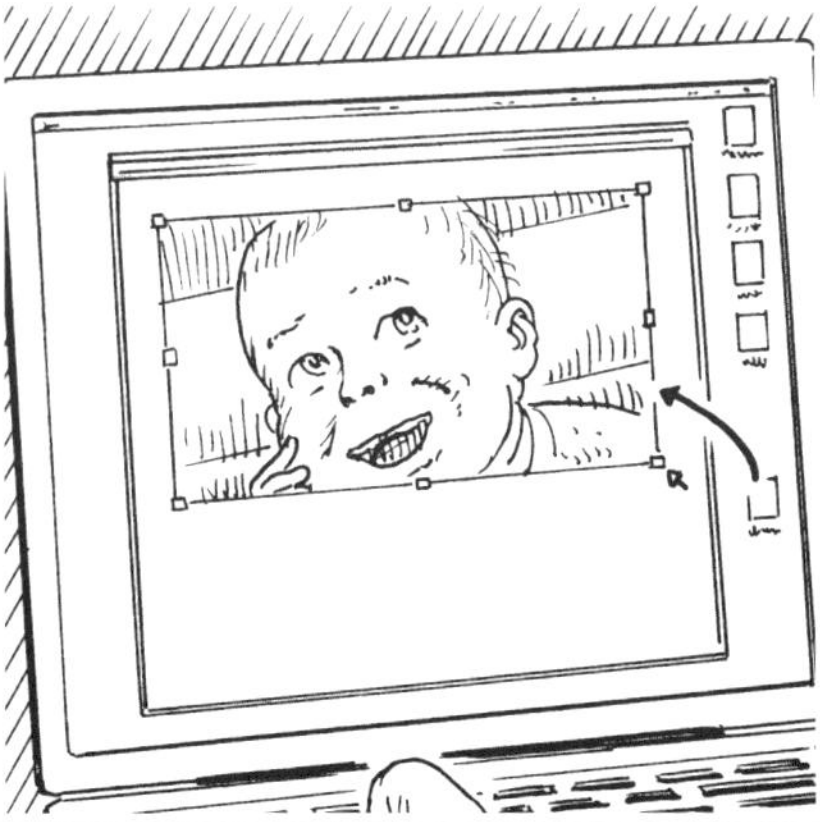

3　機密情報を、画像の上か下に打ち込む

060 写真に情報を潜り込ませる

監視されているかもしれないという疑いが確信に変わったら、もはや用心するというレベルではなくなる。

エージェントは身を潜め、活動を制限しなければならない。情報の伝達がどうしても必要なときだけ、混み合った公共の場所で仲間に会うようにする。

デジタル通信でメッセージを送らなければならない場合、通りいっぺんの暗号化や秘匿手段を使うだけでは不十分で、伝達の方法論を根底から変える必要がある。それによって、パターン分析に長けた暗号解読者の盲点を突くのである。

お勧めしたいのは「写真に情報を潜り込ませる」という方法だ。手間のかかるやり方だが、この方法を使うと、人間の目をごまかせるだけでなく、どんな自動暗号解読ソフトでも解読不能になる。

まず「おとり」となる高画質の写真を撮るために、画素数の多いデジタルカメラを入手する。スマートフォンのカメラでは、高画質の写真は撮れない。

そして、メッセージを紙に手書きするか印刷し、その紙を被写体の背景の中に置く。例えば、集合写真の後方にあるごちゃごちゃした掲示板に紛れ込ませてしまう。

景色全体にピントを合わせて写真を撮る。念のため、撮った写真を拡大して、メッセージが判読可能かどうか確認する。撮った写真を保存したり、Eメールで送ったりする場合は、必ず最大解像度のままで保存や添付をする。

おとりの写真は、当たりさわりのない何枚かの写真とセットにして紛れ込ませる。それをUSBメモリにダウンロードし、デッド・ドロップ（情報の隠し場所）に隠すか、仲間と共有しているEメール・アカウントのメッセージの下書きに添付する（154ページ参照）。

この写真のセットが本当に意味する内容は、探し方を知っている人にしかわからない。

1　画素数の多いデジタルカメラを入手する

2　極秘の情報を被写体の背景の中に置く

3　景色全体にピントを合わせて写真を撮る。画像をEメールに添付して、所定の受信者に送信する。画像はデジタルカメラから削除しておく

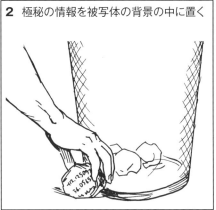

PART 7
OPERATIONAL ACTIONS

敵を無力化する・防御する

061
隠し持ったピストルを引き抜く

アメリカの市井《しせい》の銃マニアたちは、自分の能力に見合わない間違った射撃練習をしている。

特に、自分の身を守るうえで不可欠の射撃テクニックが、往々にして見過ごされている。それは、隠し持った銃をすばやくスムーズに引き抜くテクニックだ。

すでに銃を構えている攻撃者と対決するとき、わずか0・5秒でも動きが遅れたら、ほぼ命取りである。そのためエージェントは、銃を引き抜く練習に余念がない（練習では必ず弾が入っていない銃を使う）。

エージェントはまた、それぞれのホルスターの微妙な違いを知ることが、いかに大切かも理解している。銃を引き抜く際によく起こる問題は、銃を引き損なうこと、そして銃といっしょにホルスターも引き抜いてしまうことである。

銃を引き抜く際に、衣服が邪魔になる場合もある。次にその解決法を見ていこう。

シャツの下から銃を引き抜く――銃を引き抜く動作は、滑らかなひとつの動きだが、その動きは3つの段階に分けることができる。最初に、親指を使って邪魔なシャツの裾を「引っかけてまくり」、銃が絡《から》まないようにする。次に、利き手と反対の手でシャツをつかみ上げ、利き手で銃をホルスターから引き抜く。最後に、利き手の手首を伸ばすと同時に、反対の手を利き手に添えて両腕を突き出し、銃口をターゲットに向ける。そのあいだずっと、ターゲットからは目を離さない。

ジャケットの内側から銃を引き抜く――銃を引き抜こうとしたときに、ジャケットの裾がその前にぶら下がっていたら、邪魔になって動作が遅くなる。そうした事態を避けるために、上着のポケットにコインのロールを重しとして入れる。銃を引き抜くほうの手で上着の裾を後方に払いのけ、それと同時に銃を引き抜く。

どちらの場合も、利き手に添える反対の手の補助が重要になる。人間の体は、左右の部位が連携して同時に動くときに、よりすばやく効果的に機能するからだ。

1　シャツの下から銃を引き抜く

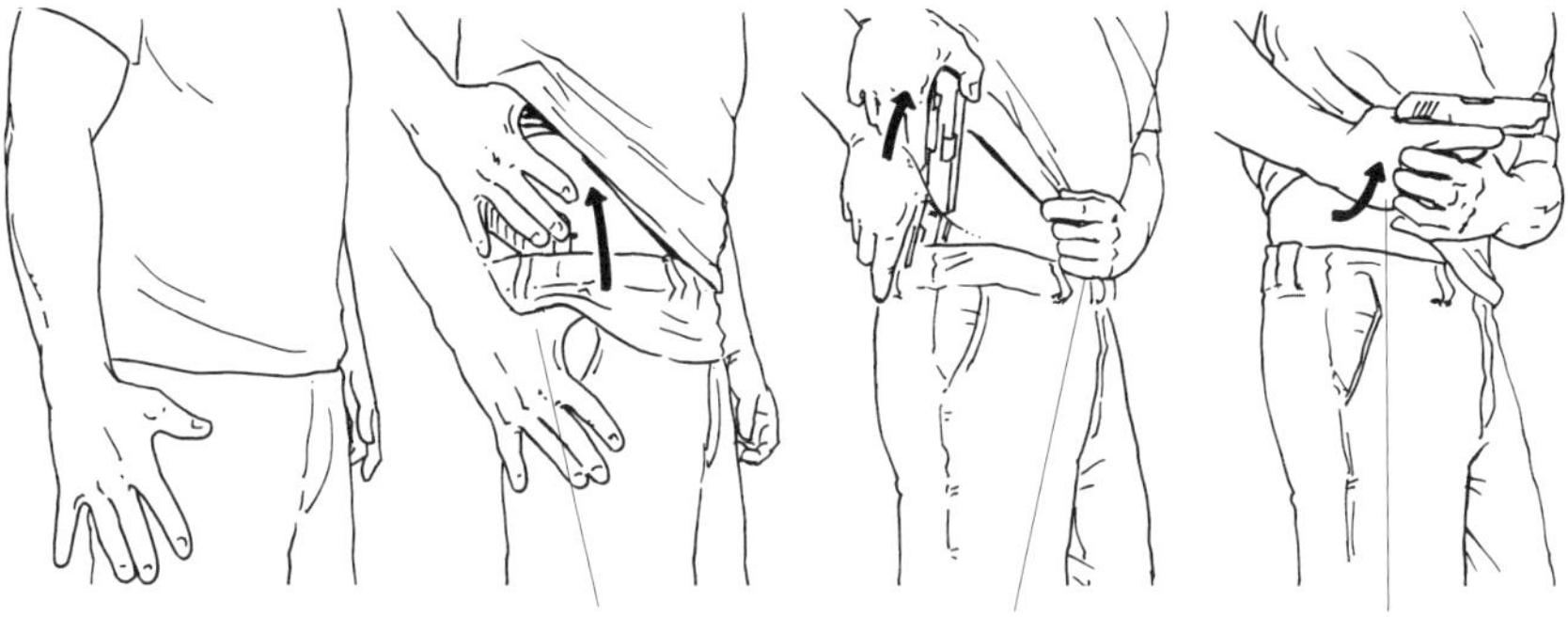

「引っかけてまくる」準備をする

親指をシャツの裾に引っかける。残りの指でピストルを探る

反対の手でシャツの裾をおさえ、利き手に裾がかからないようにする

ピストルをホルスターから引き抜いたら、手首を伸ばして腕をすばやく突き出し、ターゲットに狙いを定める

2　ジャケットの下から銃を引き抜く

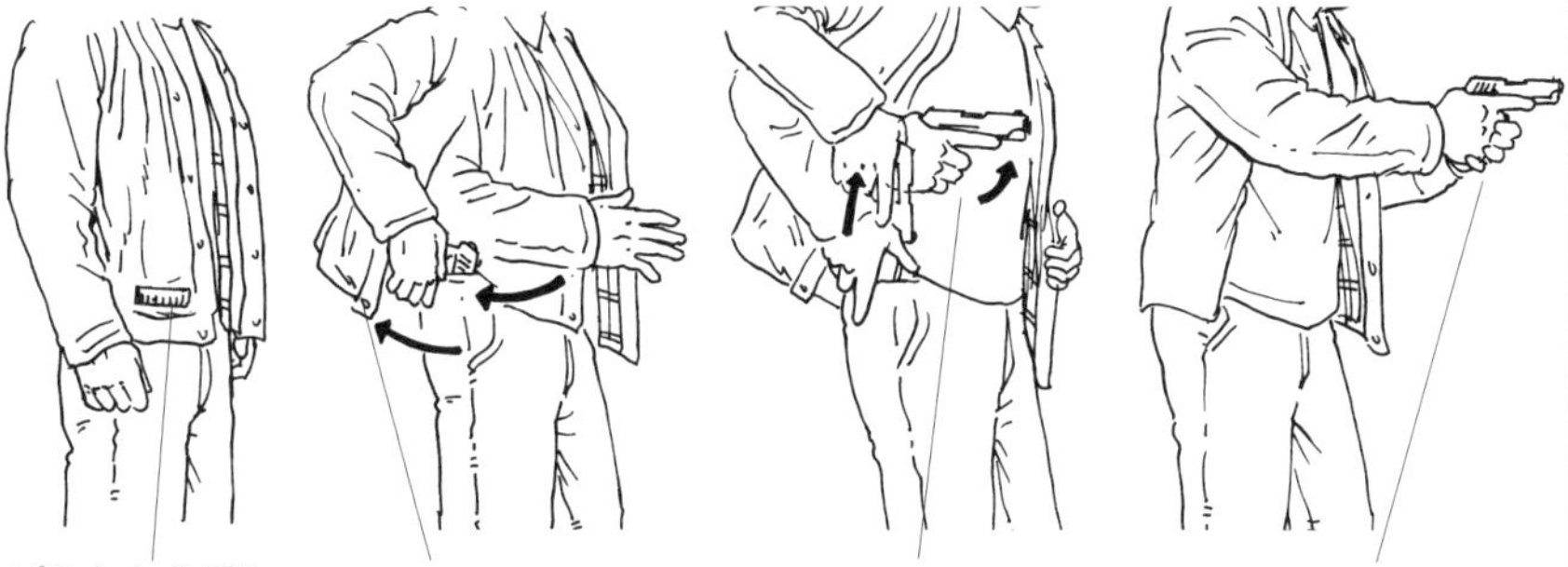

ピストルを隠し持つ側の上着のポケットの中に、コインのロールを入れておく

コインが重しになるので、上着の裾を後ろにまくったまま、銃を引き抜くことができる

ピストルをホルスターから引き抜いたら、手首をすばやく伸ばして、ターゲットに狙いを定める

反対の手で利き手を支え、安定して狙いを定められるように補助する

062 車内から発砲する

乗車中に敵の銃撃を受けた場合、運転手も同乗者も救うためには、そのまますばやく自動車で逃げるのがいちばんだ。

もし車を走らせるのが難しい状況であれば、そのまま車中に身を潜めるよりも、車から脱出して隠れる場所を探すほうがよいだろう。銃弾の雨にさらされた車は、あっという間に蜂の巣になってしまうからだ。

車の中で身動きが取れなくなった場合はどうだろう? ここで生死を分かつのは、銃をいかに速く取り出し発砲できるか、そしてガラス越しの射撃に対する知識があるか、である。

では、車の運転中に銃をどこにしまっておけば、すぐに手が届くか? ——答えは人によって違うだろう。

例えば、右利きの人は左の腰に銃をつけるのがいいかもしれない。腕を体の前で交差させることになるが、シートベルトのバックルが邪魔にならず、銃を引き抜きやすい(左ハンドルの車では、バックルが右腰のところに来る)。

狙いを定めるときは、後方に体をそらせて身をかがめる。こうすれば、頭を守ることができるし、攻撃者の視界から外れ、ガラスからも離れることができる。

フロントガラス越しに銃を撃つ場合は、ガラスの表面がカーブしているため、弾道がゆがみやすい。その誤差を修正するために、狙いを低く定める。敵の骨盤あたりを狙えば、フロントガラスを通過した銃弾は、胸部のあたりに命中するはずだ。

銃は必ず連射する。自分が受ける衝撃に備えつつ、最初の1発でガラスを割り、2発目で敵を狙い撃ちする。最初の銃弾は、車内という閉ざされた空間で発射されるため、すさまじい音と圧力が生じる。覚悟して撃たねばならない。

ほとんどの車の窓は強化合わせガラスになっているので、割れても破片が飛び散らず、花びらのようになってくっつきあう。だが、どんなガラスでも、扱い方しだいでは大怪我につながりかねない。できれば、割れたガラスを手か足で脇に寄せたほうが安全であり、狙いも定めやすくなる。

1 シートベルトを締めた状態と外した状態の両方で、銃を引き抜く練習をする

2 狙いを定めるときは、体を後方にそらせ、ガラスから離れる。そうすれば敵の視界から外れ、ガラスが割れて飛び散っても、安全な距離を保つことができる

3 フロントガラス越しに発砲するときは、狙いを低く定める。フロントガラスがカーブしているため、銃弾はターゲットの体の高い位置に当たる

4 連射する。最初に窓ガラスを割り、次にターゲットを撃つ

063 ナイフによる戦闘に勝つ

常習犯罪者はナイフを好んで使う。簡単に手に入るうえ、相手を威嚇《いかく》するのに持ってこいだからだ。

しかし彼らは、実際にナイフで戦うときにどう使えばよいか、という基礎知識は持ち合わせていない。

生き延びるためには、ナイフを使った正しい戦闘テクニックを学ぶことが重要になる。エージェントはそれを知っている。

ナイフの構え方——ナイフを持っていないほうの腕を上げ、その腕を盾にして相手の攻撃を防ぎ、同時に胴を横向きに回転させる。こうすることで、大切な臓器を敵のナイフの攻撃から守るとともに、自分のナイフが奪われるのを防ぐ。盾にした手は、手の甲を攻撃者のほうへ向けて、手首や前腕の内側にある血管を攻撃から守る。

ナイフの握り方——常に5本の指でナイフの持ち手をしっかりと握る。親指を伸ばしたまま持ち手の上方を握るのは、非常に危険だ。親指を持ち手にしっかり巻き付け、怪我を防ぐとともに、絶対にナイフを奪われないようにする。

攻撃する角度——左図の**3**に示した8つの角度のいずれかに沿って、刺すか、切りつけるかする。この角度に沿った動きで攻撃すれば、敵の筋肉を切り裂き、反撃を抑えることができる。優勢を保ち、敵を無力化するのに最適の攻撃方法だ。

攻撃する部位——生死を賭けた戦いでは、敵の動脈のどれかを刺して、致命傷を負わせるようにする。特に、両方の太腿の内側にある大腿《だいたい》動脈は、相手の無防備な部分なので、最大の狙い目である。

もしも…に備えるアクション！

ナイフは安全に使わなければ、まったく防御の役には立たない。攻撃者に傷を負わせるよりも、使っている側を危険にさらしてしまう。

1 ナイフの構え方

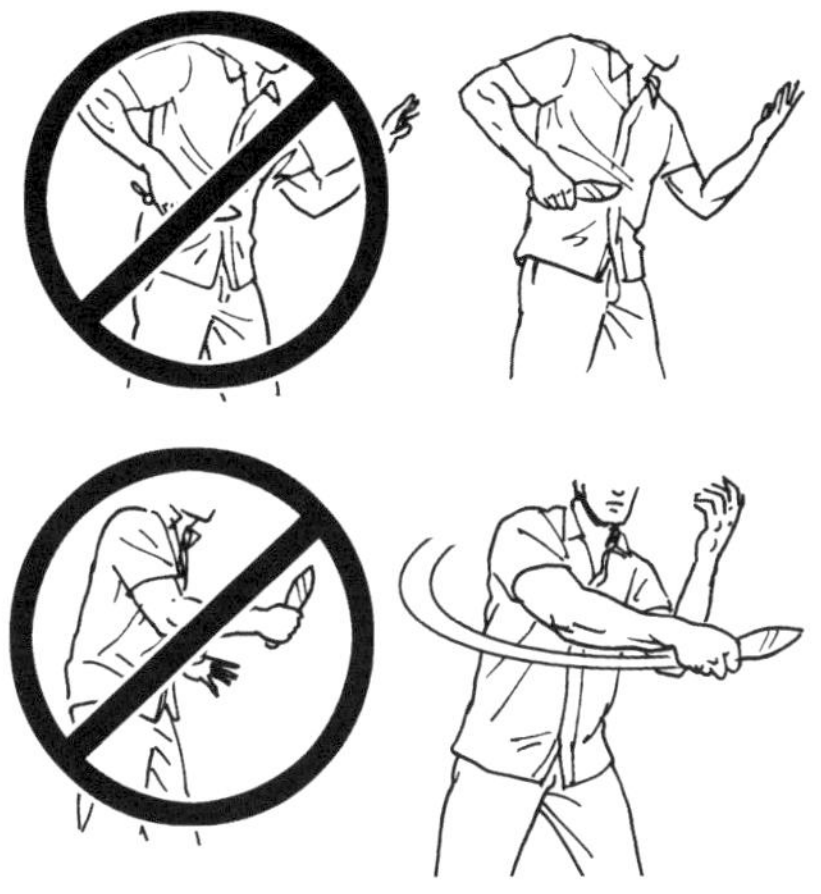

2 ナイフの握り方

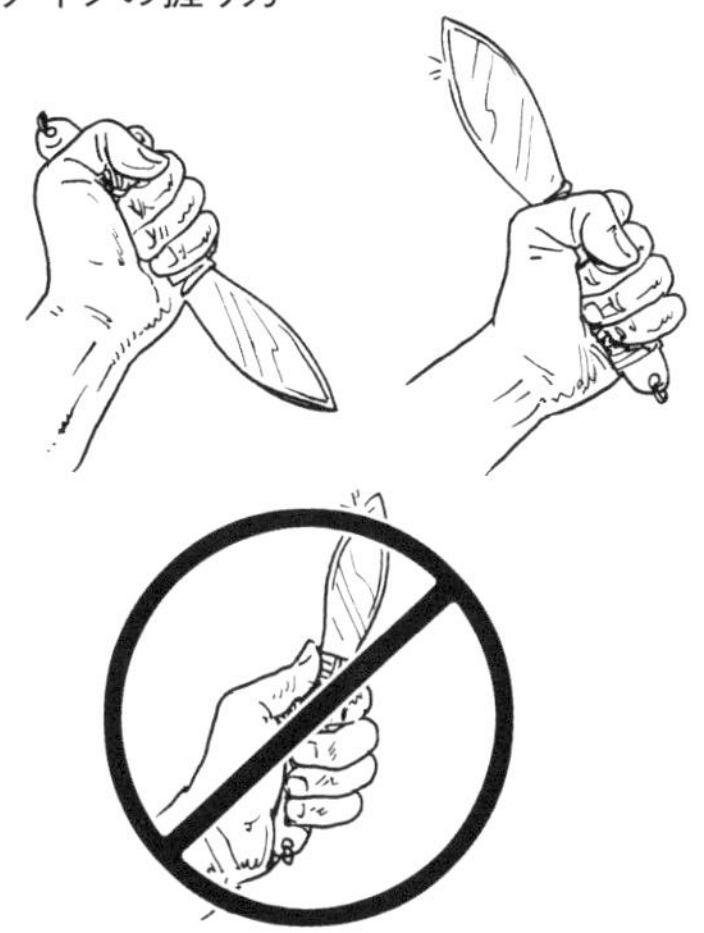

3 攻撃する角度

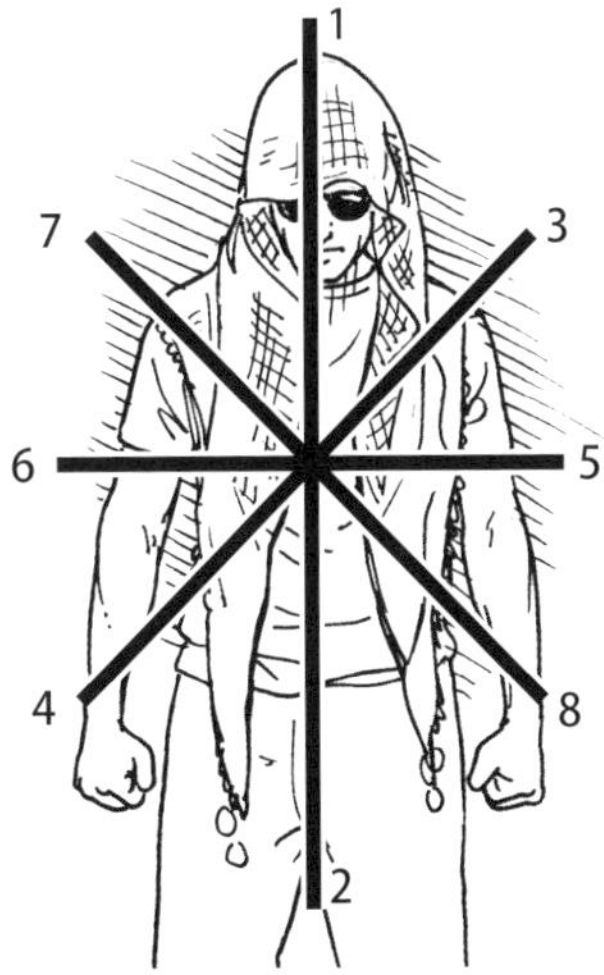

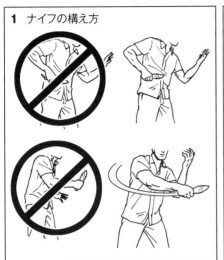

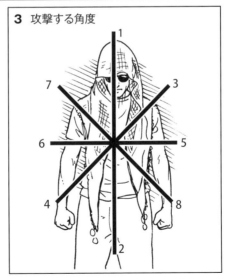

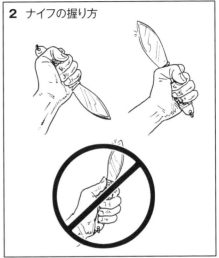

064 一撃でノックアウトする

エージェントが発砲するときは、相手を殺すつもりで撃つ。そして相手を殴るときは、ノックアウトするつもりで殴る。

パンチで相手を失神させるコツは、脳みそが脳脊髄液の中で前後に激しく揺れるように攻撃することだ。

こめかみ、下顎、顎先を強い力で殴ると、脳の前部と後部にダメージを与えることができる（前部は直撃損傷、後部は反衝《はんしょう》損傷という）。敵は意識を失い、エージェントはその場から逃げる時間を十分に確保できる。

パンチ力を増幅するには、下半身の使い方がカギとなる。ダブルステップで前に踏み込むと、そのはずみで体の回転する勢いが増し、効果的なパンチを繰り出すことができる。

確実に強い力で殴るには、拳《こぶし》で頭蓋骨の後部を打ち抜くつもりで狙いを定める。パンチを食らわす前に、利き手でないほうの手でジャブ（腕だけで小刻みに打つこと）を連打し、敵の気を散らせる。そして、十分に疲れさせてから、いきなり利き手で強力なストレートパンチを放つのだ。

素手での接近戦は戦略上、決して望ましいものではない。だが、接近戦にならないよう十分に計画を練っていても、思わぬ展開になる場合がある。

鍵をこじ開けているときに油断して捕まったり、あるいは、偶然まずい場所に居合わせたりして、敵と至近距離で遭遇してしまうケースは少なくない。

このような場面で銃を引き抜くと、目立ちすぎてかえってよくない。不意を突かれたときには、敵をノックアウトするように努め、できるだけ早くその場を離れるのだ。

ダブルステップで前に踏み込むと、パンチの威力が飛躍的に高まる。
パンチの威力は、踏み込む力、体の回転、そして右腕の伸びから生み出される

065
強烈な肘打ちを食らわす

あらゆる状況を想定して訓練を受けるシークレット・エージェントは、さまざまな形の接近戦にも精通している。そして、戦いを終わらせるのにいちばん効果的な攻撃方法を、常に模索している。

　肘というのは、人間の体の中で最も硬く尖《とが》った部位のひとつだ。繰り出す勢いと角度をうまく組み合わせれば、肘打ちで相手をノックアウトすることができる。皮膚を裂き、重傷を負わせることも可能だ。

　パンチやキックでも敵をノックアウトできるが、至近距離で戦っている場合には、肘打ちのほうが効果的な攻撃法と言える。接近戦では倒れた状態で戦うこともよくあるが、パンチと違って、肘打ちはここでも活用できる。

　肘打ちのための姿勢で最も注意すべきは、しっかりと肘を曲げ、腕が伸びないようにすることだ。

　まず、肘打ちを食らわすほうの手のひらを開いて肘を曲げ、親指を胸にしっかりと当てる。親指を胸の位置に固定することで、攻撃するときに腕が伸びるのを防ぐのである。

　肘打ちの威力は、おもに体の回転で生まれる。肘が一時的に、その勢いをため込む場所になるからだ。腕を伸ばすと、ためた勢いが弱まってしまうので、曲げた状態を常に保つこと。

　肘打ちでは、肘の先端が第1の武器となるが、前腕に通っている尺骨《しゃっこつ》も第2の武器として使うことができる。

　手のひらを広げたままにすれば、前腕の筋肉が収縮せず、尺骨を包み込まないので、鋭く破壊力のある骨がくっきりとその形を見せる。

　狙う部位は、敵の喉、こめかみ、顎先である。これらに肘打ちを食らわせれば、敵を気絶させるか、かなり弱らせることができるはずだ。

1 肘の構造と機能

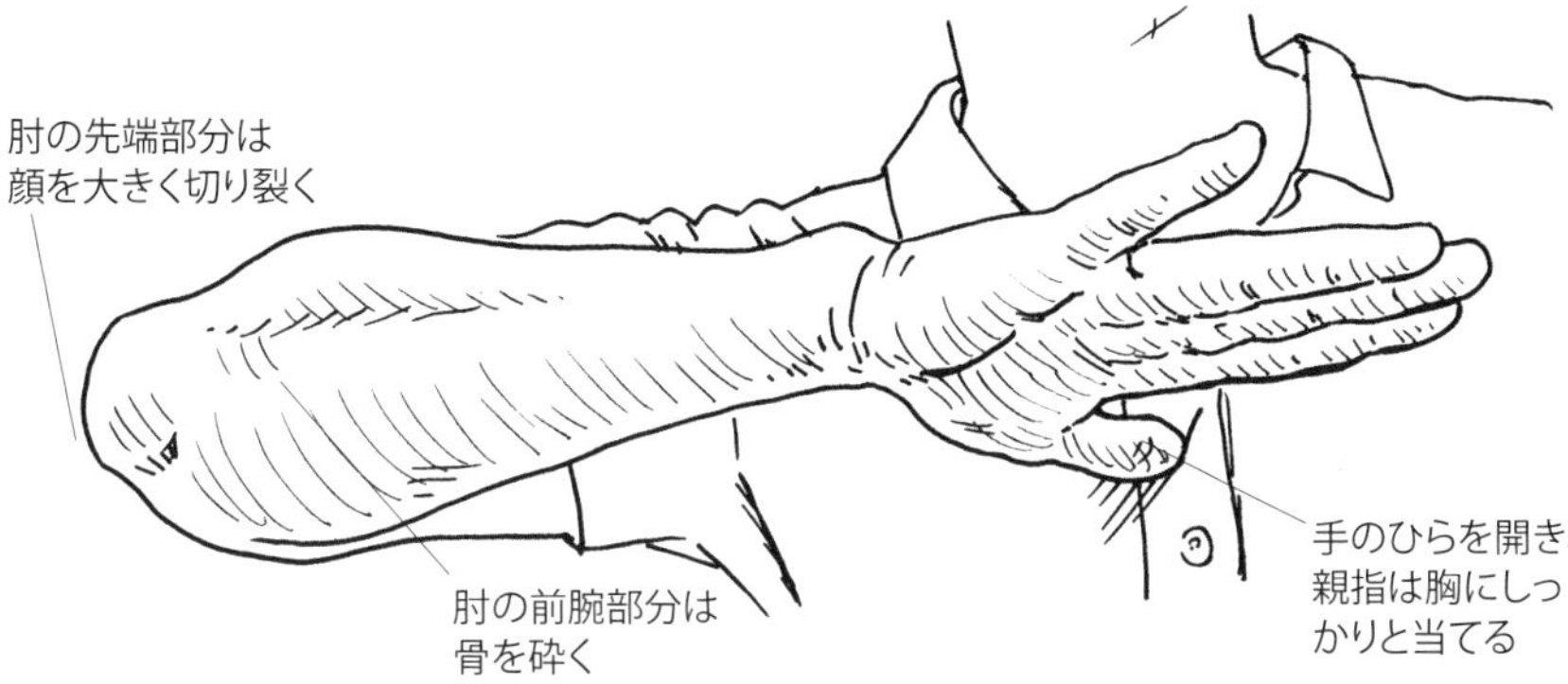

肘の先端部分は
顔を大きく切り裂く
肘の前腕部分は
骨を砕く
手のひらを開き、
親指は胸にしっ
かりと当てる

2 正確な肘打ちのテクニック

常に防御の姿勢をとる。強力な肘打ちは、腰のひねりと体の回転によって生み出される

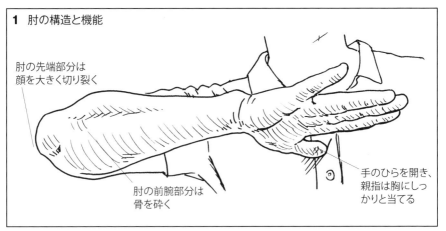

066
即席の「テーザー銃」をつくる

旅行客が写真を撮っている光景ほど、怪しさと無縁なものはないだろう。これはエージェントにとって非常に都合がよい。普通の使い捨てカメラを使って、即席の自衛用武器がつくれるからだ。

殺傷力を伴わない自衛用武器は、エージェントのみならず、一般市民にとっても非常に価値のあるものだ。そうした武器のひとつが「テーザー銃」である。

テーザー銃はスタンガンの一種で、アメリカのほとんどの場所で合法的に使用できる。とはいえ、市販のモデルを手に入れるのは、必ずしも簡単ではない。そのため、エージェントは作戦地域内で使い捨てカメラを購入し、即席の代用品をつくらなければならないこともある。

理屈はこうである。使い捨てカメラの配線を変えることで、フラッシュを光らせるのに使う電流を、2個のネジに直接流す。

このネジを攻撃者に刺すと、体内に相当量の電気が流れる。敵は地面に倒れ、数分間は動けなくなるだろう。１２０ボルトから３８０ボルトの電圧が体内組織や神経を通って流れると、体内に静電気が生じ、脳と筋肉のあいだの情報伝達が妨げられる。

運動機能障害と不随意筋収縮を生じさせるこの方法は、自己防衛手段の有力な選択肢となる。なぜなら、強力な威力を発揮する一方で、殺傷力はないからだ。

即席のテーザー銃をつくる際、エージェントは次の手順で慎重に作業を進める。

コンデンサー（蓄電器）から放電する——まずケースを外してやるべきことは、電池を抜いてフラッシュボタンを押すことだ。これでコンデンサーに残っている電気をすべて放電し、組み立て中に予期せぬ感電が起きるのを防ぐ。コンデンサーが完全に空にならないと、怪我をする恐れが非常に大きい。

カメラを分解する——回路基板、フラッシュ、フィルム、コンデンサーを取り外す。回路基板からフラッシュバルブ（閃光電球）の部品を外す。

1 フラッシュ付きの使い捨てカメラを入手する。慎重にカメラのケースを外し、電池を抜き、フラッシュボタンを押す。こうして、コンデンサーに蓄電されている電気をすべて放電する

2 すべての部品（プラスチックのケース、回路基板、フラッシュ、コンデンサー）を取り出す。回路基板からフラッシュバルブの部品を外す

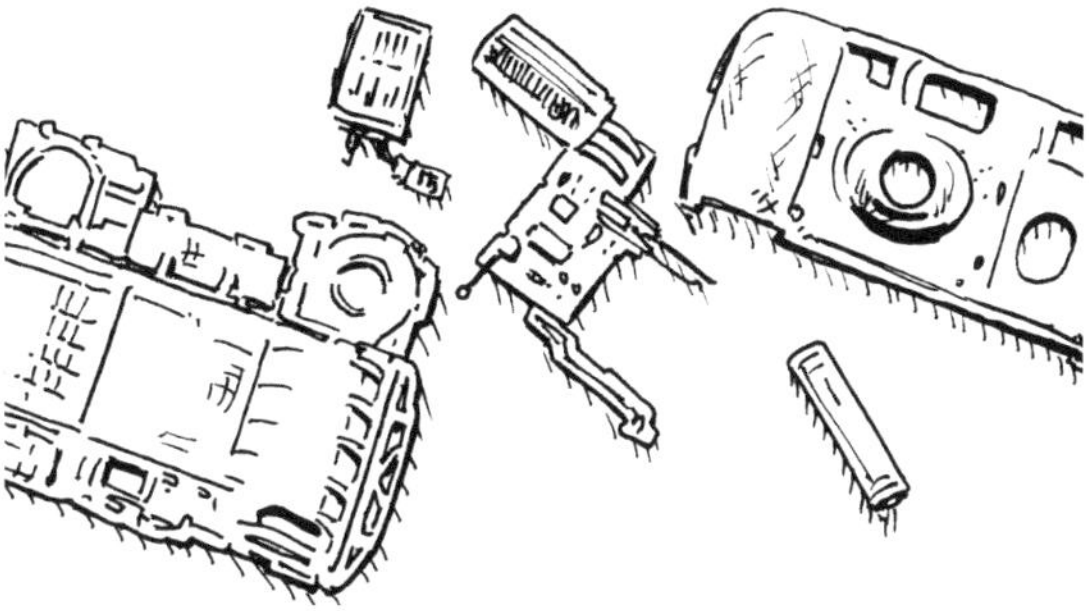

3 ドライバー、ワイヤーストリッパー、絶縁用テープ、長さ24インチの絶縁電線2本、小さなネジ2個、カメラのフィルムの小片を準備する

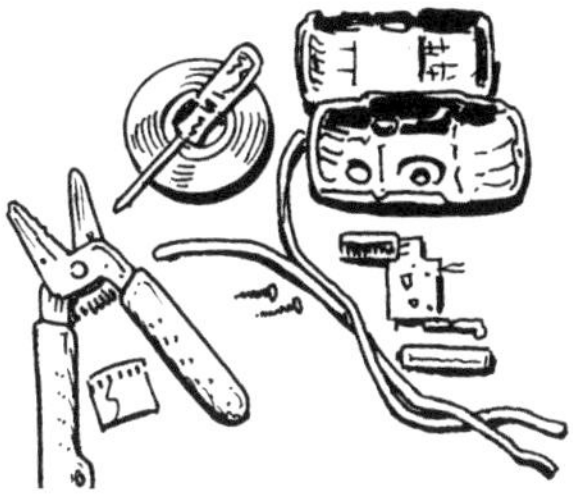

4 2本の絶縁電線の両端の絶縁物をはがす。電線の端をネジの頭に近いところに巻き付ける

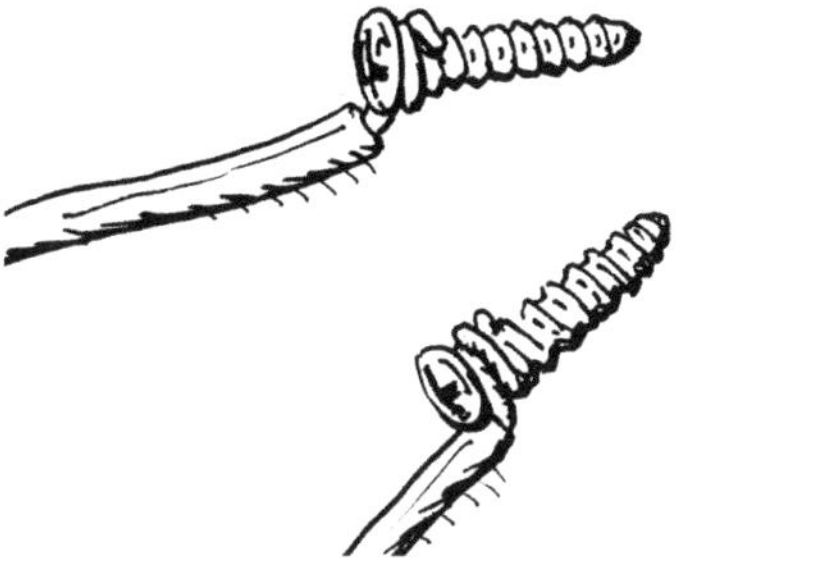

5 前側のケースのフィルムが収まっていた場所に、2本のネジをねじ込む

6 絶縁電線の反対側の端をコンデンサーの端子に巻き付け、テープで巻く

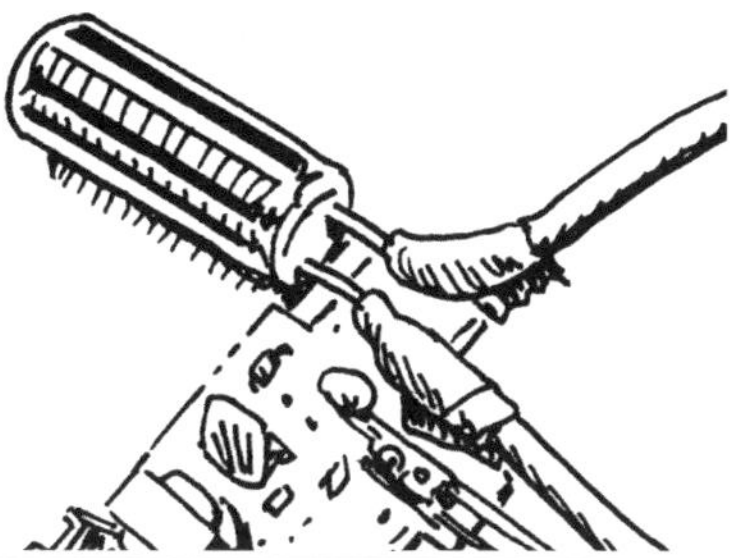

道具の準備をする――ドライバー、ワイヤーストリッパー、絶縁用テープ、長さ24インチ（約60センチ）の絶縁電線2本、小さなネジ2個を入手する。フィルムを捨てる前に、小片を切って残しておく。

配線を変える――絶縁電線の両端の絶縁物をはがす。電線の端をネジの頭近くに巻き付ける。カメラケースのフィルムが収まっていた場所に、2本のネジをねじ込む。電線の反対側の端をコンデンサーの端子に巻き付け、テープで固定する。これで、電流がコンデンサーから2本のネジへ方向転換して流れるようになる。

回路基板を元に戻す――回路基板を元の位置に戻し、電線をその脇へ押し込む。

安全装置を挿入する――とっておいたフィルムの小片を電池と電池端子のあいだに差し込み、装置が誤って放電しないようにする。

ケースを元に戻す――外側のケースを元どおりに閉める。でき上がった装置は、旅行客が持っているごく当たり前のカメラとほとんど見分けがつかない。

敵を無力化する――テーザー銃の使い方は、刺すのと同じ要領で、2本のネジを敵の皮膚に押し付ける。ネジが皮膚に接触すると、相当な衝撃を与えられる。装置にうまく電流が流れなかった場合でも、ネジを皮膚に突き刺して怪我を負わせ、攻勢をかわすことができる。

〈注意〉

即席のテーザー銃をつくるのは、予想以上に危険な作業である。実際につくる場合、カメラのコンデンサーが帯電しているあいだは、コンデンサーや回路基板には一切触れないようにする。電流が流れると、場合によっては体が動かなくなるほどのショックを引き起こす。

テーザー銃を使うのは、非常時に限ること。

7 回路基板を、前側のケースの元の位置にはめ込み、電線も中に入れる

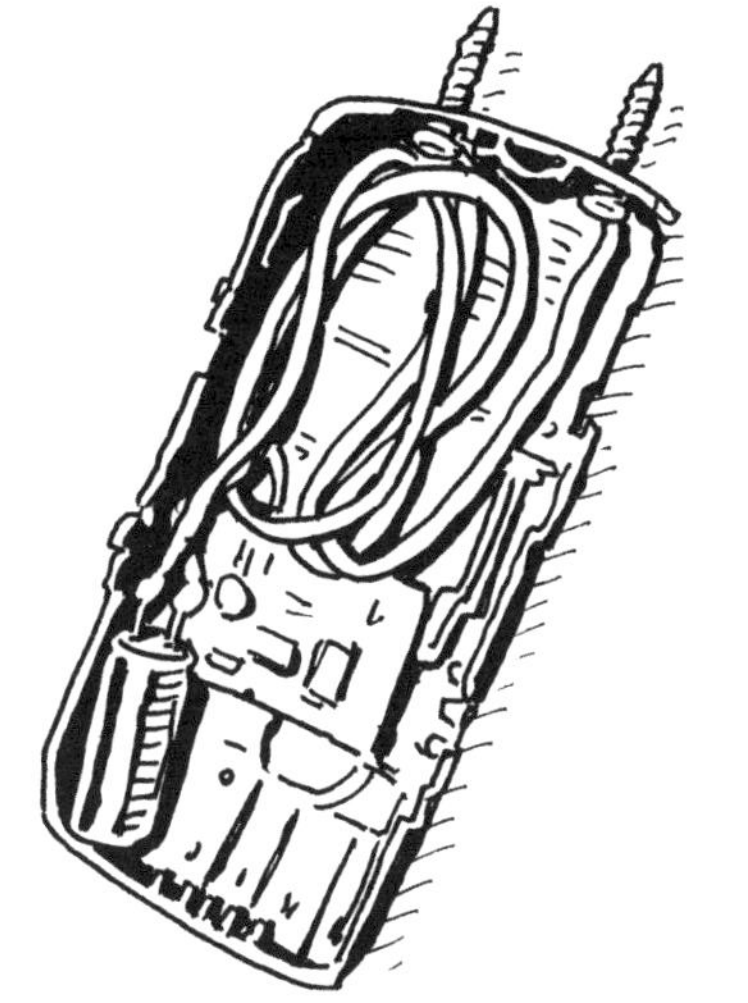

8 電池と電池端子が接触しないようにフィルムの小片を挟みながら、電池を入れる。こうしておけば、コンデンサーが充電されることなく、安全に固定された状態で持ち運びできる

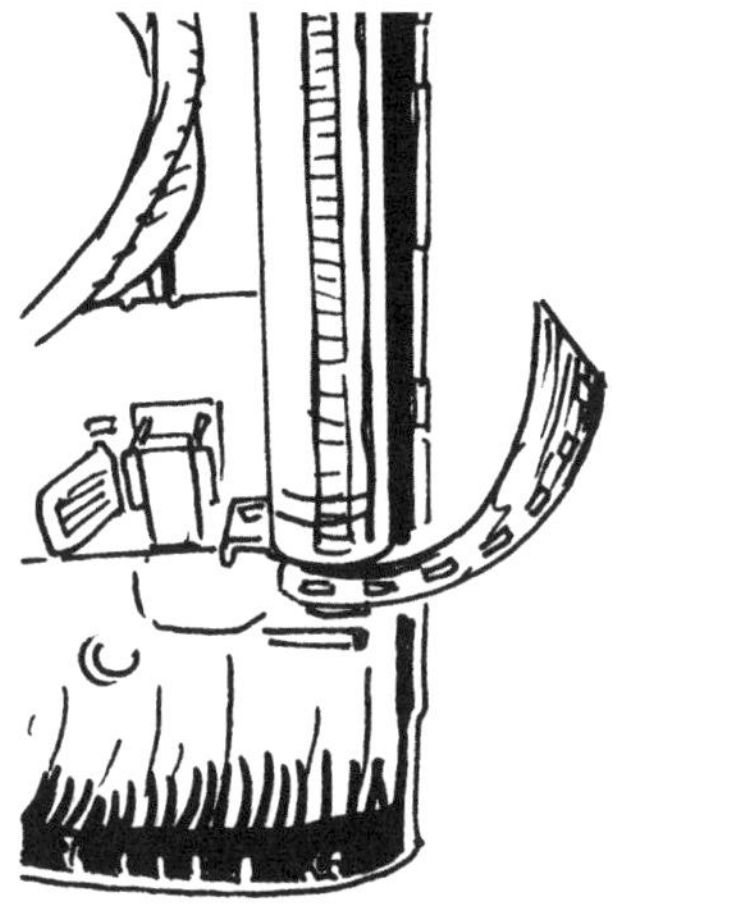

9 フィルムの仕切りが外にはみ出した状態で、後ろ側のケースをパチンとはめ込む

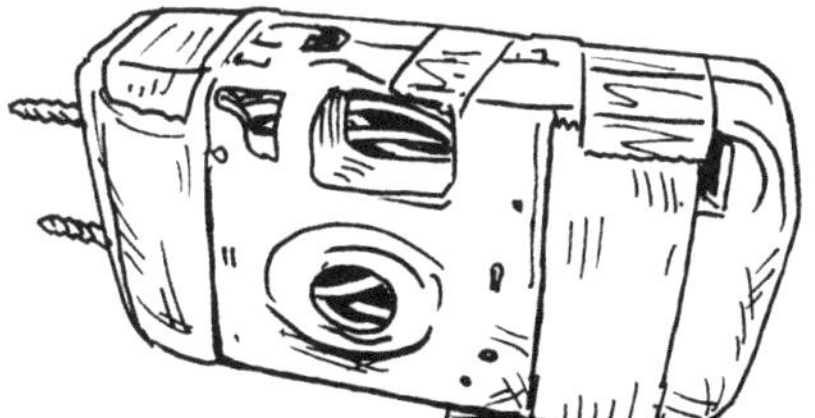

10 フィルムの仕切りを外すと、コンデンサーが数秒で充電される。2本のネジで敵を刺す。コンデンサーは自動的に再充電される

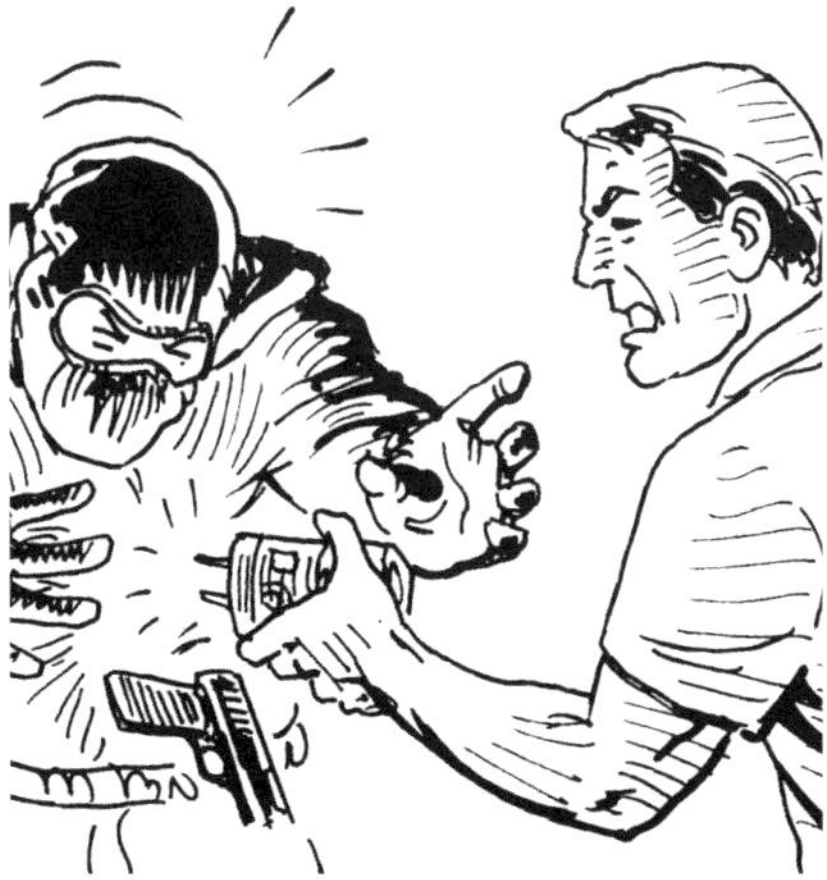

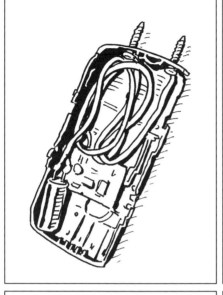

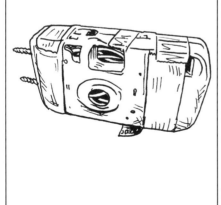

067 即席の「爆発物」をつくる

古今東西、軍事の世界では敵の注意をそらす「陽動作戦」が重用されてきた。

エージェントが仲間の援護なしにターゲットの自宅に侵入を試みる場合は、この陽動作戦に頼らざるを得ない。即席の「陽動装置」を使って、警備隊の注意をほかに向けるのである。

使い捨てライターを使えば、2種類の陽動装置をつくることができる。

ひとつは、閃光を放つことで一時的に敵の目をくらます装置（178ページ参照）。これは破壊行動を伴わない。

もうひとつは、ダイナマイト4分の1本分の破壊力を持つ爆発装置である。

この装置は、モロトフ・カクテル（火炎瓶）などの手製爆発装置とは異なり、事前に改造する必要なく、爆発させることができる。つまり、身体検査をされても怪しまれることはないということだ。必要なのは、粘着テープとライターだけである。

相手に怪我をさせたり、物を壊したり、あるいは混乱状態を長引かせるには、十分な爆発力を持った装置が必要である。したがって、用意するライターは、液体ガスよりも圧縮ガスを燃料とするタイプがいいだろう。

圧縮ガスを使ったライターは、使用上の危険性から、もうアメリカ国内では販売されていないが、他国では簡単に入手できるところもある。

装置を仕掛けるときは、炎調整装置をライター本体からゆるめて、ガスを漏れさせる。フリントホイール（発火ヤスリ）を回して火をつけたら、粘着テープか結束バンドを使って、ライターを下向きの角度で目的の場所に取り付ける。

やがて、炎がプラスチックケースを溶かし始める。1～2分後、炎がプラスチックケースを溶かし切ると、中に入っていたすべてのガスが一挙に燃え上がって爆発する。

警備隊が爆発のあった場所へ駆けつけているすきに、エージェントはこっそりと家の中に侵入するというわけだ。

1 炎調整装置のついたライターと粘着テープを入手する。ライターからフレーム・ガードを取り外して使用する

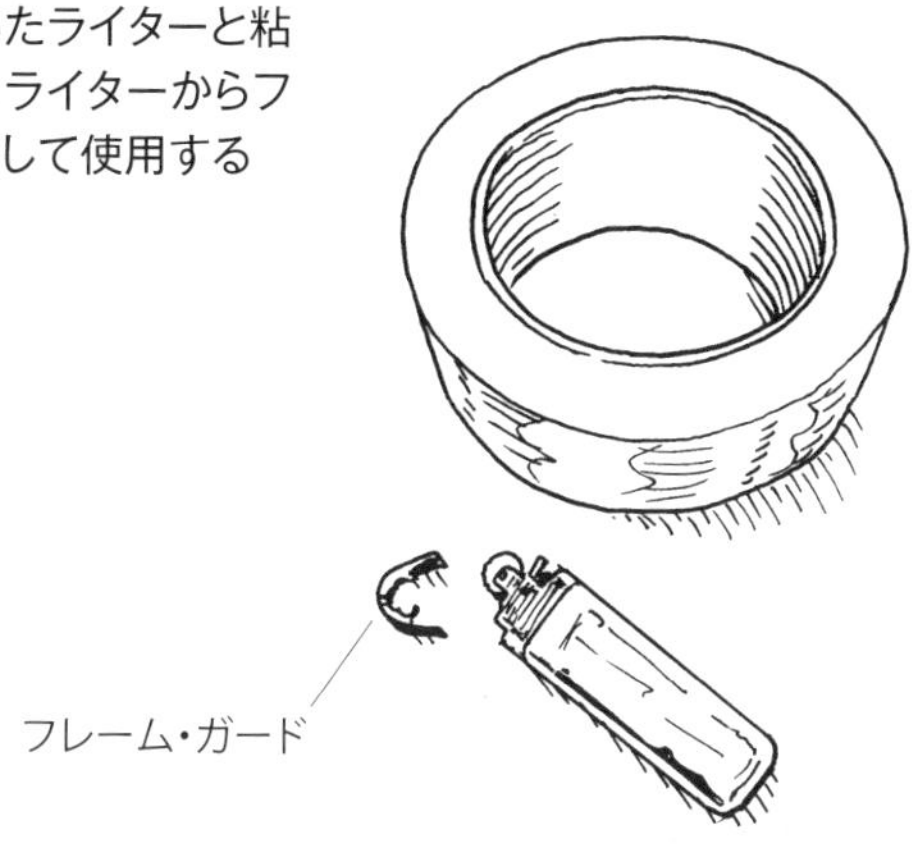

2 軍事の世界では、敵をかく乱するために、この即席の爆発物が使用される

068
即席の「閃光装置」をつくる

爆発、自動車事故、火災警報、停電——それらは「偶発的な事件」に過ぎないかもしれない。だが、エージェントが活動する先々で、そうした事件が続くとしたら……。

実は、これは警察や野次馬やターゲットの注意を引く「陽動作戦」なのだ。周囲が騒ぎに巻き込まれているすきに、エージェントは任務を完了し、闇に消える。

エージェントは、突然の攻撃を受けたときに、陽動作戦を用いることもある。目立たずに持ち運べる「陽動装置」を携帯し、ここぞというときに使用して、窮地《きゅうち》を抜け出すのである。

敵の目をくらませる即席の閃光装置は、普通の使い捨てライターを使って、2分以内につくることができる。暗闇で閃光を放てば、一瞬目が見えなくなり、その後10分ほどはよく見えない状態が続く。

この閃光装置は、スタングレネードやフラッシュバンと呼ばれる手榴弾《しゅりゅうだん》の働きをまねたもので、ライターのフリント（着火石）を取り外し、加熱することで作動する。

金属化合物でできているフリントは、急速に熱度が上がり、燃焼によって白色光を発する。熱したフリントを地面に叩きつければ、瞬間的に発する光は、爆発と見間違うくらいに鮮烈である。

この作動によって、ライターが保持している燃焼力は一瞬で燃え尽きる。したがって、基本的に使えるのは一度きりだ。

1　フレーム・カバーを外す

2　フリントホイール、フリント、フリントのバネを外す

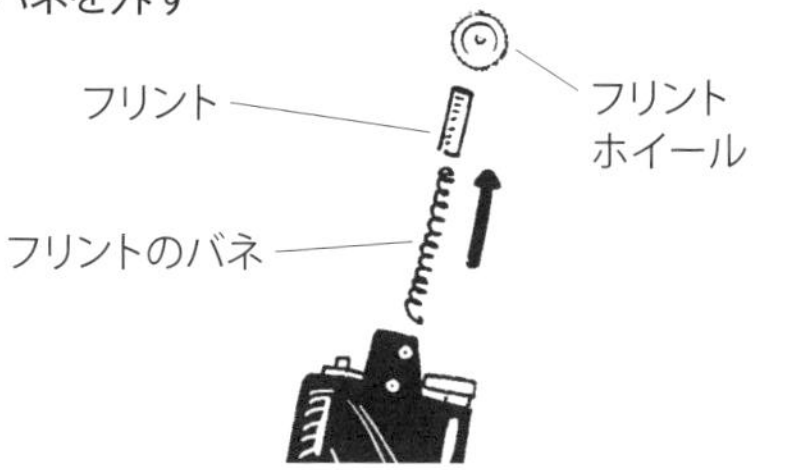

3　バネをフリントに巻き付ける

4　フリントが赤くなるまで熱する（30秒から1分程度）

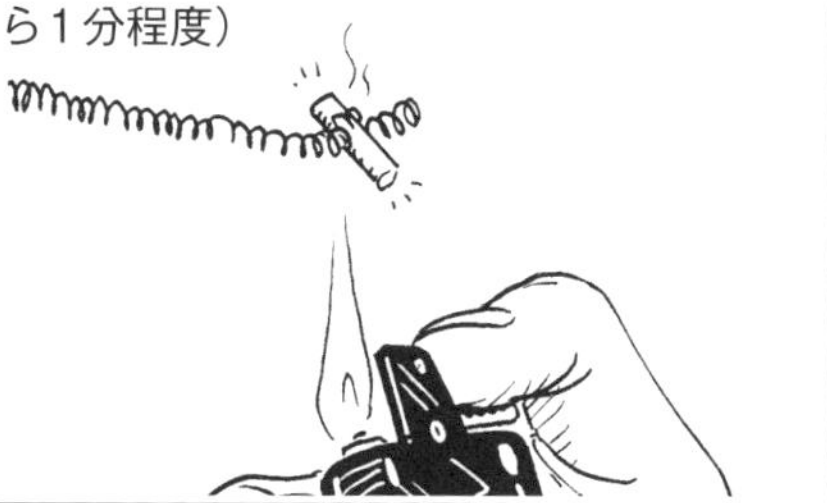

5　フリントを地面に投げつければ、一度だけまばゆい閃光を放つ

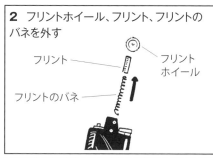

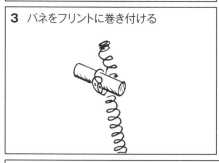

069 火炎瓶をつくる

　反乱や市街戦でよく使用される「モロトフ・カクテル（火炎瓶）」は、スペイン内戦（1936～39年）のころに武器として登場し、それ以来ずっと使われ続けている。この名で呼ばれるようになったのは、ソ連とフィンランドが戦った「冬戦争」（1939～40年）のころだ。

　現在でも、例えば公民権を剝奪された煽動者や、精巧な武器を入手できない暴徒が、この爆発物を戦いの武器として選択する。

　モロトフ・カクテルは、バリケードや門の向こうに投げ入れることができるので、警備が厳重な建物や屋敷をターゲットにした戦いでは有用な武器である。

　簡単につくれるモロトフ・カクテルを使って、エージェントは自分の行動を一般市民の仕業であるかのように偽装する。遠くから投げ入れることで、大混乱を引き起こす一方、政治的な関与の痕跡は一切残さないからだ。

　いかにも攻撃兵器といった風体だが、モロトフ・カクテルは心理戦（196ページ参照）や陽動戦術で使われることもある。例えば、野次馬や警備隊の注意を燃える自動車のほうに向けておき、そのすきを狙って、こっそりとターゲットの建物に侵入するといった具合だ。

　初歩的なモロトフ・カクテルは、燃料をガラス瓶に流し込んでつくるが、潤滑油や石鹼を加えると、さらに可燃性が増す。

　潤滑油はガソリンよりも粘度があり、燃焼時間が長い。石鹼を削って入れると、（特に混合物を一晩寝かせる場合）ゲル化剤の役目を果たし、燃えるときに表面に広がってくっつくという、強力なナパーム（増粘剤）に似た性質を持つ物質をつくることができる。

　起爆装置はタンポンである。燃料に浸したタンポンで瓶に栓をする。これに点火して瓶を投げると、ガラスが粉々に割れる衝撃で炎が上がり、激しい勢いで一気に燃え広がる。

1 燃料、潤滑油、石鹸、タンポン、ガラスの瓶、マッチを使ってつくられる

2 即席の火炎瓶は野次馬や警備隊の気をそらすために使われる

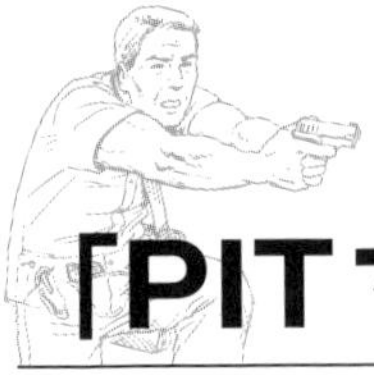

070
「PITマニューバ」で車を阻止する

たいていの人は、自分が運転する自動車の中は、比較的安全だと思っている。特になじみのある地域を走行しているときは、気を抜いて、周囲への注意を怠ってしまうものだ。

そこにエージェントの付け入るすきが生まれる。彼らは、ターゲットの車が通るルートで最も襲いやすい場所を選び、「事故」を起こそうと試みるのだ。

攻防両面での運転テクニックに熟達しているエージェントの手にかかれば、自動車はきわめて効果的な武器に姿を変える。

自動車による攻撃が思いどおりに行なわれれば、公的機関の手を一切煩《わずら》わせることなく、ターゲットの活動能力を奪ったり、抹殺したりすることが可能だ。

そうした方法のひとつが、アメリカの警察が得意とするＰＩＴマニューバである（ＰＩＴはPrecision Immobilization Technique ＝精密走行阻止技術の略語）。ＰＩＴは、逃げる車を道路脇にスピンさせ、運転手のハンドル操作を誤らせて停止させる追跡戦術だ。

ＰＩＴを実行するにあたって重要な点は、衝突を起こす前とあとで、車のスピードを一定に保つことだ。

時速35マイル（約56キロ）未満でＰＩＴを実行すると、ターゲットの車はスピンして道路脇に激突する。一方、時速35マイル以上で行なうＰＩＴは「破壊的テクニック」と見なされていて、ターゲットの車は結果的に完全に横転するだろう。特にＳＵＶやワゴン車のように重心の高い車は、時速35マイル未満で衝突しても、横転しやすい。

高度な運転技術を持つエージェントは、目撃者のいない場所を選んでＰＩＴを実行する。そして、もし、目撃者となりそうな人がいたとしても、何ごともなかったかのように現場から走り去るのである。

1　ターゲットの車から1フィート（約30センチ）離れたところまで車を寄せる。自分の車の前部バンパーを、ターゲットの車の後部タイヤの横に並ぶ位置に合わせる

2　一定の速度を保ちながら、ターゲットの車にぶつける

3　ターゲットの車が道路からはじき出されても、ブレーキはかけない

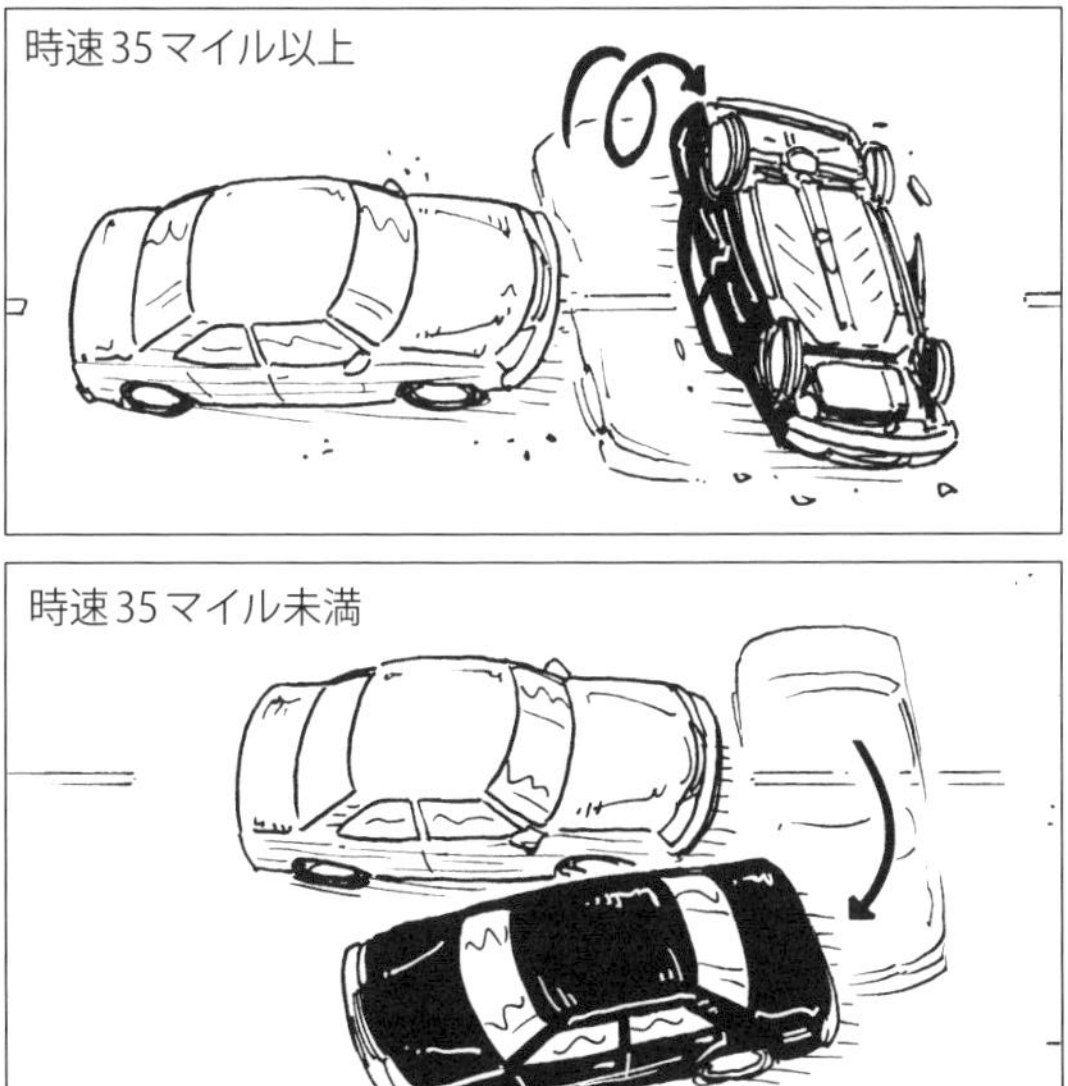

4　加速してその場から走り去る

071
銃を奪い取る——胸を狙われた場合

もし、暗がりからマスクをかぶった男が銃を持って現われ、至近距離で胸を狙ってきたら……普通に考えれば、手を上げて相手の言うとおりにするだろう。

ほとんどの場合、それがいちばん賢い選択になるはずだ。相手が財布や車を要求するなら、さっさとそれを渡して、相手が逃げるに任せればよい。

だが、攻撃者の目的が誘拐や銃を発射することなら、おとなしく言いなりになるわけにもいかない。それなら、戦って武器の掌握を試みるか？　無謀なようだが、これは思いのほか勝算のある戦法だ。

軍事訓練において、銃撃犯と丸腰のターゲットが登場する場面では、最初に行動した側がおおむね勝利を得る。

ターゲットが6～8フィート（約1・8～2・4メートル）離れたところから銃撃犯に向かって全速で走り寄り、相手が引き金を引く前に武器を奪う——それはあながち不可能なことではない。相手の予想外の行動にあたふたして、銃撃犯の反応が遅れるからだ。

しかし、敵から武器を奪うのはとても危険な技なので、エージェントは次の手順を使って、成功の確率を高める。

体を回転させて銃をつかむ——軸足を中心に体を回転させて、銃弾の通り道から外れ、敵の両手と銃の本体をしっかりとつかむ。

銃口を敵のほうに向ける——銃をねじって、銃口を敵の胸に向ける。

武器を奪い取る——そのまま続けて銃身を横に倒しながら、銃をもぎ取る。

銃を掌握する——敵の手から銃を奪い取ったら、すばやく後ろに下がり、銃がすぐに発射できる状態かどうか確認する。狙いを定め、敵が予備の銃を引き抜こうとしたら、いつでも撃てる状態にする。

1　軸足を中心に体を回転させて、銃を握った手をつかむ

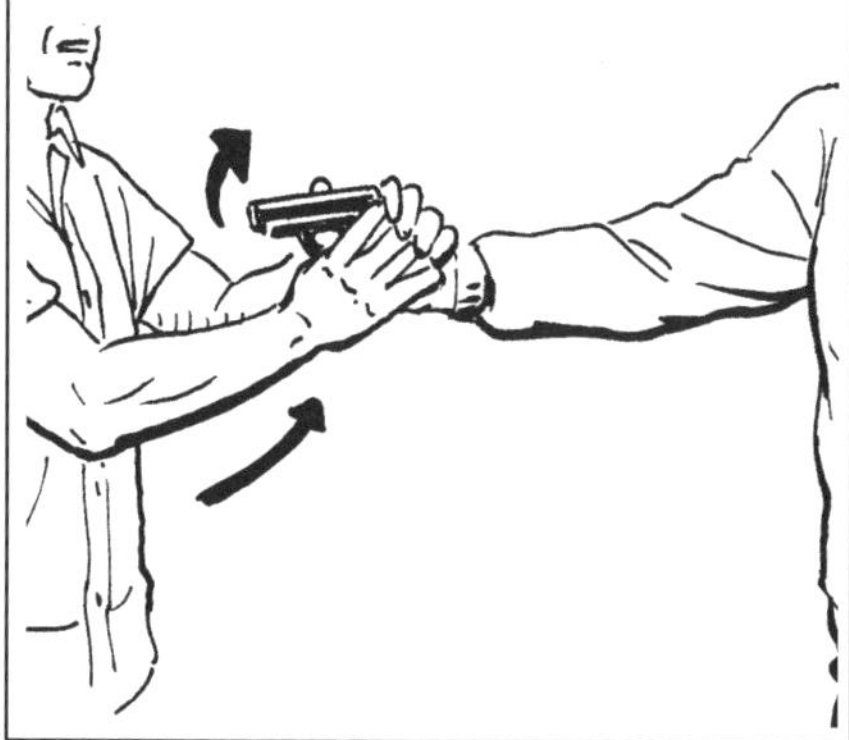

2　銃身を動かし、敵の胸に向ける

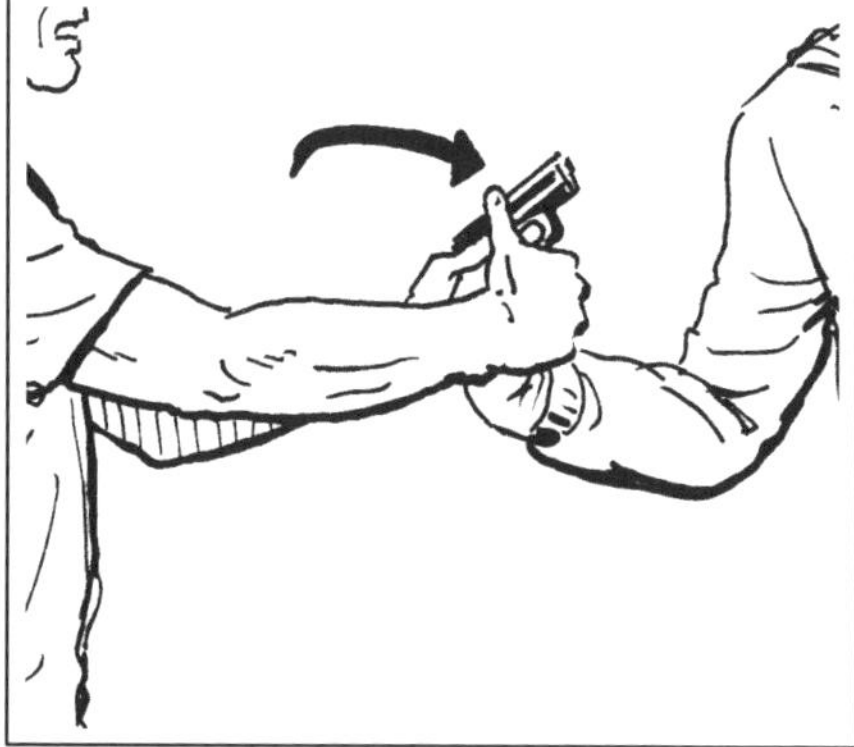

3　そのまま続けて銃身を外側へ向け、敵を自分のほうへ引き寄せる

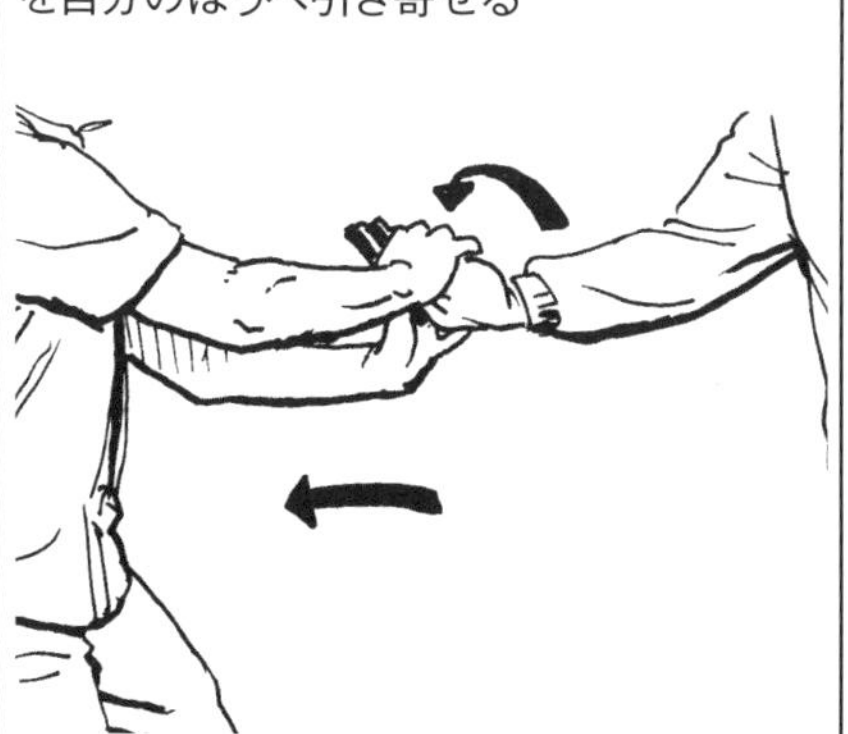

4　銃を奪い取り、周囲の状況を確認する

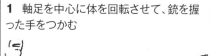

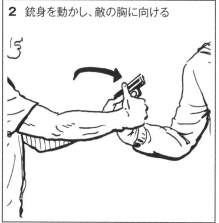

072 銃を奪い取る――背中を狙われた場合

不意打ちというのは、それだけで強力な武器になる。だから多くの犯罪者は、ターゲットの背後から忍び寄るのである。

ターゲットが車のフロントドアの鍵を開けた瞬間に、茂みから飛び出す。ターゲットが自動車のキーを探しているすきに、止めてある車の背後からそっと出てくる。あるいは、ターゲットが夜にＡＴＭを操作している最中に、暗闇からこっそり現われる。そして、ターゲットの背後から襲撃するのである。

相手の武器が見えないと、人間の体は本能的にこわばるものだ。だが、十分な訓練を受けたエージェントなら、たとえ背中に銃を押し当てられても、適切に対処することができる。

攻撃者が単に所持品を欲しがるだけであれば、相手の言うとおりにして、あとは逃げるに任せる――熟練のエージェントでも、これはひとつの選択肢である。

だが、誘拐されたり体を傷つけられたりする恐れがある場合は、とっさの反応で武器をもぎ取るのだ。

最初に、銃を背中で押し戻す。セミオートマチック（半自動式）のモデルであれば、この動作で、銃の点火装置が作動するのを防ぐことができる。

そして、足を軸にして体をすばやく回転させ、脇の下に銃をしっかりと挟む。片腕の自由を奪って、敵が意識を失うまで殴る。

1 敵が右利きか左利きかを判断する

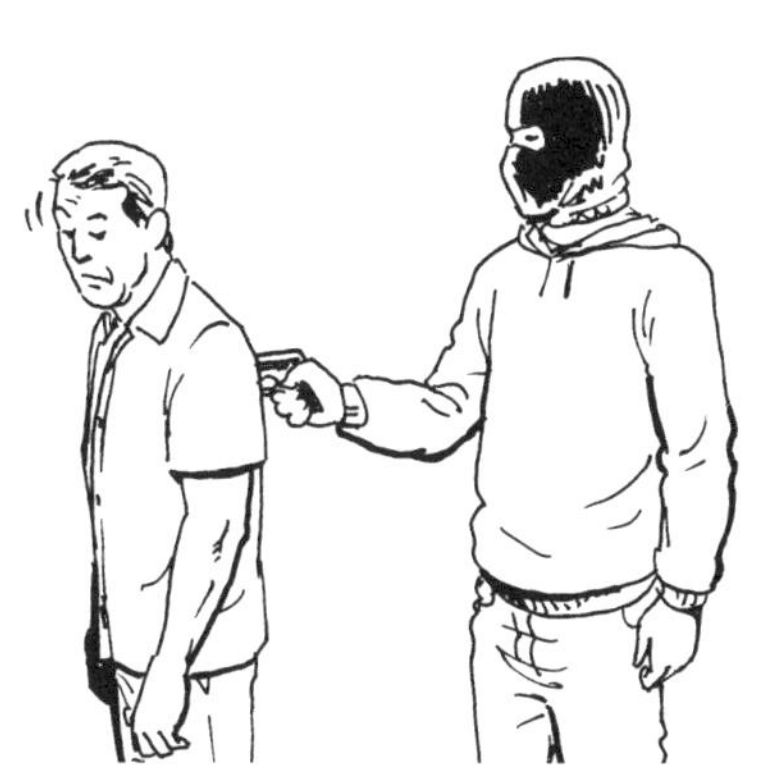

2 両手を上げ、背中で銃を押し返す

3 軸足を中心に内側に回転し、腕を振り下ろして、銃を持つ敵の腕を脇の下に挟む

4 銃を脇の下に挟んで動かせないようにした状態で、敵が意識を失うまで殴る。銃を奪い取り、周囲の状況を確認する

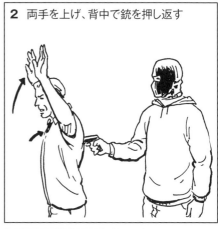

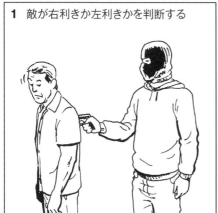

073
銃撃者の攻撃を切り抜ける

映画では、銃の乱射事件の場面でよく描かれるのは、銃を目の当たりにした被害者たちが、なすすべもなく身をすくめる光景だ。銃撃者の数よりターゲットの数がはるかに多い場合でさえ、そうなのである。

だが、歴史が物語るように、銃撃に直面して何も行動を起こさなければ、生存の確率は大幅に下がることになる。

銃撃者が一匹狼でもテロリスト集団でも、銃撃に遭遇した場合にとるべき戦術は3つ——すなわち「逃げる」「隠れる」「戦う」である。逃げるのが最初の選択肢であり、戦うのは最後の手段だ。

逃げる

銃撃者が相当離れた場所にいて、すぐ近くに逃げ道がありそうな場合は、逃げることを考えよう。所持品は残したままにし、頭の中の計画だけに集中して走る。

銃撃者とて、動く標的を撃つのは至難の業《わざ》である。だから、狙いが定めにくくなるよう、ジグザグに走る。銃弾から身を守ってくれそうな物体を探し、その陰に隠れながら移動するとよいだろう。

隠れる

建物から出るのが不可能であれば、次に考えるのは、いちばん安全な場所を探し、できるだけその場所に隠れるようにすることだ。

- 銃撃者から見えない場所に隠れる。携帯電話やその他のデジタル機器をサイレント・モードにして、音を立てないようにする。
- 部屋に隠れるなら、ドアに鍵をかけるか、バリケードをつくる。机、テーブル、書類ラック、家具、本など、使えるものはすべて使ってドアをふさぐ。ブラインドやカーテンを閉める。
- 銃撃者と自分たちとのあいだに、遮蔽《しゃへい》物を設けるようにする。ドアを閉めた部屋の中にいるのであれば、ドアから離れた場所で硬い物体の背後に隠れる（望ましい物体については32ページ参照）。

1 逃げる——身を守れる物体に隠れながらジグザグに走る

2 隠れる——隠れていても状況は把握すること。銃撃者から目を離さないこと

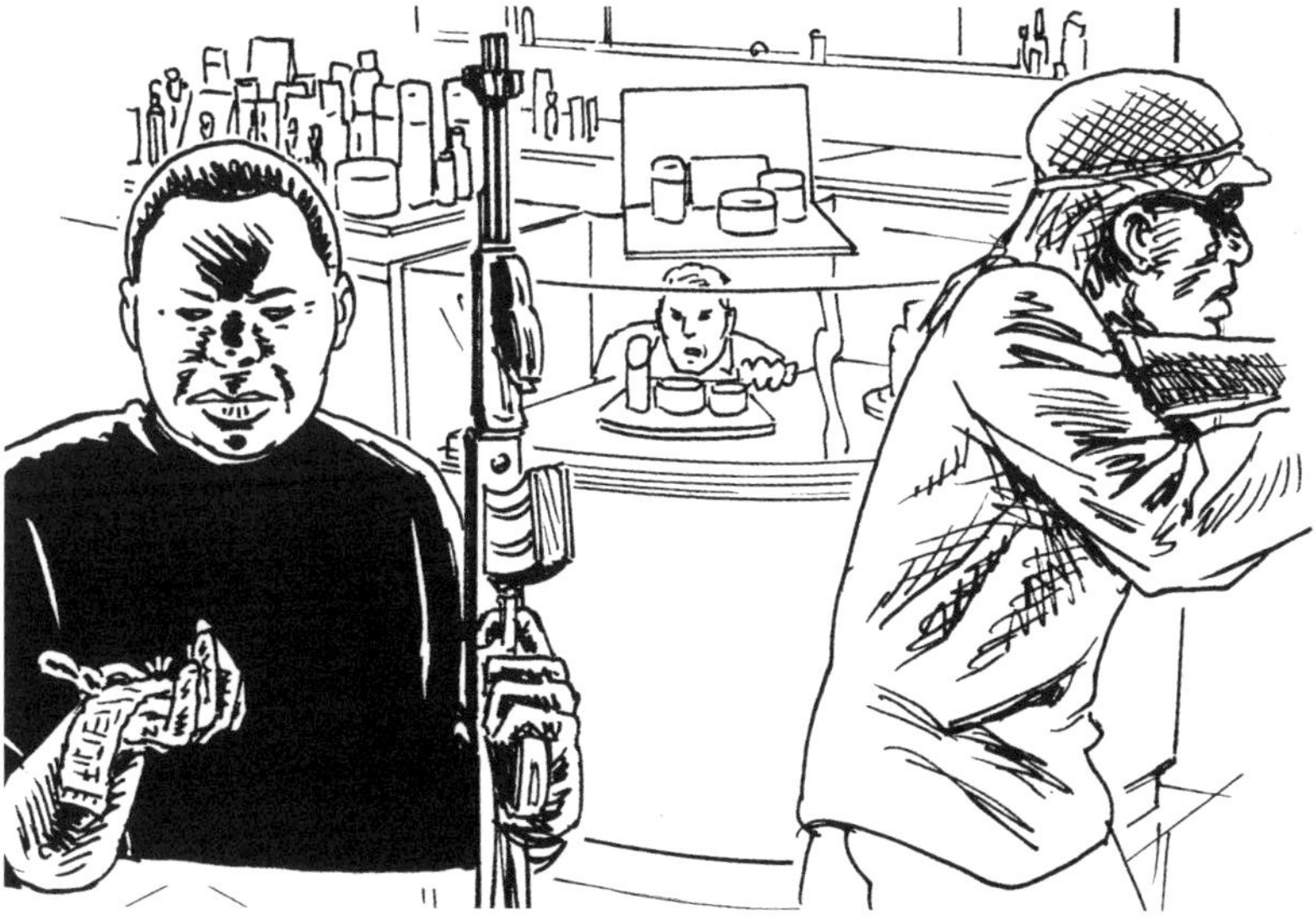

- 携帯電話、固定電話、Eメール、携帯メール、無線を使って助けを求め、現場まで来てくれる人を見つける。
- 怪我人がいて緊急を要する場合は、外に面した窓に合図となるものを置く。
- ドアを開ければどういう危険があるのかを、常に考える。ドアを開けて、大声で助けを求めるのは論外である。銃撃者がドアを激しく叩いたり、「身の安全は保障する」などと甘い言葉でドアを開けさせようとしても、決して開けてはならない。

斜めに跳ね返った弾丸は床に沿って跳ぶので、銃弾が飛び交っているときは床に伏せず、その場にしゃがむか、両手足を床につけ、這い進む。手榴弾《しゆりゆうだん》や爆発物から避難する場合は、床に寝そべる。その際、風圧で肺が破裂しないように口を開け、脳を守るために爆発する方向に両足を向け、両手で耳をふさぐようにする（194ページ参照）。

戦う

戦うのは最後の手段であり、万策尽きたか、ほかに選択の余地がない場合に限る。

だが、戦うことも重要な選択肢のひとつであることを忘れてはならない。特に、ターゲットの数が銃撃者よりも多い場合、武器を奪って銃撃者の動きを封じることは、十分に可能である。なぜなら、銃はいつなんどきでも、一方向にしか発射できない。一度に全員を撃つことは不可能なのである。

銃を見せて脅せば相手は服従する、と思い込んでいる銃撃者は多い。こちらが反撃すれば、不意をつくことにもなるだろう。

専門的な戦闘訓練を受けたことがない人でも、何かをすることはできる。特にターゲット側が集団で行動すれば、誰か1人が銃撃者の上半身を攻撃し、別の誰かが足を攻撃するということもできる。まず銃を奪い、それから銃撃者が何もできないようにすることだ。

- 体を使った攻撃で戦う。
- 手当たりしだいに物を投げつける。

・チームになって戦う。
・常に冷静に行動する。

銃撃者を殴るために、スポーツ用品や消火器など、手近にある硬くて重い物体を即席の武器として使う。洗剤、燃料、塩、コショウなど、可燃物や目くらましになりそうなものは何でも使って、銃撃者の目を一時的に見えなくする。殴るときは、銃撃者が意識を失って動かなくなるまで続ける。途中でやめてはいけない。

3 戦う――ほかの人とチームを組み、計画を立てて戦う

074 即席の「ガスマスク」をつくる

警察や機動隊が暴動鎮圧のためによく使用する催涙ガスは、世界で最もよく使われる非致死性の化学兵器だ。

催涙ガスには、目、鼻、喉、肌をヒリヒリさせる物質が含まれている。この物質が、激痛、焼けるような痛み、窒息による落涙、一時的な失明、水膨れ、吐き気などの短期的な症状を引き起こし、体を衰弱させるのである。

肉体的な影響だけでない。さらなる脅威がそのあとに待ち受けている。催涙ガスで苦しんでいるあいだに、集団で身柄を拘束される可能性があるのだ。

警察はその機会を利用して、動けなくなった群衆を無差別に逮捕するかもしれない。外国の政府が、欧米人の抑留者を政治交渉のネタとして使うこともある。

情勢が不安定な地域を訪れる旅行者にとって、これは他人事ではない。政府の弾圧に偶然巻き込まれるということは、とても現実的な問題なのである。

こうした暴力的な群衆統制に対する自衛手段としては、まず、第三者の動向に気づく研ぎ澄まされた感覚を持つことだ。

常識的に考えて、抗議者が集まるような地域は通らないようにする。もし、そのような地域を通っていて混乱の気配を感じたら、できるだけ早くその場を離れるようにする。

催涙ガスに襲われた場合に備えて、エージェントは、大きな空のプラスチック・ボトル、スポンジ、透明なガムテープを使って、即席のガスマスクをつくる。

つくり方は左図のとおり。清潔な水に浸したスポンジがフィルターとして機能するので、この装置を顔に貼り付けたら、ガスを完全に遮断できないまでも、一時しのぎの防護マスクとして使えるだろう。

1 大きな空のプラスチック・ボトル、スポンジ、透明なガムテープ、ハサミを入手する

2 図のように、ボトルから三角形を２つつなげて切り取り、目の部分は楕円形に切り取る。ふたは取り除く

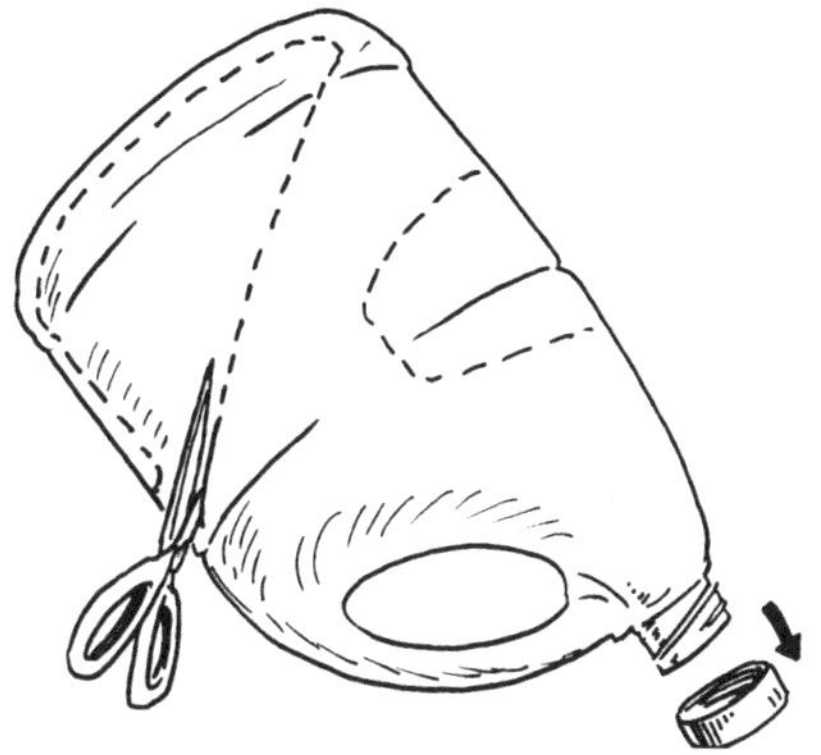

3 スポンジを清潔な水に浸し、ボトルの口の部分に押し込む。前側の目の部分をガムテープでふさぐ

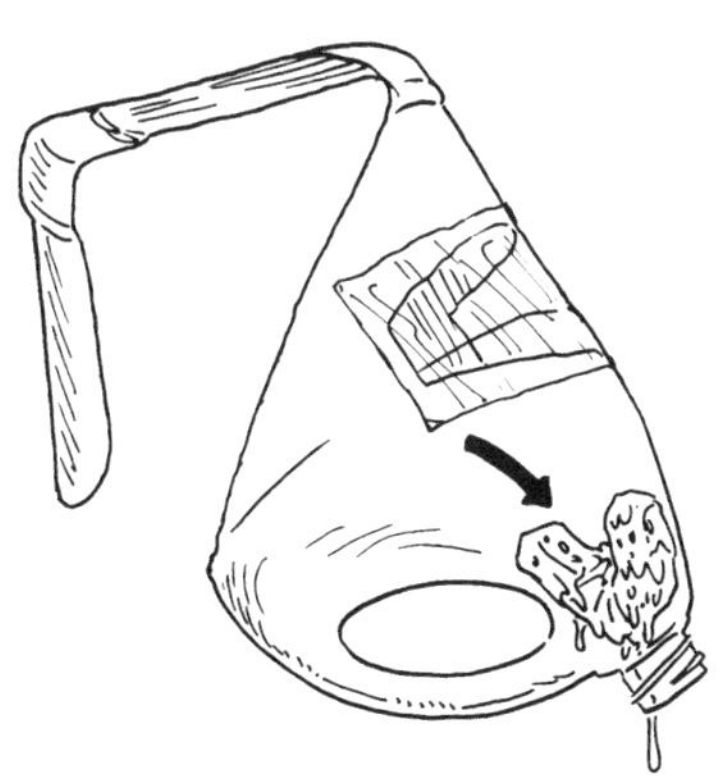

4 マスクの縁をテープで顔に貼り付け、ガスが入らないように密閉する

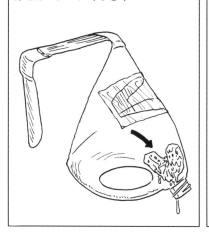

075 手榴弾を回避する

手榴弾は、かつては激しい戦闘地域でしか使われなかった。しかし現在では、市民の暴動はもちろんのこと、テロリストによる奇襲攻撃でもおなじみになってきた。

手榴弾攻撃を予測することはきわめて難しいが、受けるダメージはある程度軽減することができる。

手榴弾は、逆さになった円錐の形に爆発することがわかっており、タイプにもよるが、爆破による殺傷力圏内は半径6メートルにもおよぶ。ただ、衝撃から爆発まで数秒かかるので、近くにいる人は、この間に走って逃げることが可能である。

だが、立ったままの姿勢では、爆弾の破片を浴びることになる。身を守る盾になるようなものが3歩以内の場所に見つからなければ、手榴弾から離れるために、大きく1、2歩飛んで地面に伏せる。爆弾の破片が地面に沿って飛ぶことはまれなので、こうすると円錐形の爆発が届かず、ダメージが少ない。

伏せるときは、脳を守るために両足を爆破地点へ向ける。大腿《だいたい》動脈を守るために両足を交差させ、鼓膜が破裂しないように耳を両手でふさぐ。両肘をしっかりと胸につけ、口を開けて体の内外の圧力を一定に保ち、肺が破裂するのを避ける。

都市環境では、周囲の状況によって爆破の危険度が増すことを知っておこう。

手榴弾の爆発に建物のコンクリートと窓のガラスが加わると、二次災害、三次災害の危険がある。最初の爆発のあと、周囲で破壊された物体が飛んできて、致命的なダメージを受けることになるからだ。

1 身を守る盾になるものが3歩以内にあれば、その後ろに避難する

2 盾になるものがない場合は、爆破地点から大きく1、2歩離れて、地面に伏せる

3 適切な体勢をとる

076 心理戦を仕掛ける

犯罪者を長期にわたって監視するケースでは、事態が膠着《こうちゃく》して、打開の糸口が見つからないことがある。このようなときエージェントは、ターゲットの反応を引き出すために心理戦を仕掛ける。

ターゲットが「監視されているのでは？」という疑いを持ち、日常的な活動や仲間との連絡を最小限に抑えているとしよう。その場合は、被害妄想をあおることで、新しい情報を得られる可能性がある。

追い詰められたと感じるとき、ターゲットは誰に電話をかけるのか？――パターンを打ち破ることで、ターゲットの新しい行動や第三者の存在が明らかになり、視界が大きく開けるかもしれない。

監視状況における心理戦のテクニックは、手紙の投げ入れから「ソフト・アタック」までさまざまだ。そのおもな目的は、損害を与えるというより、恐怖心をあおることである。

「お前が何者か、わかっているぞ」というような匿名の手紙を投げ入れれば、ターゲットは不安感を募らせることになるだろう。自分は敵の大群に囲まれていて、すべて見透かされていると思い込むかもしれない。そして結果的に、仲間に助けを求める可能性もある。

嫌がらせをソフト・アタックに発展させることもある。例えば、火炎瓶（１８０ページ参照）を投げ入れたり、走行中の車から銃を乱射したりといった方法だ。こうした遠隔的な戦術を用いれば、単独行動のエージェントの仕業と悟らせず、大きな組織が後ろに控えているという錯覚を起こさせることもできる。

どういう手段を採るにしても、心理戦の最終目的は、ターゲットの現状認識をゆがめて、行動の変化を引き起こさせることにある。こうした間接的な戦術を用いることで、エージェントは敵に姿を見られることなく、より有利な立場で監視任務を続けられることになる。

1 手紙の投げ入れ

2 落書き

3 ソフト・アタック

PART 8
SANITIZATION

痕跡を消す

077
DNAを一切残さない

DNAサンプルは、ある程度の量があれば粘液や汗からも抽出可能だが、実際の科学捜査の鑑定では、もっぱら人体組織や皮膚細胞が用いられる。

そのため、最も凶悪な犯罪者は、全身を徹底的にこすり洗いして、はがれかけた皮膚細胞をこすり取る。これで、DNAの痕跡はほとんど落とすことができる。

また、頭のてっぺんから足の先まで、すべての毛を剃り、1本の毛髪のせいで正体がばれる危険を排除する。

ちなみに、切った毛髪から得られる鑑定結果は信頼性に欠けるが、毛根から抽出できる細胞には有益な遺伝子情報が含まれている。

同様に、エージェントが作戦を行なう場合も、現場にDNAの痕跡を残さないことが必須条件となる。

そこで彼らは、まず髪の毛を洗いながらブラシでとかすことから始め、それから下へ向かって全身を洗っていく。

次に全身を覆う衣服を選ぶ。以前に着たものであれば何度も湯洗いし、もしくは新品を購入する。素材はデニムやコットンがよい。最も巷《ちまた》にあふれた繊維なので、出所を特定するのが困難だからだ。

衣服を買うときは、現物に触れないように気をつける。衣服を棚から引き抜くときは、目的の衣服だけでなく、上下にある衣服もいっしょに引き抜いて購入する。実際に着る衣服には、手を触れてはいけない。

着替えるときには手袋をはめ、帽子をかぶって髪の毛を覆う。

作戦現場に到着したら、口と鼻を外科手術用マスクかフルフェイスのスキー用マスクで覆い、唾液や鼻水が飛び散るのを防ぐ。

現場では、必要な物以外、一切触れてはいけない。いったん汚してしまった場所を掃除しようとしても、それはやるだけ無駄である。最初から痕跡を残さないようにする。

作戦現場から無事に離れたら、作戦で着た衣類はすべて燃やす。これで痕跡はすべてなくなる。

1 はがれかけた皮膚の細胞と抜けた毛を落とすために、シャワーを浴びて全身をこすり洗いする

2 頭のてっぺんから足の先まで、体全体を覆う格好をする

3 作戦現場へ到着したら、口と鼻を覆い、粘液、汗、涙などを一切残さないようにする

4 必要な物以外には触れない

5 作戦終了後、身に着けた衣類はすべて燃やす

078 指紋を一切残さない

メディアは誇張して喧伝するが、指紋照合において2つの指紋が一致する確率は、実はそれほど高くない。これは、犯罪者にも警察官にも周知の事実である。

2つの指紋が同じだと断定するためには、指紋の「特徴点」が12個ないしそれ以上一致することが必要条件となる。「特徴点」とは、それぞれの指紋を固有のものにする畝《うね》、渦巻き、分岐点を指す。

指の動きや皮脂のせいで、指紋の形が不完全かつ不鮮明なことも少なくない。そうなると、指紋が一致する確率はさらに低くなる。

とは言っても、エージェントとしては、身元が判明するような証拠は残したくない。そのために徹底的な対策を講じるのである。

証拠隠滅作業で大切なのは、指紋を覆うことと、徹底的に道具を清めることである。これは、作戦行動の始めから終わりまで一貫した、長期にわたる作業となる。

現場に自分の痕跡を残さず立ち去ったとしても、逃走用車両や作戦で使った道具を徹底的に消毒しなければ、身元がばれて作戦を台なしにする危険もある。

準備の一環として、油分を分解する塗料用シンナーのような酸で、すべての装備（錠前破りの道具や武器など）をふいて消毒する。作戦に使う車両も徹底的に消毒する。

手袋も作戦の段階ごとに替えて、隠れ家から現場に至るまで、特定の繊維や物質を落とさないようにする。日中やオフィスでの情報収集の場合は、手袋が目立ちすぎるかもしれない。そんなときは、指紋の溝を強力瞬間接着剤で埋めたり、軽石で指紋を削ったりする。

長期にわたって指紋を消したい場合は、カペシタビンという薬を服用する。この薬品には、手のひらや足の裏に炎症が起きて水疱ができるという副作用があり、指紋がはがれ落ちることも期待できるのだ。

カペシタビンは、アメリカ以外の、医薬品規制のゆるい国で入手することができる。

1　白い綿の手袋をはめる。ゴムの手術用手袋は、内側から指紋を採取することが可能なので、避ける

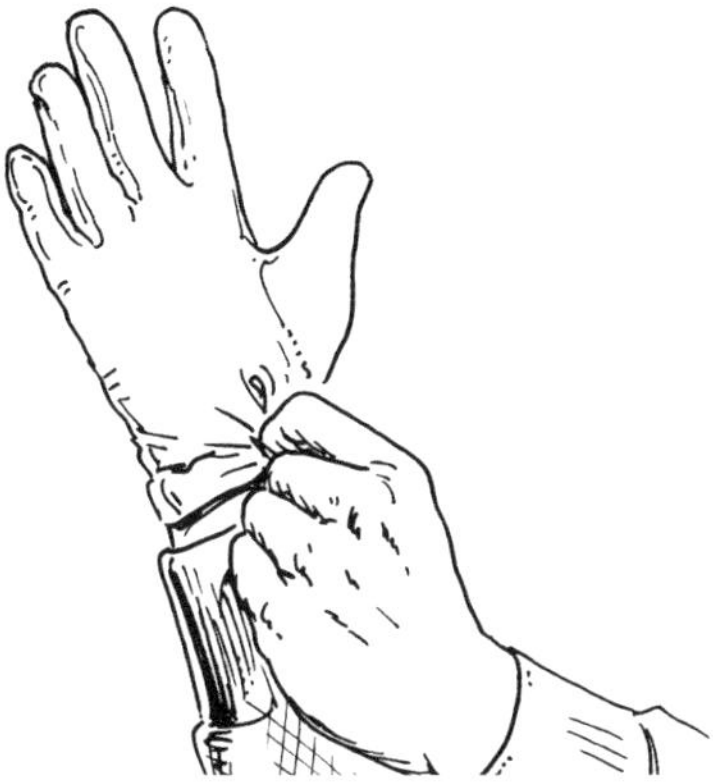

2　指紋に強力瞬間接着剤を塗る

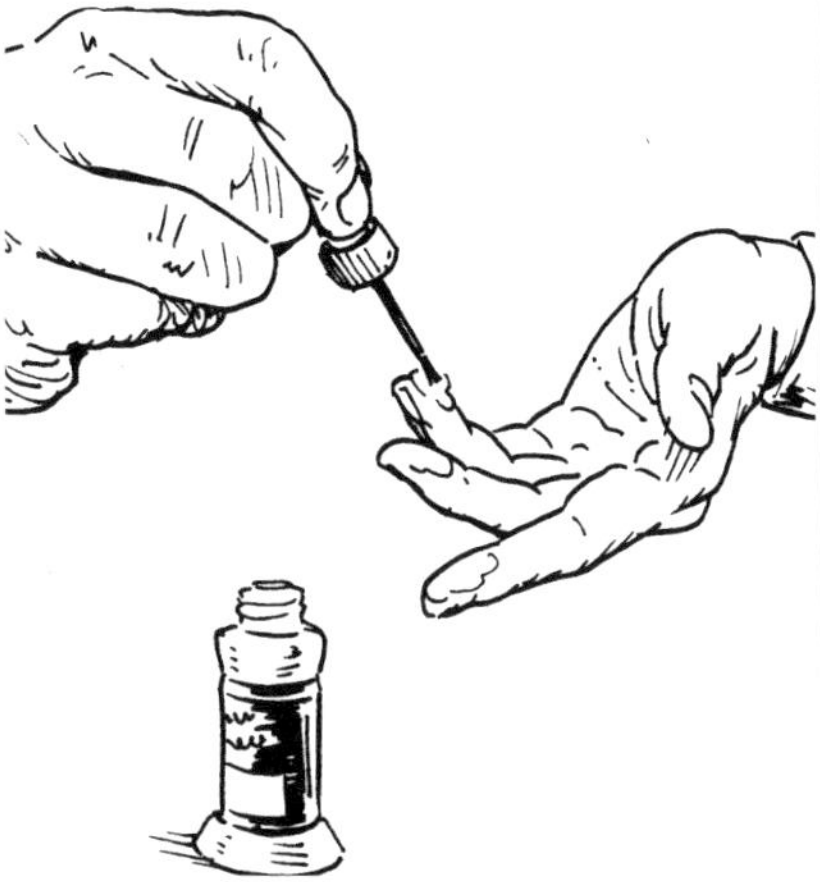

3　軽石で指紋を削る

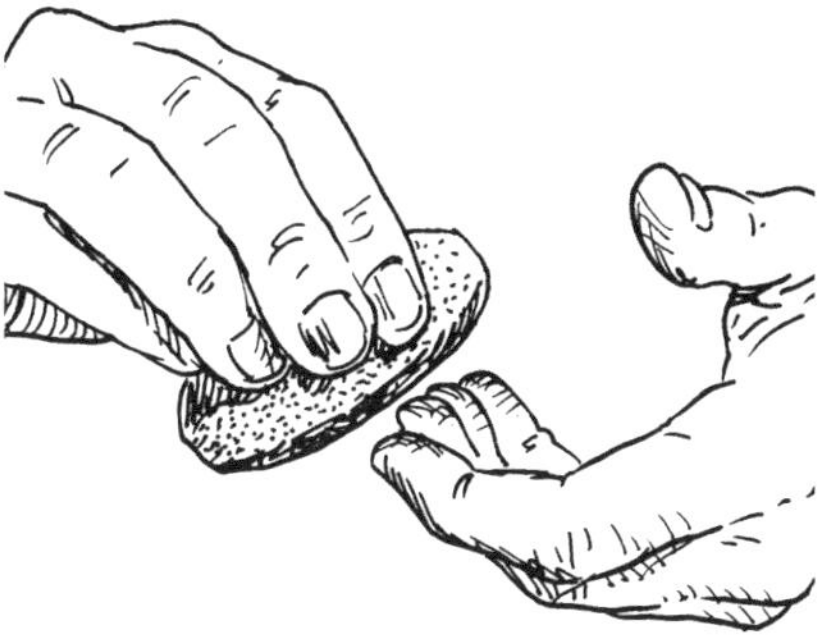

4　カペシタビンを服用すれば、副作用で指紋がはがれ落ちる

079
デジタルの痕跡を一切残さない

携帯電話はいわば「電子の鎖」であり、ターゲットのすべての行動を追跡するのに重宝な道具である。

逆に言えば、エージェントにとっても、携帯電話は最も危険な持ち物である。この情報管理の甘いデジタル手帳には、銀行口座へのアクセス履歴のみならず、家族や友人の個人情報まで記録されている。自分の伝記が書けるくらい、膨大な情報が蓄積されているのである。

通信会社が国の所有で、政府が管理している地域では、特に気をつけなければならない。外国の携帯電話を持ち込むと、外部機器として通信ネットワークから探知することができ、ますます追跡の対象になりやすくなるからだ。

したがって、自分の携帯電話は持ち込まず、現地で契約不要のプリペイド式携帯電話を購入するほうがよい。

電子機器を携帯して旅をする場合は、外部からの信号を遮断したり、機器自体の動作を停止させたりして安全を図る。

スマートフォン、タブレット、ノート型パソコンなどの機器は、アルミホイルでしっかり包んで密閉し、隙間をつくらないようにする。アルミホイルは4枚重ねる。高性能機器は、ありったけのバッテリーを消費して、出力先を変えながら信号を探すが、１枚や２枚のアルミホイルでは信号を通してしまうのだ。

もう少しスマートにやりたいなら、目立たない信号遮断用キャリーケース（「ゼロ・トレース」など）を使う手もある。二重の金属繊維がはめ込まれたこのケースは、ＣＩＡ（アメリカの中央情報局）の手法にのっとって、すべての信号を遮断する。

多くの携帯電話は、本体の電源を切っていても、小さな予備電池が作動している。そのため、信号を遮断する手段がない場合は、携帯電話からすべての電池とＳＩＭカードを外すことが唯一の保安対策となる。

電話の機種によってはそれも不可能なので、その場合は、自宅や隠れ家に携帯電話を置いて出かける以外に選択肢はない。

1　アルミホイルを４枚重ねて、すべての信号の送受信を遮断するケースをつくる

2　信号遮断用キャリーケース（「ゼロ・トレース」など）を使う

3　電源を切っても、予備の電池が搭載されている以上、本当の意味で電源を切ったことにはならない。携帯電話、タブレット、ノート型パソコンから、すべての電池とSIMカードを取り外す

4　携帯電話やその他のデジタル機器を家に置いて出かける

080 顔認証ソフトを欺く

活動中のエージェントが正体を偽るためには、ニセの身分証明書が大切な隠れ蓑になる。だが、エージェントがすでに外国政府から要注意人物としてマークされている場合は、国境や警備の厳重な検問所のデータベースに、顔写真が保存されているかもしれない。

画像をもとにした顔認証ソフトの進化は目覚ましいが、最新のソフトが相手でも、エージェントはこれを欺《あざむ》いて容易にすり抜けてしまう。

顔認証ソフトは、対象者の鼻、目と目のあいだのスペース、左右の目の大きさ、頬骨の形、顎、耳といった特定の基準点を、データベースにある既存の画像と比較する。簡単には変えられない骨の隆起部分の特徴を、重点的に利用するわけだ。

だが、これらの基準点となる部分を覆ったりあいまいにすれば、ソフトはその部分をほとんど認識しなくなる。

例えば、大きなサングラスや長い前髪を使って、額、眉骨、頬骨の一部を隠すことができる。帽子を深くかぶってうつむくと、顔に暗い影ができる。笑うと目の形が変わり、頬骨の肉が上がる。多くの国では、パスポートに無表情な顔写真を使うことで基準点を設定しているわけだ。

顔認証技術はもともと、ソーシャルメディアのプラットフォームが、画像にタグづけして分類するために使い始めた技術である。

ラスベガスのカジノでは、顔認証システムが頻繁に使われる。不正行為を働くギャンブラーに大儲けされるのを防ぐためである。

これから先も、顔認証システムはますます精巧になるだろう。いずれは、国境やＡＴＭから個人宅、職場まで、あらゆるものを守るために活躍するようになるかもしれない。

さらに、将来有望な血管認証技術は、顔の熱画像を撮影し、顔の静脈や動脈の位置を本人確認の情報として使う。ここまで来ると、もうほとんどごまかしようがない。

だが、今のところは、既存の技術に多くの欠陥がある。エージェントはそこを突いて、まんまと任務を遂行するのである。

1 野球帽をかぶり、うつむいたままでいる

2 軽く変装する

3 自分に不利な画像が登録されていないか、データベースをチェックする

081 指紋認証ソフトを欺く

指紋認証は、生体認証の中でも最も広範囲に使われている技術だ。

刑事司法制度から家電の領域まで、あらゆる分野に浸透しつつあるこの技術は、スマートフォンのロック解除や支払いの承認、ドアや金庫の防犯対策などにも利用されている。

その一方で、弱点も明らかになってきており、エージェントや常習犯罪者に付け入るすきを与えている。

エージェントが指紋を採取するのは、たいてい任務の終了後だ。例えば、爆破任務を終えた後に、「戦闘成果評価」のためにターゲットの生体情報を収集して、身元を確認する場合がある。その最も直接的かつ乱暴な方法は、ターゲットの指を切断することだ！

ターゲットの金庫や携帯電話のロックを解錠するのに指紋認証が必要な場合は、切断した指がそのまま利用できる。なぜなら本人の指紋なのだから！　もっと穏便な方法であれば、ターゲットの指紋の型を取り、指紋の複製をつくることも可能である。

「グミベア」の名で知られる、歯ごたえのあるキャンディーに指を押し付けるだけで、指紋の複製は簡単につくれる。

グニョグニョして粘着性のあるグミベアは、指紋を写し取るのに最適である。その軟らかさは人間の細胞と同じくらいなので、性能の低い指紋スキャナーを欺くのは簡単である。

安物のスキャナーは深度までは読み取らないため、指紋の模様の凸凹が逆になっているという事実を検知しない。つまり、グミベアに指紋が転写されるときに、尾根が谷になり、谷が尾根になっていることを識別できないのだ。

もっと高度な技術に対応しなければならない場合は、「シリーパティー」という粘土状のおもちゃとゼラチンを使う。

シリーパティーで指紋の型を取り、その型に液体状のゼラチンを流し込んで、ゼラチンがゼリー状に固まるまで待つ。これを注意深く型から外せば、指紋の複製のでき上がりだ。模様の形も深さも、本物とまったく同じである。

1 小さく丸めたシリーパティーか、丸めた型取り用の粘土をターゲットの指に押し当てて、指紋を採る

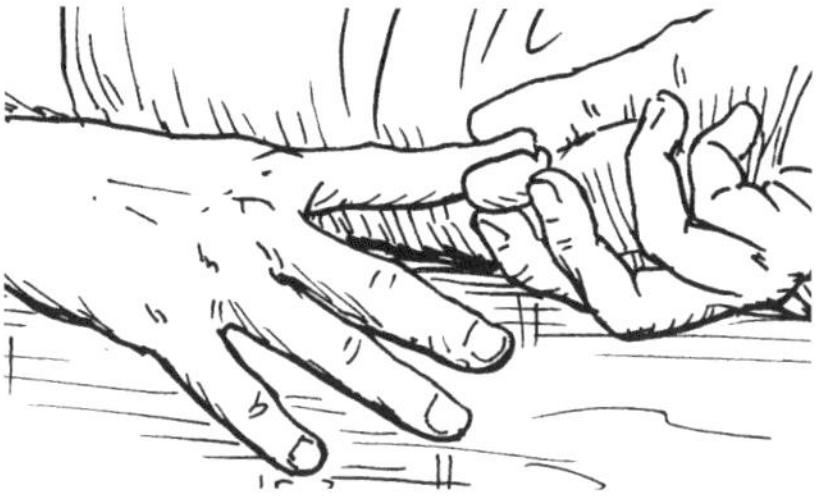

2 取った型を、冷蔵庫で冷やすか、冷凍庫で凍らせる

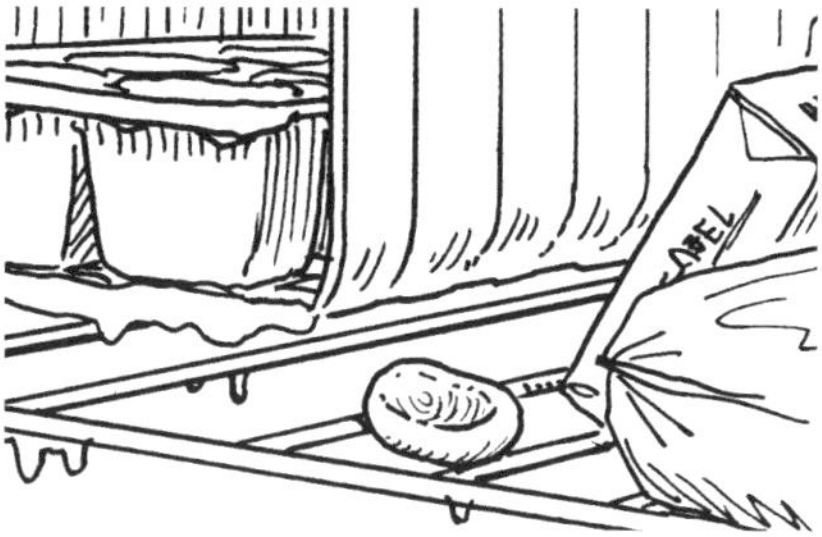

3 特別に濃厚なゼラチンをつくる

4 ゼラチンが冷えて粘度の高いゼリー状になったら、電子レンジで溶かし、再び冷やしてゼリー状にする。ゼラチンに気泡がなくなり、垂らすと濃厚なゴムのようになるまで、同じことを繰り返す

5 ゼラチンがゴム状になって気泡がなくなったら、もう一度溶かし、熱い液体状のゼラチンを指紋の型に流し込む

6 ゼラチンを入れた型を冷凍庫に入れる。数分でゼラチンが固まり、ゴム状の物質になる。ゼラチンを注意深く型から外せば、指紋の複製のでき上がりだ

082 すばやく変装する

スパイ映画の世界では、洗面所で髪を染めたりマスクを付けたりするのが、変装の定番だ。だが現実のエージェントは、そのような古くさい陳腐なまねはしない。

本当に効果的な変装を短時間でやりたいなら、いわゆる「変装」を実際に行なう必要はない。それよりも、知覚のトリックを使って、相手の錯覚を引き起こすのがよいだろう。

若干の小道具があれば、ビジネスマンを修理工に変えることができる。また、色のパターンが変われば、相手の視界から消えることも可能である。

エージェントは監視する者の心理をよく知っている。この知識を使って、監視の目をかいくぐるのである。

監視チームがターゲットを見張っているとき、彼らが本当に「見ている」ものは何なのか?特に、遠く離れた場所から見張っている場合、彼らが目で追っているのは、顔の特徴やヘアスタイルではなく「色の塊」である。視覚で大まかに存在を認識することにより、ターゲットの動きを追い続けているのだ。

時間とともに、ターゲットの衣服の色が監視チームの脳に刻まれる。そして無意識のうちに、相手を目で追うのではなく、着ている服の色を目で追うようになる。

彼らの予想を裏切る簡単な方法は、公衆トイレか試着室にすばやく入り込み、大急ぎで違う色の服に着替えることだ。白いデニムを着ていたのなら黒いデニムに取り換え、そのままドアから出ていけば、まず気づかれずにすむ。

監視チームの思い込みをうまく利用するもうひとつの方法は、最初に明るい色の服を着ることだ。そうすると、監視チームは見張るのが簡単だとわかって安心し、気がゆるむ。次に、立ち寄った場所から地味な色合いの衣服を着て出てきても、監視チームには見えていないも同然である。

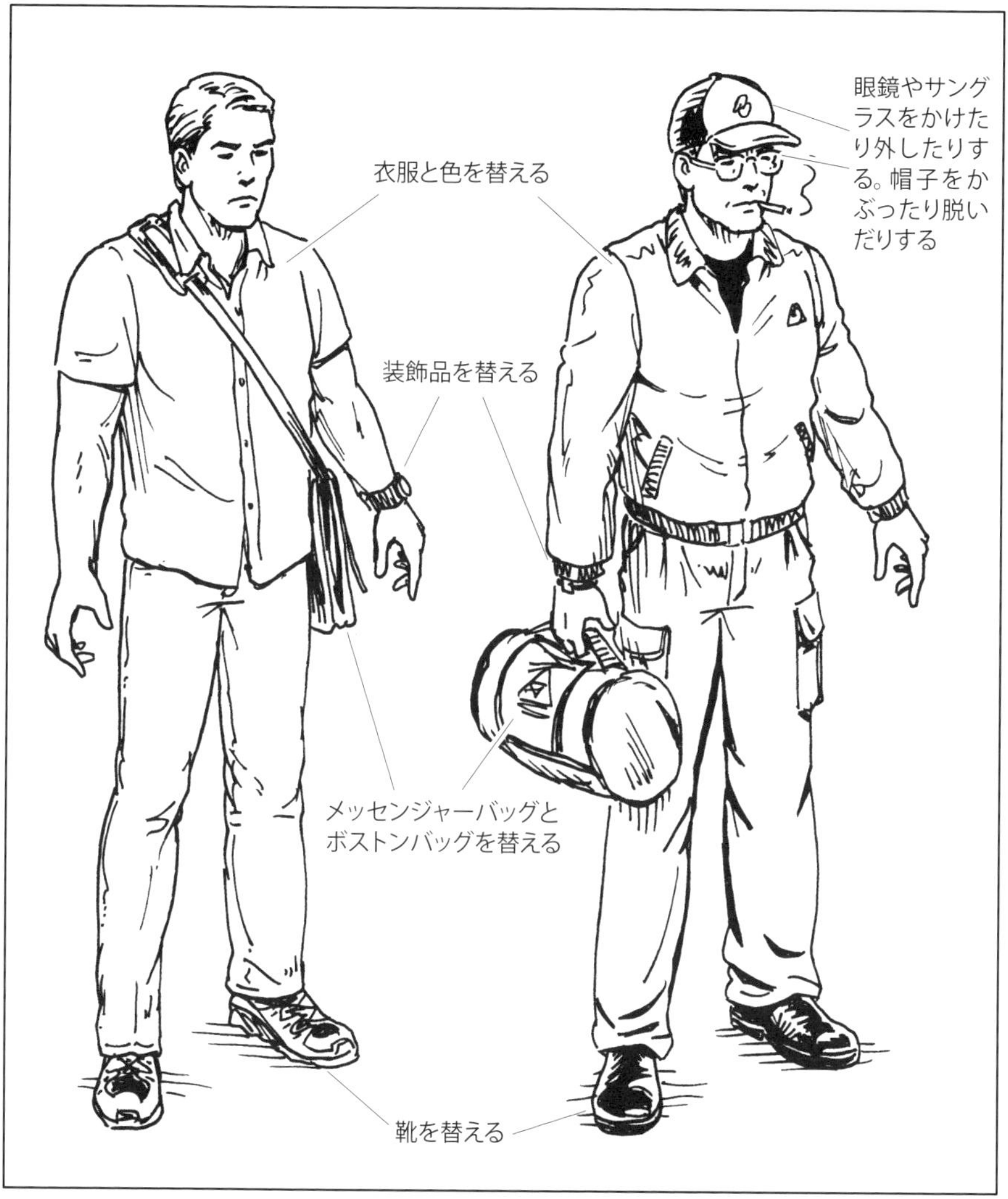
衣服と色を替える
装飾品を替える
眼鏡やサングラスをかけたり外したりする。帽子をかぶったり脱いだりする
メッセンジャーバッグとボストンバッグを替える
靴を替える

083
番犬の動きを封じる

ターゲットの自宅や職場を偵察したあとの報告書には、遭遇した動物についての詳細なレポートが必ず含まれている。

犬を侮《あなど》ってはならない。訓練を受けていない犬でも、物音に驚けば吠えるだろう。犬が吠えれば、飼い主は何かが起こっているのではないかと警戒する。不審者の侵入に気づく可能性もある。

どんな侵入計画を立てる場合でも、任務を遂行するあいだの「動物対策」を組み込む必要がある。どうやって犬の注意をそらすか、おとなしくさせるにはどうするか、といったことだ。特に発展途上国では、群れを成して通りをうろつく野犬にも警戒しなければならない。

番犬を殺してしまうのは、明らかな証拠を残すことになるので、得策ではない。そこで、動物を一時的に動けなくするとか、気をそらす戦術を用いる。

犬よけスプレーはそのひとつだ。これは唐辛子スプレーと同じもので、犬の目をヒリヒリさせたり、犬が極端に嫌がるにおいをまき散らしたりする。

缶に充塡《じゅうてん》された圧縮空気（電子機器のほこりを飛ばすのに使う製品）を、犬に向けて噴出する方法もある。缶を逆さにしてスプレーすると、ガスは液体になって噴き出し、瞬時に凍るのだ。鼻が凍った犬は、隠れる場所を求めて逃げていくだろう。

さらにもうひとつ、最も効果的な方法として、雌犬の尿を使う手がある（ただし番犬が雄の場合のみ有効）。

雌犬の尿を、犬の顔面か、侵入地点から離れた場所に噴きかける。どれほど十分に訓練された攻撃犬であっても、そのにおいは抗えない誘惑となり、気もそぞろになってしまう。侵入者のことなど、眼中になくなるに違いない。

1 アンモニアと水を１対１の割合で合わせた溶液を、犬の顔にスプレーする

2 圧縮空気を噴出して鼻を凍らせる

3 雌犬の尿を犬の顔面か、侵入地点から離れた場所に噴きかける

084 潜水の証拠となる泡を消し去る

エージェントが複雑な作戦を遂行する際、隠密裏に行動する方法のひとつとして、「潜水」を敢行することがある。

麻薬密売組織はその利点を熟知していて、何千キログラムもの禁制品を、潜水艦で世界中に運んでいる。なぜ潜水艦かというと、海底を取り締まるのは、ほぼ不可能だからだ。

海面を泳ぐと見つかるリスクが高いので、エージェントは海中深くに潜水して姿を隠し、ボートや桟橋、橋を奇襲攻撃する。

脱出する際にも、潜水は敵の不意を突く方法として活用できる。あらかじめ隠しておいたスキューバ・ダイビング用具を回収できたら、エージェントは大きく息を吸って水に潜り、その場から永遠に姿を消すわけだ。

スキューバ・ダイビングは作戦上、柔軟性の高い方法ではあるが、弱点も多くある。

まず、水に出入りする作業は複雑で難しい。特に単独で潜水する場合は、肉体的に大きな危険を伴うことになる。

また、時間の制約もある。水中には通常、3時間以上留まれないので、どんな作戦も、その制限時間内に行なわなければならない。

だが、ひとたび水中に入れば、見つかる危険はなくなる。たったひとつ、マスクから出てくる泡が、そこにダイバーがいることの証拠となる。もし泡の跡が残れば、波が穏やかな港では簡単に発見されてしまうだろう。

この泡は、ダイビング・マスクから性急に水を抜こうとした結果、水中に放たれるものである。周到なエージェントは、左図に示した方法を使って泡を消し去り、発見されることなく逃げおおせる。

1　頭を傾けて、水をマスクの底面にためる
2　手のひらの付け根を使ってマスクの上部に圧力をかけ、スカート（レンズの縁の部分）を顔に密着させる
3　反対側の手を使って、頬骨と口に近い位置でマスクのスカートをつまみ、隙間を開ける
4　鼻からゆっくり息を吐く。つまんで開けた隙間から水が出るとともに、マスク内の水の水位が下がり始める
5　もし空気が漏れたら、手ですばやくあおいで、泡を消す

085 死体を始末する

エージェントが暗殺を実行するときは、常にそれを事故のように見せかける。

具体的には、車を衝突させるとか、薬剤の痕跡が残らない注射を打つといった方法が採られるが、ときには事故を偽装できない状況に陥ることもある。自分の正体が暴露しかねないミスを犯す場合もあるし、任務の途中でたまたま居合わせた第三者に驚いて失敗する場合もある。

いずれにしても、暗殺を遂行したエージェントは、まず死体を始末しなければならない。ここでは、彼らが死体を闇に葬るテクニックを紹介する。

地面に埋める――「死体を横にして地面に水平に埋める」方法だと、痕跡が見つかりやすい。その点、垂直に掘った縦型の墓穴は、わずかな痕跡しか地上に残さない。墓の表面積が狭いということは、犬が嗅ぎ分けるにおいも少ないということだ。死体の身長よりも2フィート（約60センチ）深い穴を掘り、頭を下にして穴に入れる。そうすれば、最も悪臭を放つ臓器を地中深くに埋めることができる。

高温で焼く――死体の痕跡を完全に消す場合は、50ガロン（約190リットル）のスチール製ドラム缶を用意して、途中までジェット燃料を入れ、火葬場のような焼き場をつくる（ジェット燃料は無用心な個人飛行場から拝借する）。2時間ほど焼けば、死体は骨や歯まで灰になり、身元の確認がほぼ不可能になる。この方法は、大量の煙（昼間に気づかれやすい）と炎（夜間に気づかれやすい）を発するので、人里離れた場所で行なわなければならない。

海底に沈める――最も発見されにくい埋葬場所は、岸から遠く離れた海底だ。50ポンド（約23キログラム）のスチール製パイプ、レンガ、軽量コンクリート・ブロックなどの重りを用意し、穴を空けた建築用ビニール・シートで死体といっしょに包む。そうすると、空気を含んで浮き上がることもなく、死体を沈めることができる。金網でビニール・シートを上から包んで固定すれば、死体が海洋生物に食いちぎられるのも防げるし、時間とともに腐敗しても、一部が海面に浮いてくることはないだろう。

1 地面に埋める

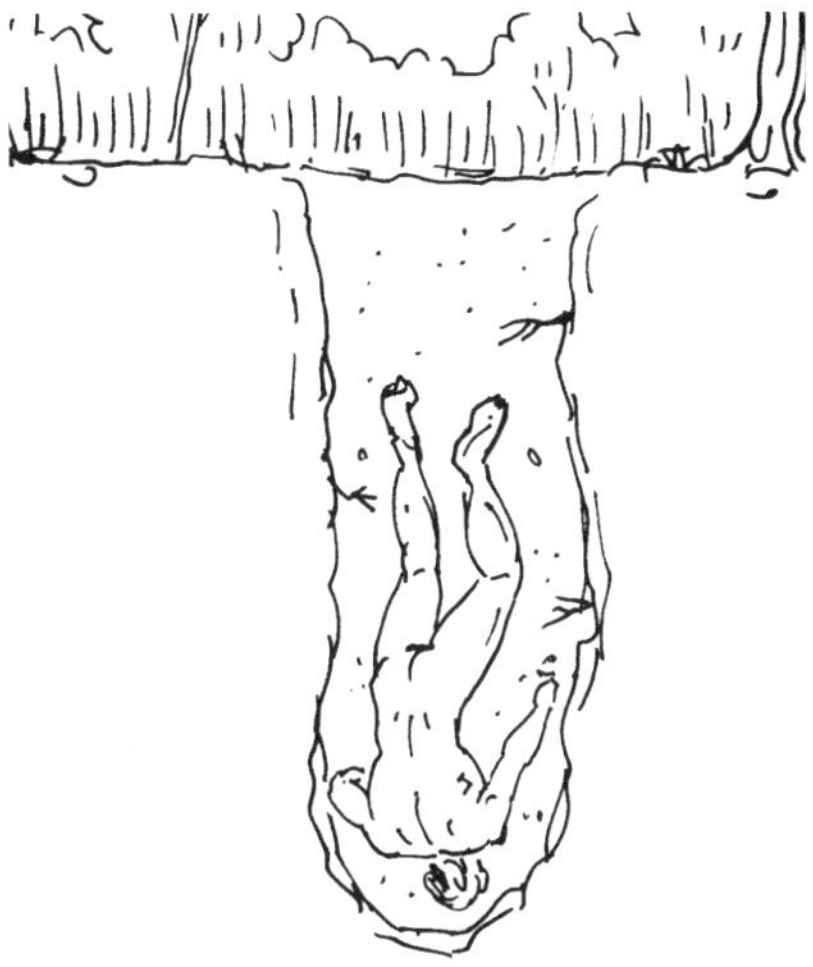

2 高温で焼く

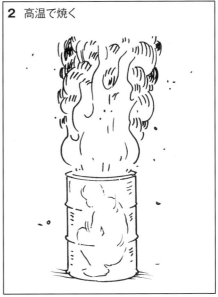

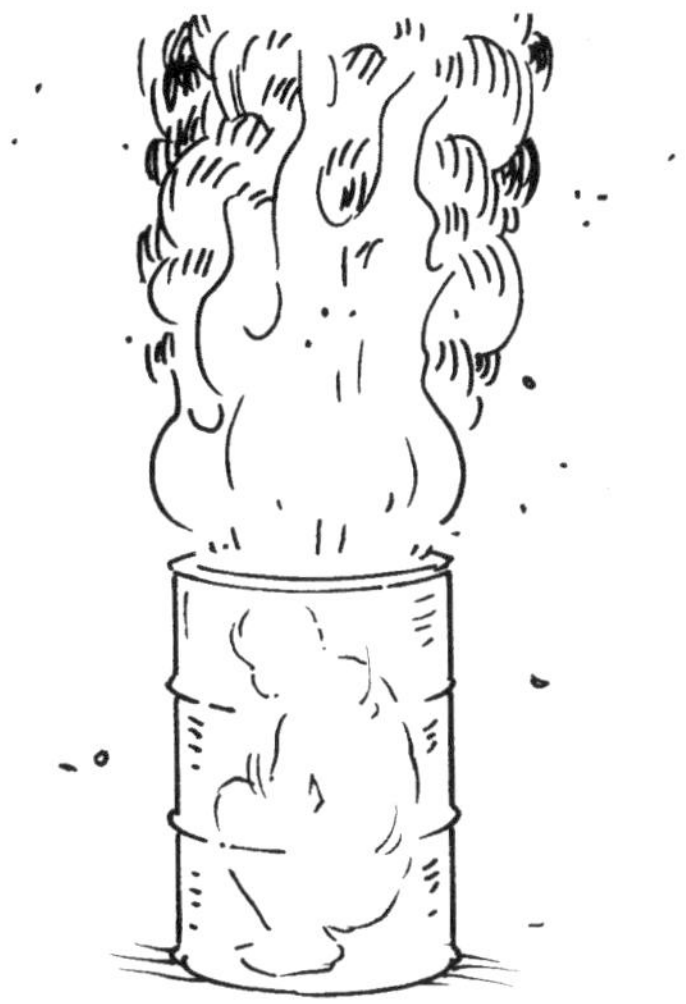

3 海中に沈める

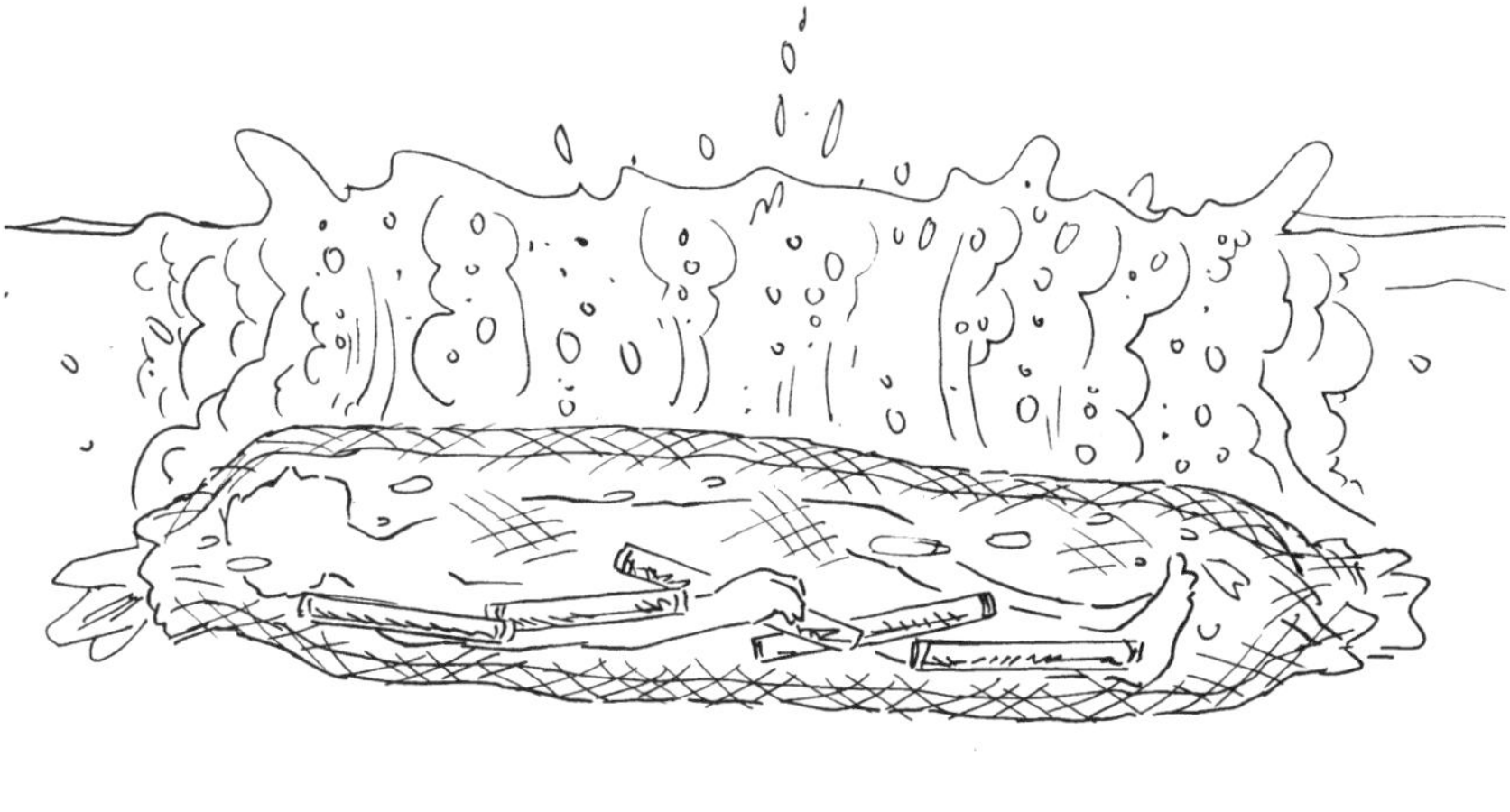

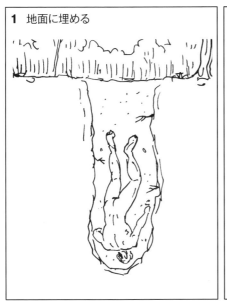

PART 9
EXFILTRATION AND ESCAPE

絶体絶命のピンチを脱する

086
「降下用ハーネス」をつくる

1枚のシーツでつくる懸垂降下用のハーネスは、即席のロープ（222ページ参照）とともに、建物からすばやく安全に脱出するための重要なアイテムとなる。

また、建物の外壁を伝ってターゲットの部屋へ侵入するときに使うこともある。

任務を達成したら、エージェントは姿を消し、使ったシーツは捨てられる。このシーツは、ホテルの部屋から無断で持ち出したり、偽名で購入したものなので、出所も持ち主もわからず、「足がつく」恐れもない。

大人にちょうどよい大きさのハーネスは、キング・サイズのシーツでつくる。子ども用のハーネスなら、シングル・サイズのシーツを使うとよい。

ハーネスをつくるのに適した素材としては、そのほかに1インチ（約2・5センチ）幅のナイロン製チューブラー・テープ（クライミングなどで使用される紐）、貨物用の紐、家具のカバー、建設現場で使うビニール・シートなどがある。

ハーネスは、ロープを使って下降するときに補助安全装置として身に着ける。ロープから手を滑らせたとしても、ハーネスが落下を食い止めてくれるのだ。

このハーネスは思いのほか安全かつ頑丈で、3分以内で簡単につくることができる。3つの「つなぎ止めポイント」があって、これを即席ロープにしっかり固定する。これによって、もし輪のひとつが切れたとしても、重力と張力によって、残りの2つが確実に体を支え続けてくれる。

安全な降下用ハーネスの条件は、しっかりとした結び目をつくること、そしてロープの長さを適切に設定することである。

ロープが長すぎると、ハーネスの意味がなくなる。ロープから手を放した場合、バンジー・ジャンプのように、地面から数メートルの高さで「はじかれる」ことになるだろう。

1　キング・サイズのシーツを使えば、大人用ハーネスに必要な長さが取れる

2　シーツを対角線で半分に折り、三角形の底辺から頂点に向かって丸める

3　スクエア・ノット（本結び）で両端を結ぶ。できた輪を、床の上で三角形にする

4　三角形のひとつの頂点が前にくるように、三角形をまたいで立つ

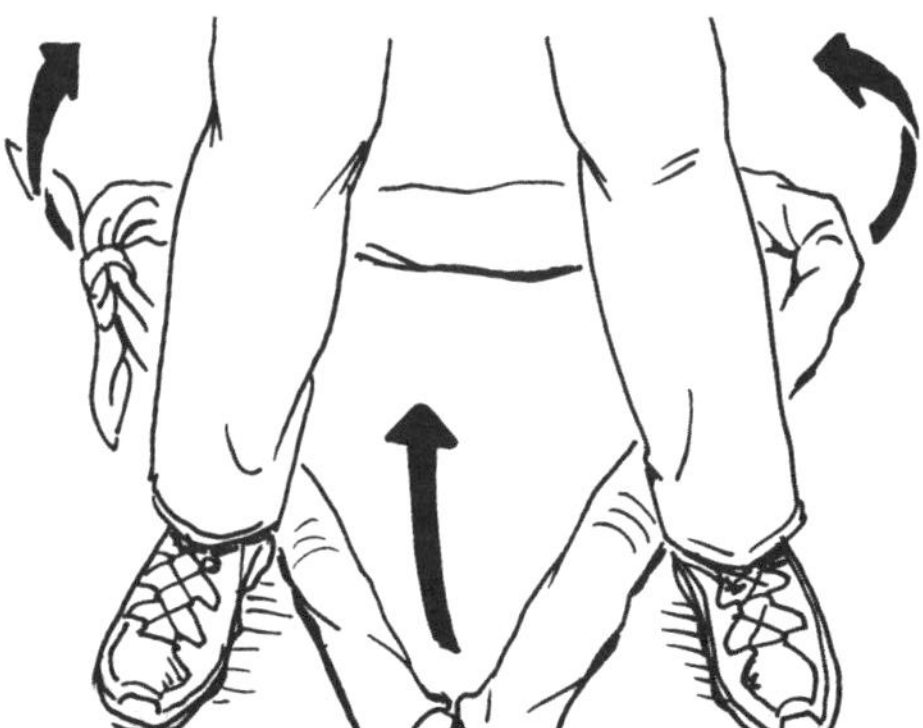

5　股のあいだと腰まわりに引っかけるように、三角形の3つの頂点を引き上げる

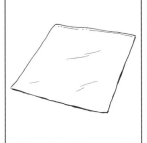

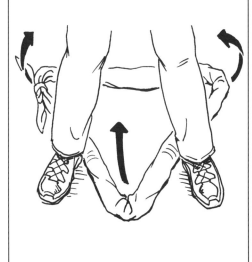

087 多層階のビルから脱出する

映画のアクション・ヒーローは、未来型のハイテク装置と技術を駆使して、超高層ビルの外壁を上り下りする。だが、現実世界のエージェントが頼りにするのは、かなり質素な普通のベッドシーツである。

シーツで安全なロープをつくる方法を学べば、多層階のビルで火災や監禁にあったとき、すばやく脱出する手段を確保することができる。

即席の道具が店で買う既製品よりも高品質なことはよくあるが、織り目の細かいシーツは実際、並みのロープよりも丈夫である。たった1枚のシーツで、何十キロもの体重を支えることができるのだから（強度は織り目の密度に比例して高くなる）。

ホテルで宿泊手続きをするときは、キング・サイズのベッドがある部屋を要求しよう。キング・サイズのシーツであれば、布面積が大きいので、より長いロープをつくることができる。

部屋に入ったら、受付に電話をかけて、追加のシーツを頼む。建物の1階分の高さは約10フィート（約3メートル）で、1枚のキング・サイズのシーツからは長さ12フィート（約3・7メートル）のロープがつくれる。これを目安にして、窓から下降できるだけのシーツを確保しよう。

ロープの片方の端はアンカーに結び付ける。アンカーとして選ぶ物体は、壁に固定されているものか、窓の面積よりも大きい物体、また下降する人間よりも重いものでなければならない。例えば、ベッド、大型のドレッサーやテーブル、重い長椅子などがよいだろう。

これらが使えない場合は、椅子にロープを結んでドアの向こうに置き、ドアを閉めて椅子が引っかかるようにすれば、その場をしのげる。

シーツとシーツをスクエア・ノット（本結び）で結んでつなぐ。重みがかかると結び目が締まるので、結び目の端は少なくとも1フィート（約30センチ）残すようにする。

火災から逃れる場合は、使用前にシーツを濡らし、アンカーは必ず燃えにくい物体にする。ロープを降下用ハーネス（220ページ参照）と組み合わせれば、安全性はより高まる。

1 キング・サイズのシーツを何枚か使ってロープをつくる。シーツの端を、ベッドの枠や、大きくて重たい物に結び付ける

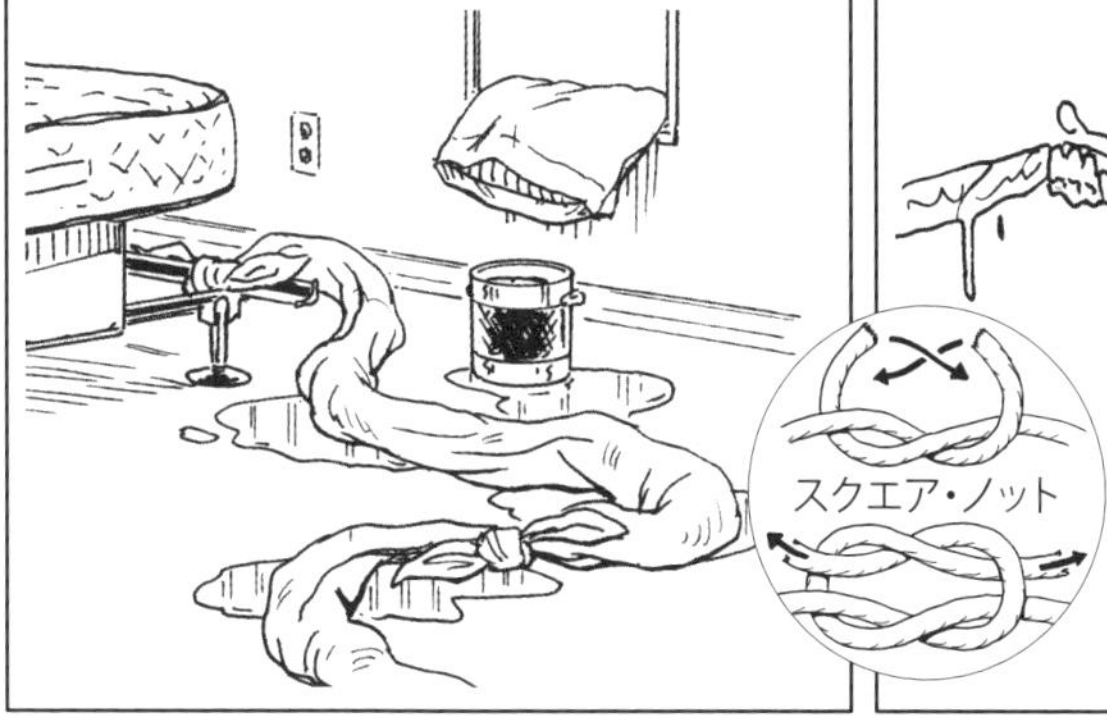

2 即席の降下用ハーネスをつくり、ロープの末端を、ハーネスの３つの輪すべてに通す

3 ハーネスの輪に通したロープの末端を結ぶ。結び目を引っ張って締める

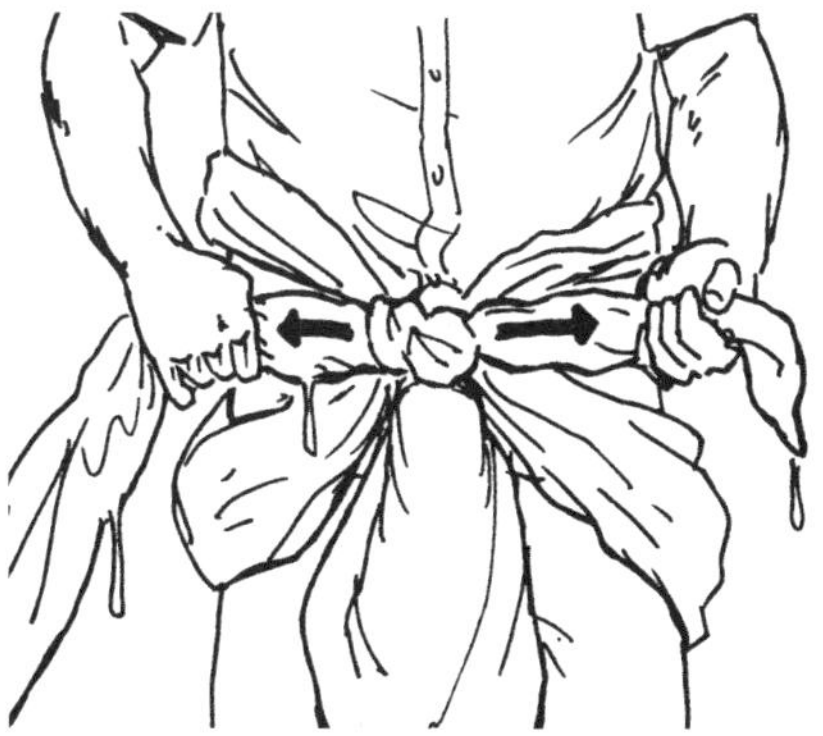

4 窓枠とロープのあいだに枕かタオルを敷き、摩擦を減らす

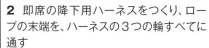

088
水中に投げ込まれても生き延びる

エージェントが敵の領地で捕まった場合、生きて帰れる確率は限りなく低い。裁判にかける代わりに「抹殺される」ことも少なくない。

そのためにエージェントは、絶対に外せない拘束具を手足につけられたまま脱出する訓練をするのだ。陸上だけでなく、水中での訓練も必須である。

手足を縛られて海に投げ込まれたら、普通なら溺死するしかないだろう。だが、十分な訓練を受けたエージェントは、そんな状況でもあきらめず、いくつかのスキルに頼って、生き延びる方法を模索する。岸にたどり着くまで、何とか命をつなぐのだ。

水中で生き残るために最も重要なことは、いかに呼吸をコントロールするかである。

肺を空気で満たせば、人間の体は浮く。そのため、深く息を吸い、すばやく吐くことが大切になる。淡水で浮くのはさらに難しいが、できないことはない。

いちばん避けなければならないのは、パニックを起こすこと。パニックを起こすと過呼吸になりかねないからだ。

拘束具をつけたまま呼吸するのは、難しいかもしれない。だがエージェントは、いかなる状況下でも、体を巧みに使って不可能を可能にしてしまう。

水深が浅ければ、水の底から跳ね上がる方法（左図参照）を使って岸まで移動する。いったん沈んで、海底や湖底を蹴り、その勢いで水面まで浮き上がり、息を吸うのだ。

水面に浮いているときや、岸に向かって泳いでいるときは、うつ伏せの体勢から海老反りになって、顔を水面から上げるようにする。前に進む場合は、後方に足を蹴る。

ただ荒れた海では、海老反りだけで顔を水面から出すのは難しい。その場合は、体全体を回転させて仰向けの姿勢になり、息を深く吸う。そして、再びうつ伏せの姿勢に戻って、泳ぎ続ける。

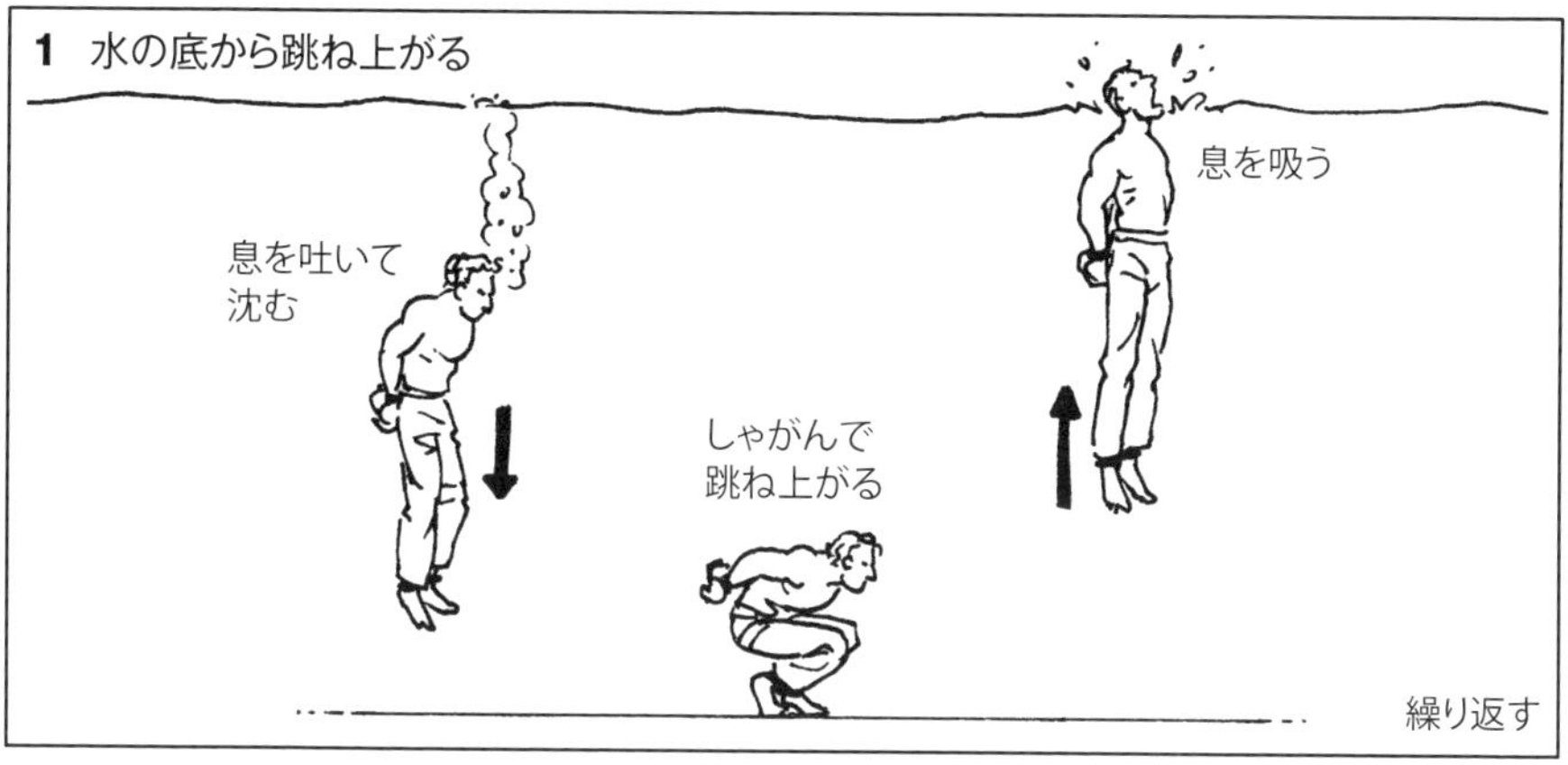
1　水の底から跳ね上がる
息を吐いて
沈む
しゃがんで
跳ね上がる
息を吸う
繰り返す

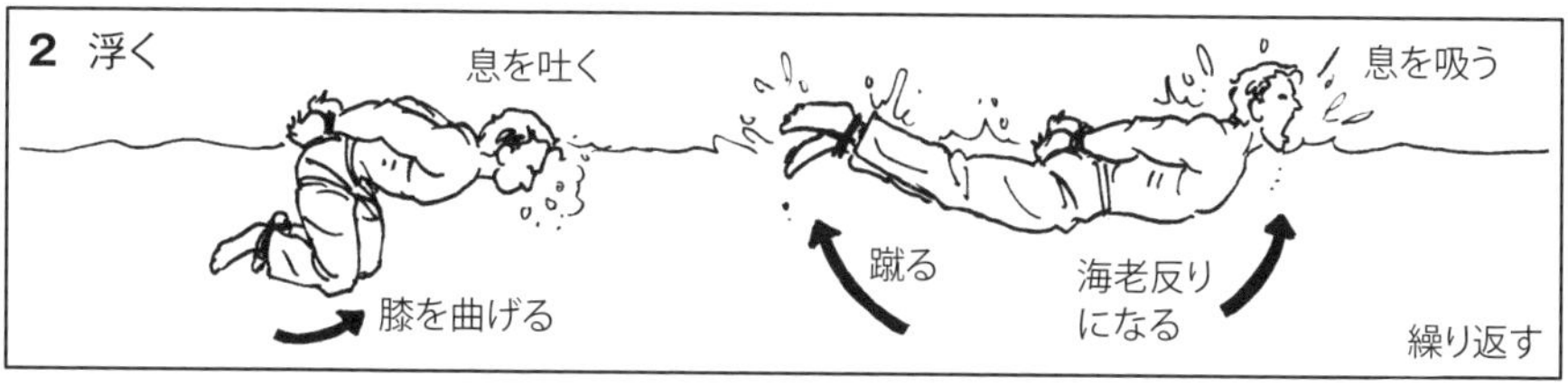
2　浮く
息を吐く
膝を曲げる
蹴る
海老反り
になる
息を吸う
繰り返す

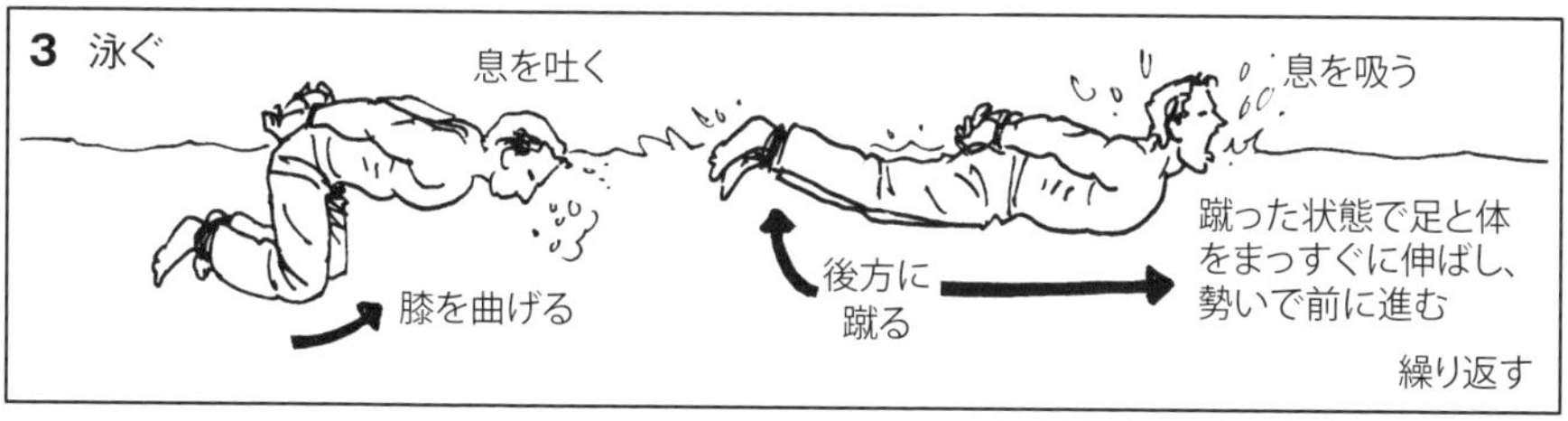
3　泳ぐ
息を吐く
膝を曲げる
後方に
蹴る
息を吸う
蹴った状態で足と体
をまっすぐに伸ばし、
勢いで前に進む
繰り返す

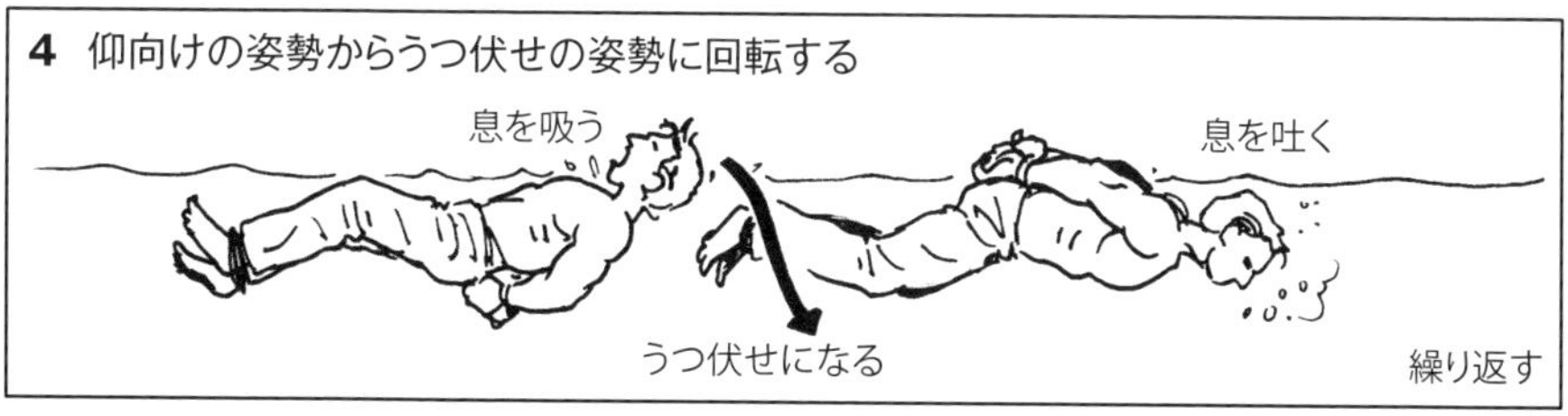
4　仰向けの姿勢からうつ伏せの姿勢に回転する
息を吸う
うつ伏せになる
息を吐く
繰り返す

089 自動車のトランクから脱出する

エージェントの任務地は、戦闘状態にある国、あるいは政治的危機に陥っている国やその近隣諸国が多い。そのため、身代金目当てに誘拐《ゆうかい》される危険性も高い。

誘拐が、任務妨害のための計画的な企てである場合もあれば、たまたま悪い場所に居合わせた結果ということもある。政情不安定な地域を旅行する一般の人々も、同じ危険に直面する可能性がますます高まっている。

旅行者の日程の中で、最もすきが生まれやすい瞬間は、一日の始めにホテルを出発するときと、一日の終わりにホテルへ戻ってくるときだ。だが、白昼堂々、交通事故を装って路上で誘拐する犯行グループもいる。彼らがよく使うシナリオは、次のようなものだ。

追突する——誘拐犯がターゲットの車に後方からぶつかる。ターゲットは損害を確認しようと車の外に出て、気がつけば車のトランクの中にいる。

善意に付け込む——誘拐犯自身が、車にトラブルが発生して困っているようなふりをする。ターゲットは手を貸そうと車を駐《と》め、気がつけば車のトランクの中にいる。

逃げ場をふさぐ——誘拐犯はターゲットを監視して、家まで尾行する。ターゲットが家の前の車寄せに入り、門が開くのを待っているとき、誘拐犯はターゲットの後方に車を駐め、ターゲットの車が動けないように道をふさぐ。ターゲットは、気がつけば車のトランクの中にいる。

どのシナリオでも、ターゲットは最後にはトランクに監禁される。だが、ずっとその状態で居続ける必要はない。

時間をかけて、車のトランクの仕組みがどうなっているか理解し、弱点を探して、それをどう利用するか考えよう。トランクに閉じ込められた場合は、必ず脱出用の道具に手が届く姿勢を取るようにする。

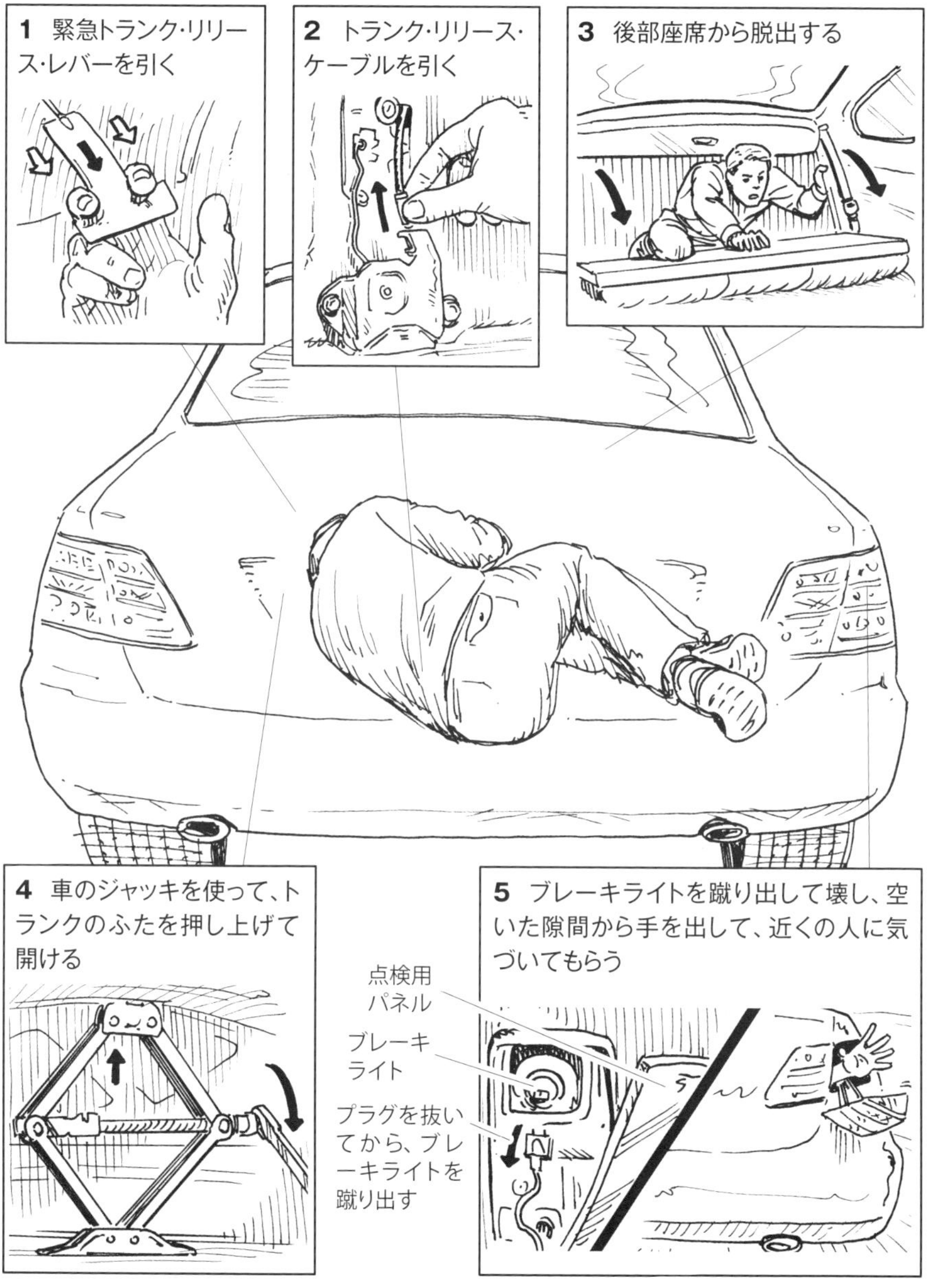

1 緊急トランク・リリース・レバーを引く
2 トランク・リリース・ケーブルを引く
3 後部座席から脱出する
4 車のジャッキを使って、トランクのふたを押し上げて開ける
5 ブレーキライトを蹴り出して壊し、空いた隙間から手を出して、近くの人に気づいてもらう
点検用パネル
ブレーキライト
プラグを抜いてから、ブレーキライトを蹴り出す

090
逃走ルートを確保する

脱出道具を安全な場所に隠すのは、任務の準備において不可欠な作業だ。

だが、逃走する際に最も重要な道具は、くさびでもコンパスでもなく、入念に計画された緊急逃走ルートである。予期せぬ事態が起こったら、身の安全を確保して、作戦地域から確実に脱出しなければならない。

主要逃走ルートと、その代替ルートを決めるのには、数週間から数カ月かかる。その地域についての膨大な知識の蓄積が必要だからだ。

エージェントは、すばやく移動できて目立たない逃走ルートを選ぶために、道路を調べつくす。徹底的な調査を経て、安心して通れる地域と避けるべき地域を特定する。

尾行されたり、待ち伏せされたりする危険も想定する。また、第三者に目撃される可能性が最も低い道、行き止まりや検問所、交通渋滞のほとんどなさそうな道を探す。

さらに、主要ルートから代替ルートへの中継ルートも考え、尾行や通行止めに遭遇した場合の第2の選択肢も用意しておく。

逃走ルートが確立したら、一時的な拠点や隠れ家を決める。夜間に移動し、昼間に休憩するための中継点である。

移動距離と速度、周辺地域で調達可能な生活必需品を考え合わせて、食料や水といった生命維持のためのアイテムを詳細に計算する。そして準備したアイテムを、逃走ルート沿いのあらかじめ決めた地点に隠す。

隠し場所のそばに、乗り換え用の車両を隠してもよい。そうすれば、尾行をまくこともできる。仲間に会うための結集地を設定し、情報やその他の有用な物品を渡すことも可能だ。

パスワードで保護されたGPS装置に逃走ルートの情報を入力して、逃走用バッグの中に入れておけば、作戦上の保険として効果的である。逃走ルートは複雑で細かいほどよい。

緊急脱出作戦で何よりも大切なのは、事前の調査と細部への配慮である。それによって、完全武装した追跡者にも打ち勝つことができるのだ。

1 結集地、隠し場所、代替交通手段（徒歩から自動車、公共交通機関など）、一時的な拠点や隠れ家へつながる逃走用の道路を調査する

2 主要ルートおよび代替ルートを確立する

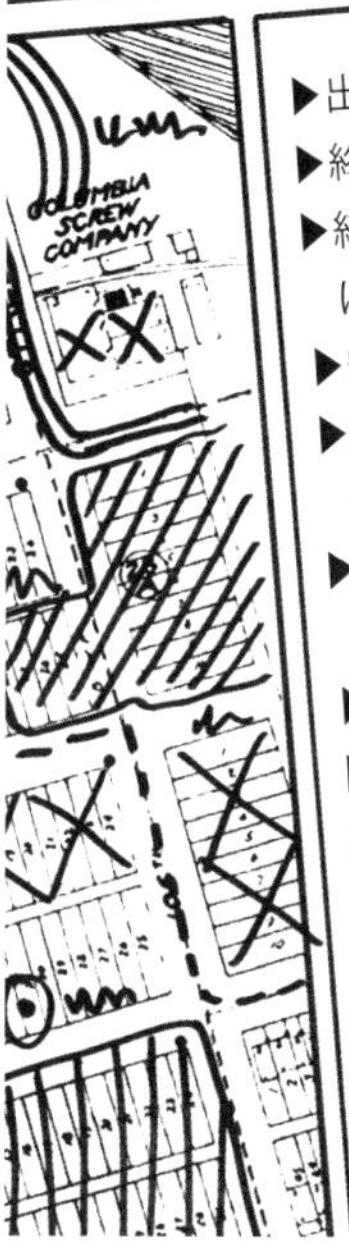

▶出発点
▶終着点
▶結集地（ルート沿いで人と会うためにあらかじめ計画された場所）
▶安全な場所（同僚の家、病院など）
▶避けるべき場所（環境が悪い地区、生活物資を調達できない場所など）
▶難所（奇襲攻撃される可能性のある場所）
▶河川の横断
▶市街地
▶燃料、水、食料
▶ランドマーク（逃走するときに自分の位置を知る助けとなる、給水塔のような場所や物体）

3 生命維持アイテムを準備し、ルート上に隠す

4 経路と中継点を個人のGPS装置に登録する

5 GPS装置のパスワードを保護し、装置を逃走用バッグに隠す

091
「Jターン」を行なう

自動車に乗ったスパイが、当たり前のようにバリケードを突破したり、橋から車ごとジャンプしたり、ハイウェイで反対車線を走ったりするのは、映画の中だけの話だ。

現実には、作戦の現場でカーチェイスが行なわれることは滅多にない。多くの場合、状況がカーチェイスに発展した時点で、作戦は大失敗である。派手な運転テクニックは、敵にエージェントを追跡する理由を与えるだけだからだ。

それでも、的確な逃走テクニックが作戦の成否を分けることもある。エージェントはいざというときに備え、誰もいない駐車場や田舎道で、そのテクニックを日々練習しているのである。

「Jターン」と呼ばれるスピン・ターンのテクニックを使えば、2車線分の幅しかない道路で、車の進行方向をすばやく反対に向けることができる。

このテクニックでは、あらかじめブレーキの使い方をマスターしておく必要がある。ポイントはパーキング・ブレーキ（サイド・ブレーキ）の使用と解除である。パーキング・ブレーキを強くかけることで、リア・タイヤをロックさせつつ車体をコントロールし続けるのだ。

Jターンではフット・ブレーキを使わないので、エンジンが搭載されている重たい車体前部をスライドさせたり、スピードが必要以上に落ちたりするのを防ぐことができる。また、フット・ブレーキをかけて車体前部を沈み込ませてしまうと、スピン・ターンさせるのが難しくなるが、それも防げる。

リア・タイヤをロックさせたら、ハンドルをすばやく躊躇《ちゆうちよ》せずに切る。車体が完全に180度回転したらパーキング・ブレーキを解除し、アクセルを踏む。タイヤがリムから外れるのを避けるため、タイヤの空気圧は5～10psi（約34～69キロパスカル）、メーカーの指定最大空気圧より高くしておく。

トラックやSUVなどの重心の高い車でこのテクニックを使うときは、速度をかなりゆるめる必要がある。熟練ドライバーであっても、時速35マイル（約56キロ）以上出せば、車が横転することになりかねない。

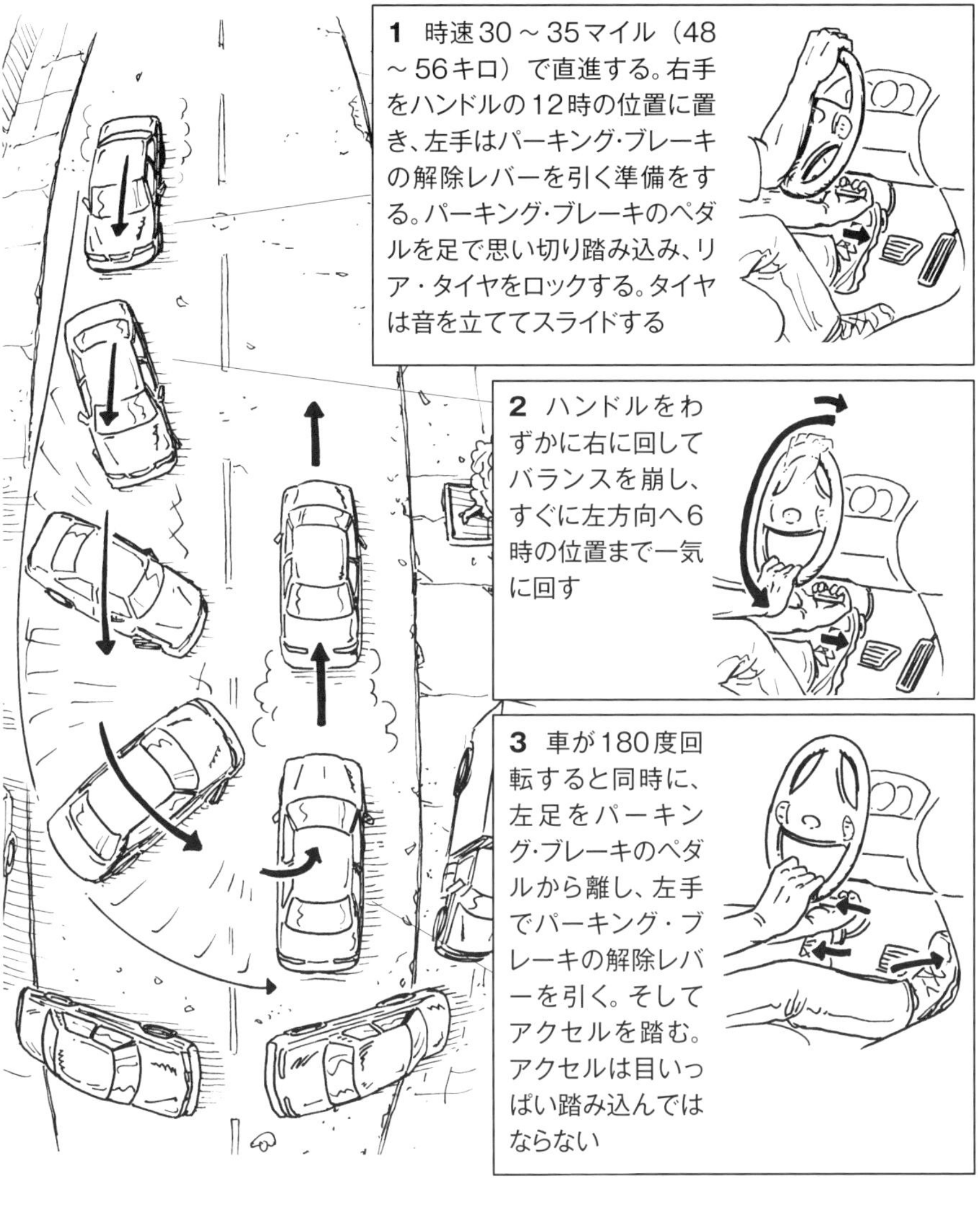
1　時速30～35マイル（48～56キロ）で直進する。右手をハンドルの12時の位置に置き、左手はパーキング・ブレーキの解除レバーを引く準備をする。パーキング・ブレーキのペダルを足で思い切り踏み込み、リア・タイヤをロックする。タイヤは音を立ててスライドする
2　ハンドルをわずかに右に回してバランスを崩し、すぐに左方向へ6時の位置まで一気に回す
3　車が180度回転すると同時に、左足をパーキング・ブレーキのペダルから離し、左手でパーキング・ブレーキの解除レバーを引く。そしてアクセルを踏む。アクセルは目いっぱい踏み込んではならない

092 「リバース180」でUターンする

一刻を争う場面でのUターンは、エージェントにとって最善の手段ではない。3ポイントでターンするため、時間がかかって危険である。

攻撃されている状況で180度方向転換するには、「リバース180」がいちばん速い方法である。

ただし、このテクニックを使うのは火急の場合に限る。高度な運転技術を持つドライバーが、生きるか死ぬかの切迫した状況にさらされたときしか使ってはいけない。

ターンは時速30マイル（約48キロ）程度のスピードで行なう。パーキング・ブレーキ（サイド・ブレーキ）は正常に使える状態にし、シートベルトは必ず締める。摩擦を減らすため、道路の表面が濡れているか、滑りやすい場所で行なうとよい。

だが、どんな環境であっても、リバース180を実行すれば、車体は設計上、想定されていないストレスを受けることになる。適切に行なわなければ、車を横転させたり、トランスミッションに回復不能な損傷を与えることもある。

こうした危険性を踏まえたうえで、以下にリバース180の手順を紹介しよう。

バックする――まず完全に止まる。ギアをバックに入れ、車3台分の距離をバックする。時速25マイル（約40キロ）未満を保つ。

ハンドルを切る――ギアをニュートラルに入れ、アクセルから足を離し、できる限りすばやく、ハンドルを右（または左）いっぱいに切る。

ハンドルをしっかり握る――ハンドルをそのままの位置でしっかり握り、車体が完全に180度方向転換するまで待つ。ブレーキは踏まない。

加速する――ギアをドライブに戻し、アクセルを踏んで、攻撃者から逃げる。

ターンをするのに十分な幅のない道路でリバース180を決めれば、攻撃者の士気を萎《な》えさせることにもなるだろう。

1 完全に止まってから、ギアをバックに入れ、車3台分の距離をバックする。時速25マイル未満を保つ

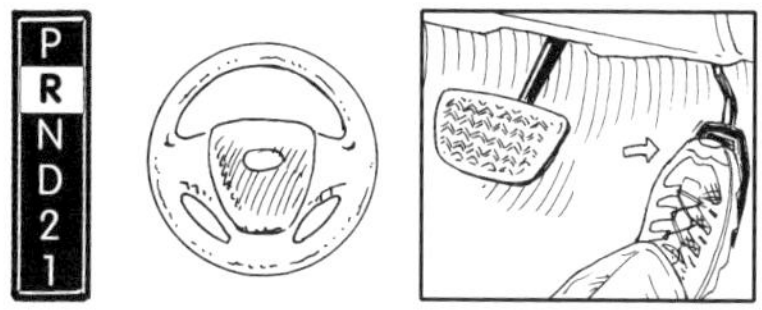

2 すぐにギアをニュートラルに入れ、アクセルから足を離し、ハンドルを目いっぱいの速さで右（または左）に360度切る

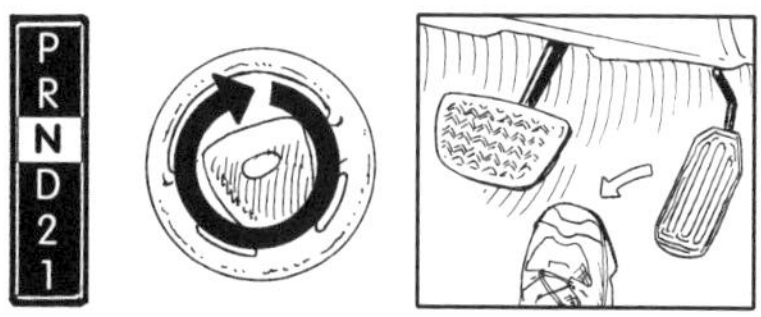

3 ハンドルをそのままの位置でしっかり握り、車の前部がスライドして回転するのを待つ。ブレーキは踏まない

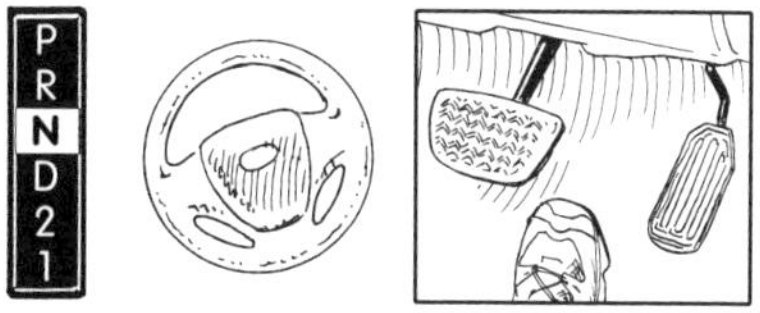

4 車体が180度回転しきったら、ハンドルを戻す。ギアをドライブに戻し、アクセルを踏んで走り去る

093
車の衝突事故で生き残る

攻撃・防御の両面で危険な運転テクニックを駆使するエージェントは、自動車事故で命を落とす確率が一般の人よりも高い。

衝突したときに体に受ける衝撃を最小限に留めるためには、事前の準備と体勢の取り方が重要になる。

ここで紹介するテクニックは、一般の人々にも応用可能なものだ。超高速で逃走中に起きた事故でも、ありふれた一般的な事故でも、理屈は同じである。

衝突事故で生き残る能力は、「究極のスキル」と言うには、やや地味かもしれない。しかし、事故や暴行に直面したときの自己防衛力は、任務を成功させるための大切な要素だ。究極のエージェントであり続けるためには、無事で居続けることが大前提である。

ハンドルを操作するとき、片方の手を時計の12時の位置に置く人も多いが、これはきわめて危険である。この位置に手があると、衝突してエアバッグが開いた場合、自分の前腕が顔に激しく押し付けられることになる。

正しいハンドルの持ち方（左図参照）をすれば、前腕に自分の歯がたくさん突き刺さることもなく、親指が折れる事態にも至らない。

同乗者にとって重要なのは、衝突の際の体勢だ。手足を突っ張って踏ん張る姿勢が、命を救ってくれることを覚えておこう。簡単な体の使い方だが、これで脊髄や脳が損傷を受けるリスクを大きく減らすことができる（シートベルトは肩と腰を支えてくれるが、衝撃の勢いで頭部が前方へ飛び出すのは防げない）。

小型飛行機が起こしたある事故のこと。乗客たちが眠っているときに、機体が木立に衝突した。16人の乗客のうち1人が目を覚まし、衝撃に備える姿勢を取った。その1人が唯一の生存者であった。

ＰＩＴマニューバ（182ページ参照）のように車を故意にぶつける場合は、あらかじめエアバッグが作動しないようにしておく。こうすると、ぶつけた衝撃でエアバッグが開くこともなく、すばやく逃走に移れる。

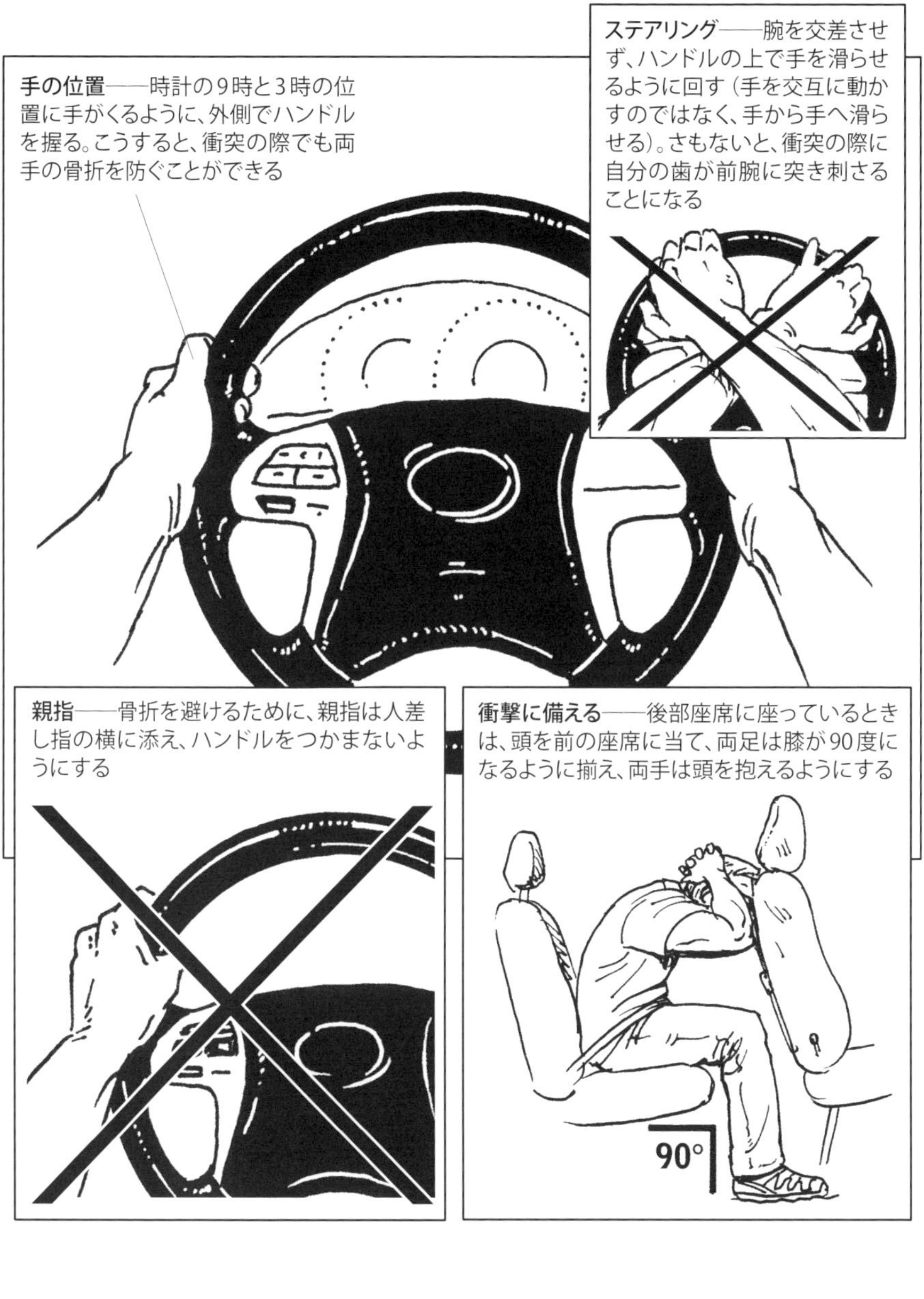

手の位置——時計の9時と3時の位置に手がくるように、外側でハンドルを握る。こうすると、衝突の際でも両手の骨折を防ぐことができる

ステアリング——腕を交差させず、ハンドルの上で手を滑らせるように回す（手を交互に動かすのではなく、手から手へ滑らせる）。さもないと、衝突の際に自分の歯が前腕に突き刺さることになる

親指——骨折を避けるために、親指は人差し指の横に添え、ハンドルをつかまないようにする

衝撃に備える——後部座席に座っているときは、頭を前の座席に当て、両足は膝が90度になるように揃え、両手は頭を抱えるようにする

094 検問所を強行突破する

検問所やバリケードで通行者（自動車）が尋問を受ける光景は、世界中の国でごく普通に見られる。政府はそれによって、犯罪やテロを防止しようとする。

特に日没後は検問によって見張りを強化するが、夜の深い闇に紛れた時間帯は、悪者たちにとってても都合がいい。ニセの検問所をつくる絶好の時間帯だからだ。

エージェントにとっては、検問所が正規のものかテロリストの策略なのかを見極めることが死活問題となる。頼るのは、自分の直感と瞬時の意思決定である。

検問所が敵によるものだと確信したら、まず、バリケードを避けてこっそりとその場を逃れる方法があるかどうか、チェックする。それができない場合は、バリケードを強行突破することが次善の策となるだろう。

多くの検問所では、車の通行を1車線にまとめるために、障害物として2両の車を使う。1人の衛兵が車を止めて運転手に尋問し、もう1人はその妨害車両の1台に乗っている。そして、尋問された車が通行を許可されたら、車を動かして道を開けるのである。

強行突破を試みるときは、自分の車を妨害車両の適切な位置にぶつける。すると、妨害車両は比較的簡単に「道を開けて」くれる。

時速10～20マイル（約16～32キロ）で走る大型車であれば、ほぼその勢いだけで、妨害車両をスピンさせて道路からはじき出す。一方、自分の車は最小限のダメージを受けるだけですむ。

ポイントは、「衝突する」のではなく、「押し出す」つもりでぶつかることだ。スピードを出して走っているなら、十分にスピードをゆるめるか、いったん停止してから、妨害車両を道路の外へ向かって押す。必要なのは、車両1台分の空間だけだ。

衝突の角度を調節すれば、車両前方の左右の角の部分が妨害車両の前車軸に接触するので、ラジエーターとエンジンを保護できる。自分の車両が著しい損傷を受けたら、逃走できる見込みはなくなってしまう。

1　前に車１台分の空間を空けた位置で、道路の真ん中に停車する

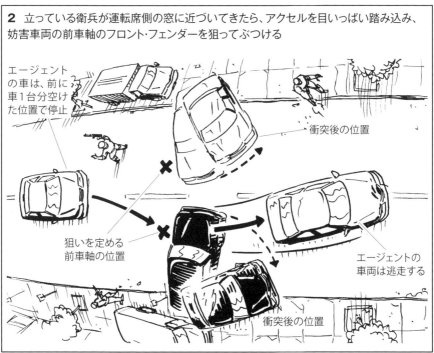

2　立っている衛兵が運転席側の窓に近づいてきたら、アクセルを目いっぱい踏み込み、妨害車両の前車軸のフロント・フェンダーを狙ってぶつける

095
奇襲攻撃を回避する

最大の危険はどこに潜んでいるのだろうか？――エージェントにとっても、一般の人々にとっても、最大の危険は「目に見えない脅威」である。

それゆえ凶暴な攻撃者たちは、隠れた場所から襲いかかるのを常套手段とする。「スピード(speed)」「隠密(stealth)」「不意打ち(surprise)」という3つの要素を生かして、相手が油断しているところを襲うのだ。

草むらや暗い曲がり角など、攻撃者は待ち伏せしやすい場所を選ぶ。そして、すばやく襲いかかって目的を達したら、第三者に疑われることなく忽然《こつぜん》と姿を消す。

相手が待ち伏せからの奇襲攻撃を仕掛けてくる場合、最良の防御は、通勤経路や習慣をこまめに変更することだ。例えば、行きと帰りで違う道を通る、出発時間を変更するといった方法で、相手を混乱させる。

犯罪者や誘拐犯は頻繁にターゲットの跡をつけ、日常生活ですきがあるところを襲おうと企てる。彼らの裏をかくには、予測不可能な存在になることが重要だ。

待ち伏せされそうな場所や状況に、絶えず気を配る必要もある。人気《ひとけ》の少ない地域、道が狭くて通り抜け困難な場所、攻撃者が身を潜めるのにちょうどよい建物などに注意する。

可能であれば、待ち伏せされそうな場所を避ける経路を計画する。不意打ちを阻止する最も簡単な方法は、潜在的な脅威を徹底的に回避することである。

回避も予測もできないときは、危険地域を早足で通り抜けるしかない。自動車に乗っている場合は、スピードを出して一気に通過することもできるし、攻撃者が近づいてくる前に人気の多い道へ出ることもできる。

攻撃者にとって不意打ちは最も効果的な手段であり、常にその機会をうかがっている。しかし、たとえ目に見えない脅威であっても、攻撃者の存在を予測し、回避する行動をとることができれば、攻撃者にとっての最強の手段のひとつを排除できることになる。

1　不意打ちに適した場所＝すばやく人目を盗んで襲いかかれそうな場所を特定する

2　待ち伏せされそうな場所（×印）を回避する経路や時間帯を選ぶ

3　代替ルートがない場合は、警戒しながらすばやく通過する。出口を確保する

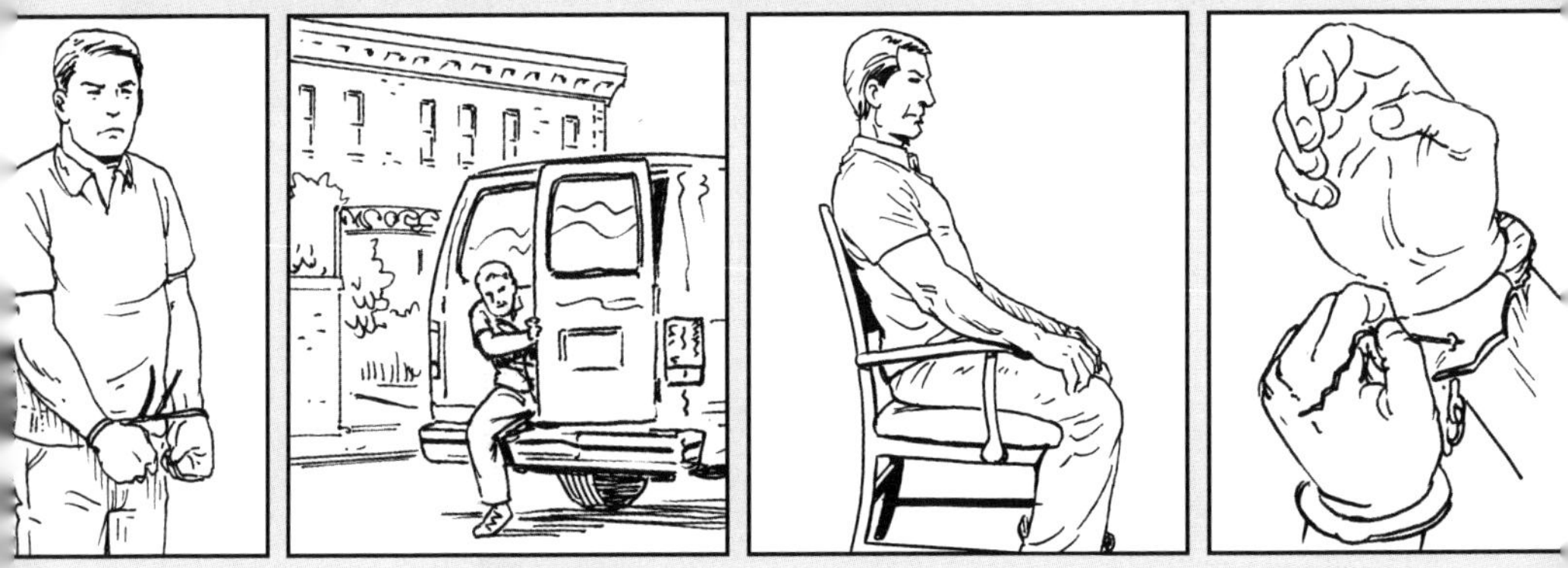

誘拐から逃れる

「誘拐犯につき従って第2の場所に行ってはならない」――誘拐という事態に直面すると、この教えがいきなり真実味を増す。

だがエージェントといえども、相手の人数が多く、たくさんの銃に取り囲まれ、頭を激しく殴打されれば、打つ手がなくなるだろう。

逃げようともしたし、隠れようともした。できる限りの抵抗も試みた。だが、どれもうまくいかず、もはや誘拐犯の軍門に降《くだ》るしか選択の余地はない。

そんなときエージェントは「一時的に」降伏する道を選ぶ。これ以上、体に深刻なダメージを負って、事態がさらに悪化するのを避けるためだ。

キーワードは「一時的に」である。エージェントの降伏は、あくまでも、生きて帰るための一時の演技なのである。

096
“大きくなって”縛られる

「大きくなる」――これはどんな脱出計画にも当てはまる金言である。拘束される瞬間にも、この言葉を忘れてはならない。

では、どうやって「大きくなる」のか？

まず、手を拘束される場合を考えてみよう。ポイントとなるのは、手首と手のひらの位置関係である。

拘束されるときに、両手の親指をくっつけて、手のひらを離して広げる（左図参照）。こうすれば、手首の筋肉が収縮し、両手首の直径が大きくなる。拘束者は少し大きめの手錠をかけてくれるに違いない。

両方の手のひらを親指の高さで合わせると、手のひら同士がくっついているように見えるが、実際には手首の内側にかなり大きな隙間が開いている。これによって、手の可動域を広げることができる。

誘拐や拷問の場面では、拘束の道具として椅子がよく使われる。椅子は被害者の手足を固定する土台になるが、一方で椅子の構造は、体を跳ね上げたり、ピンと張ったりするのに都合よくできている。

椅子に拘束される瞬間に「大きくなる」には、息を大きく吸って胸を広げるとよい。

さらに、腰をそらし、両腕と両膝はできるだけ伸ばし、両足は椅子の脚の外側に動かす。

拘束者が部屋を出ていったあと、体を元の大きさに戻せば、拘束具に隙間ができるという寸法だ。

ロープか鎖で拘束される場合は、その一部を片方の手で握りしめて、拘束具をこっそりとたるませることを試みる（左図参照）。

1 両手を開いて手首を曲げると、前腕と手首の筋肉が収縮し、手首の直径が大きくなる。大きいサイズの手錠がかけられるだろう

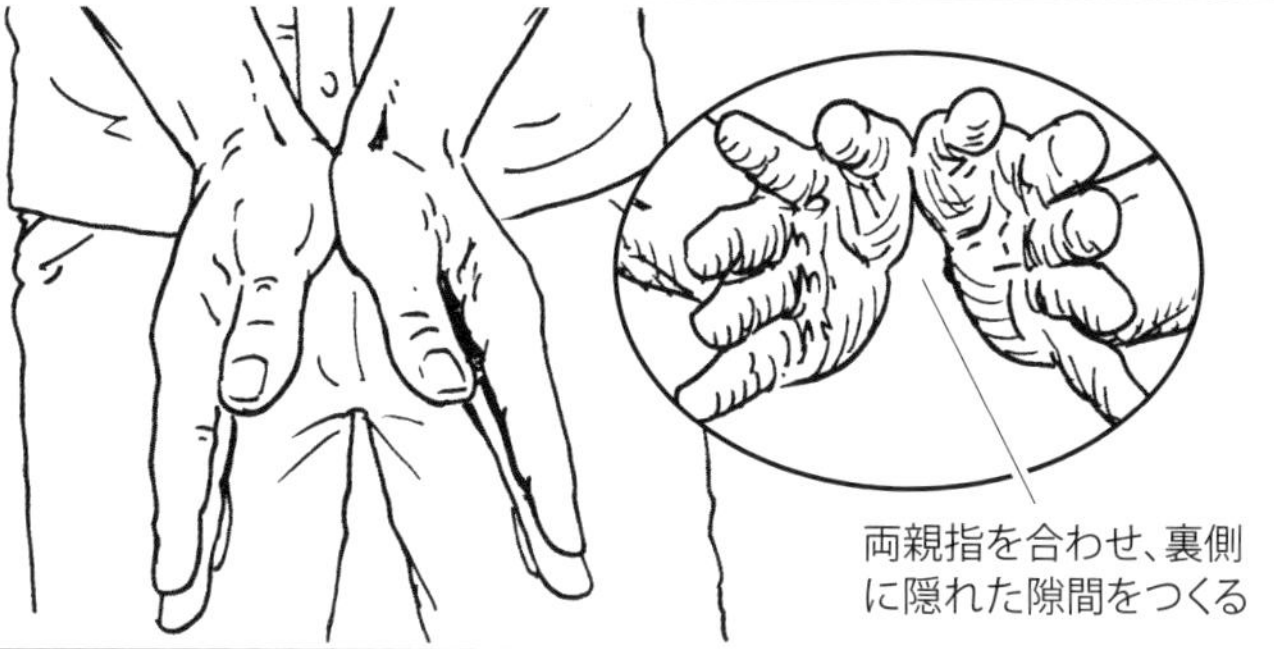

両親指を合わせ、裏側に隠れた隙間をつくる

2 椅子に座った状態で拘束具をつけられる場合は、ゆとりができる姿勢を取る

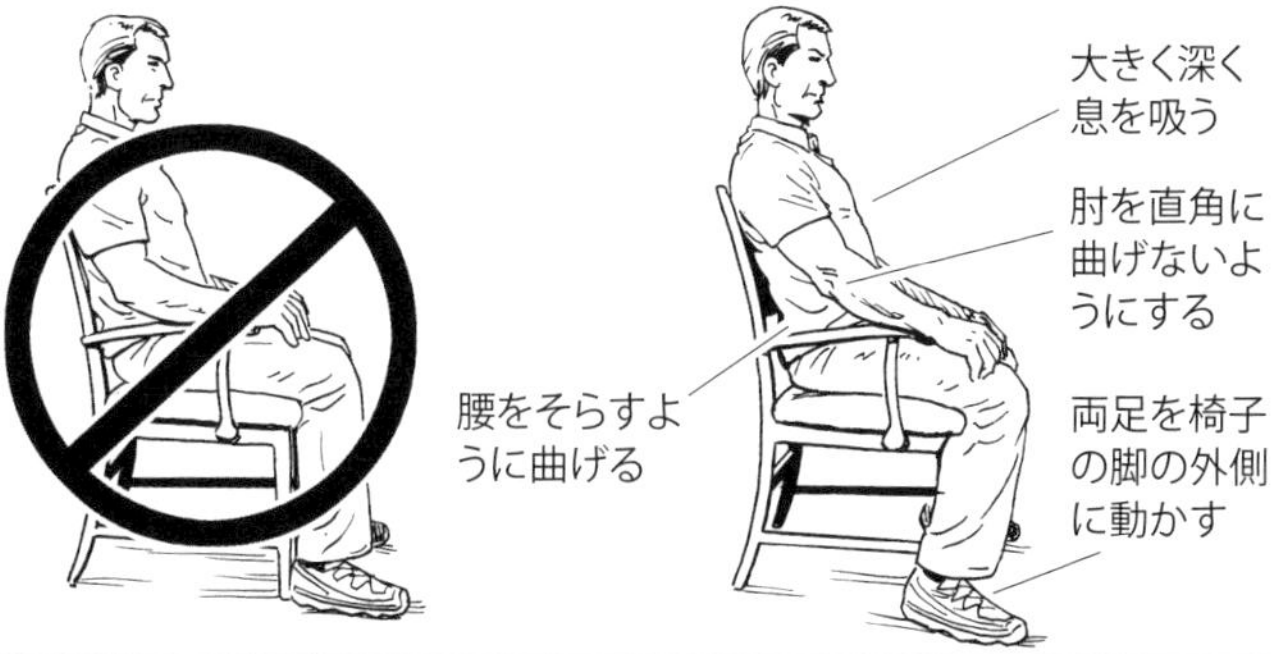

大きく深く息を吸う
肘を直角に曲げないようにする
腰をそらすように曲げる

3 縛られているときに、鎖かロープの一部をつかみ、こっそりとたるませる

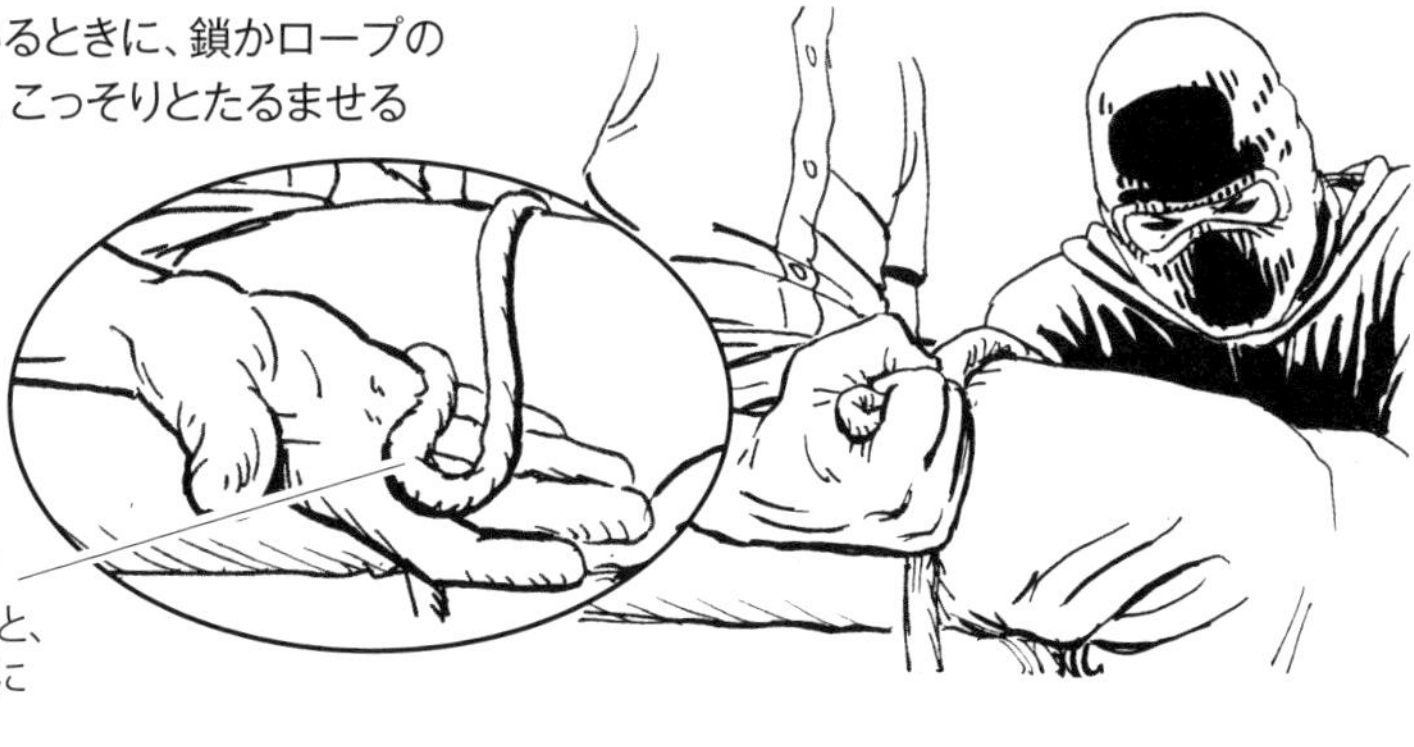
ある程度の長さのロープを握ると、手を離したときにゆとりができる

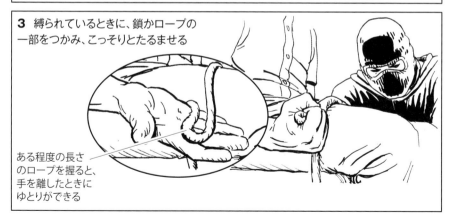

097 束縛された両手を前に持ってくる

大切なことなので繰り返す――どんな状態で拘束されても、捕まった瞬間の体の使い方しだいで脱出は可能になる。エージェントが「一時的に降伏する」ときには、すでに脱出への第一歩が始まっているのだ。

両手を拘束されるときは、手を前に出したほうがよい。拘束者は、あとあとの作業を考えて、両手を前にした相手にそのまま拘束具をつけるかもしれない。手が前にあれば、脱出の成功率は大いに高まる。

しかし、相手が警察官だとそうはいかない。彼らはみな、後ろ手に手錠をかけることが、逮捕者を拘束するいちばんの方法であることを知っている。これは、戦闘後の人質にも使われる拘束姿勢である。

後ろ手に拘束された逮捕者は、両手が使えず、手錠などに細工をすることもできない。だがエージェントは、その状況にも対応できる準備を十分に行なっている。

束縛されるときに、両手のひらを広げて手首を曲げるのだ。そうすると隙間ができるので、手首をくねらせながら拘束具を外せる可能性が高まる。

またその際は、拘束者が不審に思わない程度に、前腕を下げておくことも重要だ。こうすれば腕の高い位置を縛られることになり、輪の直径が大きくなるので、あとあと手を動かしやすくなる。

手を拘束されたまま放置されたら、その拘束具をよく観察し、どうやって外すかを決める。

後ろ手で拘束されている場合は、束縛された両手をどちらかのわき腹のほうへ動かして、見えるようにする。手近にある反射面（窓や鏡）を利用するのもいいだろう。

拘束具を観察して最適な外し方を決めたら、その次に両手を前に持ってくる（手順については左図参照）。いちばんまずいのは、両手を前にしたところで見つかってしまうことだ。

1 後ろ手に拘束されると体を動かせる範囲が限られるが、体勢を変えることが可能な場合もある

2 手首を強く左右に引っ張る

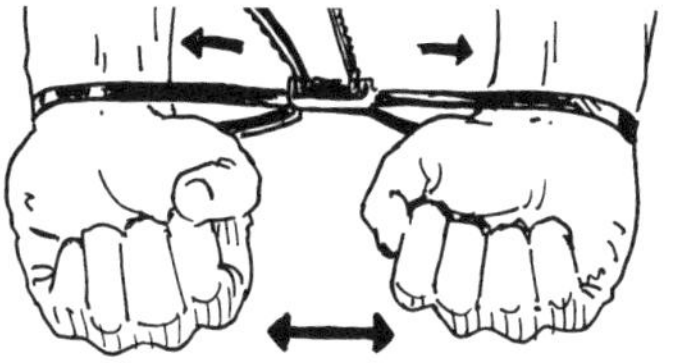

3 両腕を下げて、臀部の下を通す。腰は曲げる

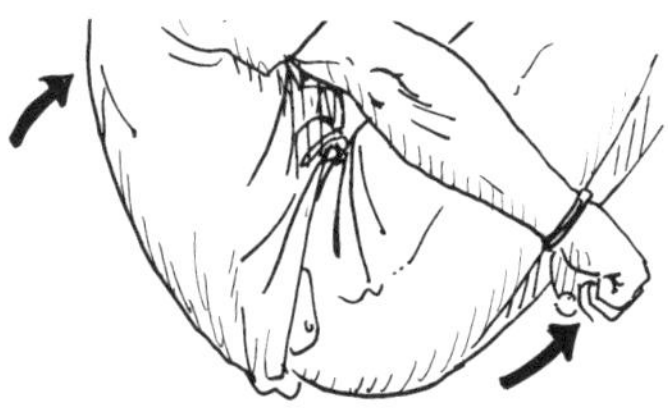

4 胸を膝に近づけ、腕を膝の裏側に持ってくる

5 手首の上を通して、片足ずつ抜く

6 手首を体の前に持ってくることができたら、拘束具を外すことが可能になる

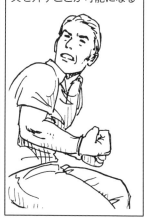

098
手錠を破る

手錠を破る秘訣は、手錠の仕組みを理解することに尽きる。マジックのトリックであれ、犯罪者の策謀であれ、すべてに共通する秘訣である。

手首をくねらせて、手錠から抜くことができれば、何の苦労もない。だが、それが不可能な場合は、手錠破りのいくつかの選択肢を試してみる。

ごく一般的なつくりの手錠（左図参照）なら、実は誰でも外すことができる。必要なのは、普通のヘアピン（腰のバンドに前もって差し込んでおく）と時間と根気だけである。そのほか、シム（詰め金）でこじ開ける、てこの力で壊す、といった選択肢もある。

ヘアピンで外す――ヘアピンの片方の端を手錠の鍵穴に挿入する。そのまま手首のほうへ滑らせると、引っかかって止まる。ピンを引き上げると、シャックル・アーム（手錠の歯のついた部分）が外れる。

シムでこじ開ける――まずヘアピンか類似の道具をシムとして使い、歯と歯止めのあいだに差し込む。それを押し下げると、一時的に手錠が固く締まるが、最後には歯止めから歯が外れる（ファスナーを壊す方法と似ている）。シムを十分奥まで押し込むと、上向きの力が働いて、グイッと引っ張られるように錠が開く。

てこの力で壊す――手錠をされた状態で車内にいるならば、シートベルトのバックルの舌を使う。それを使ってダブル・バウ（手錠の輪の二重になった部分）を開いて壊すと、シャックル・アームが外れる。

1　手錠の仕組みを理解する

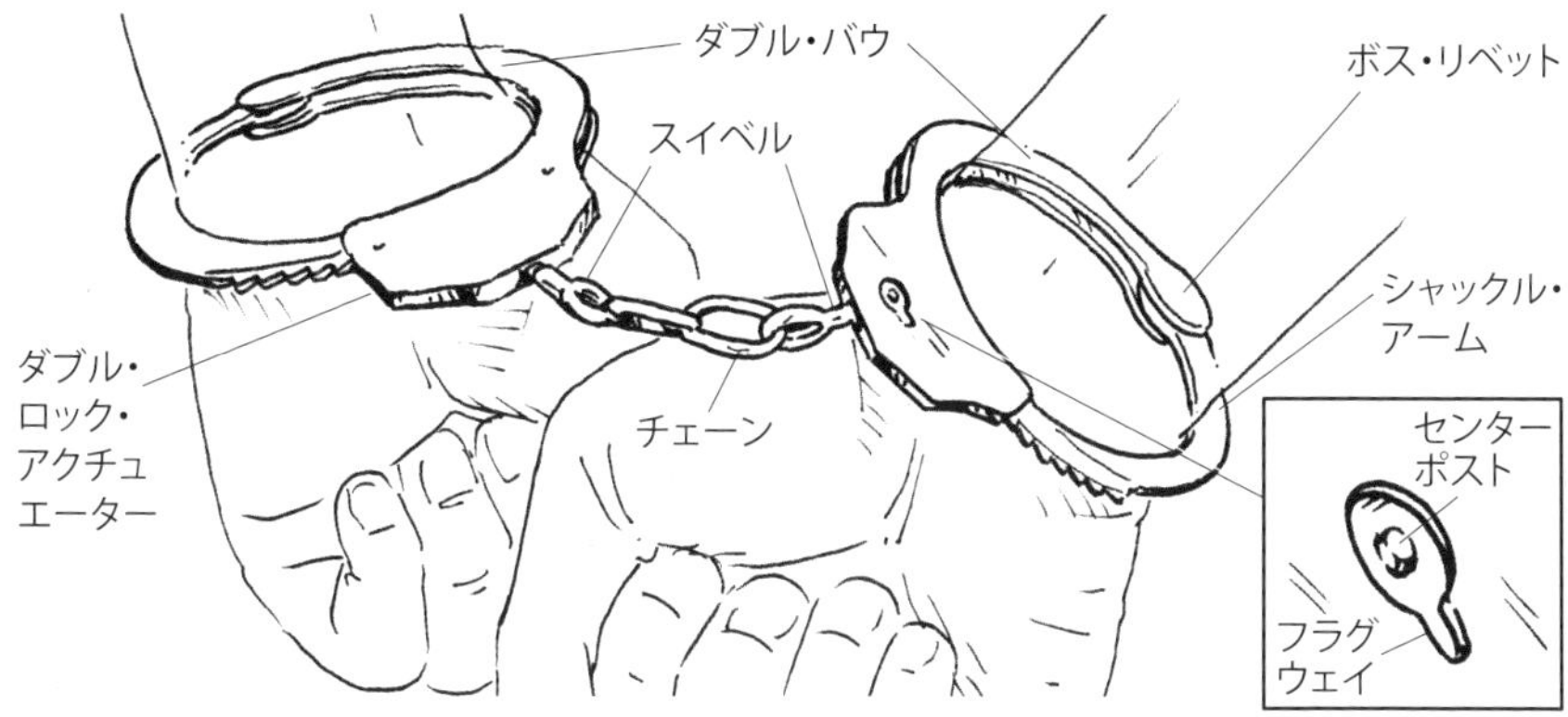

2　ヘアピンで錠を外す

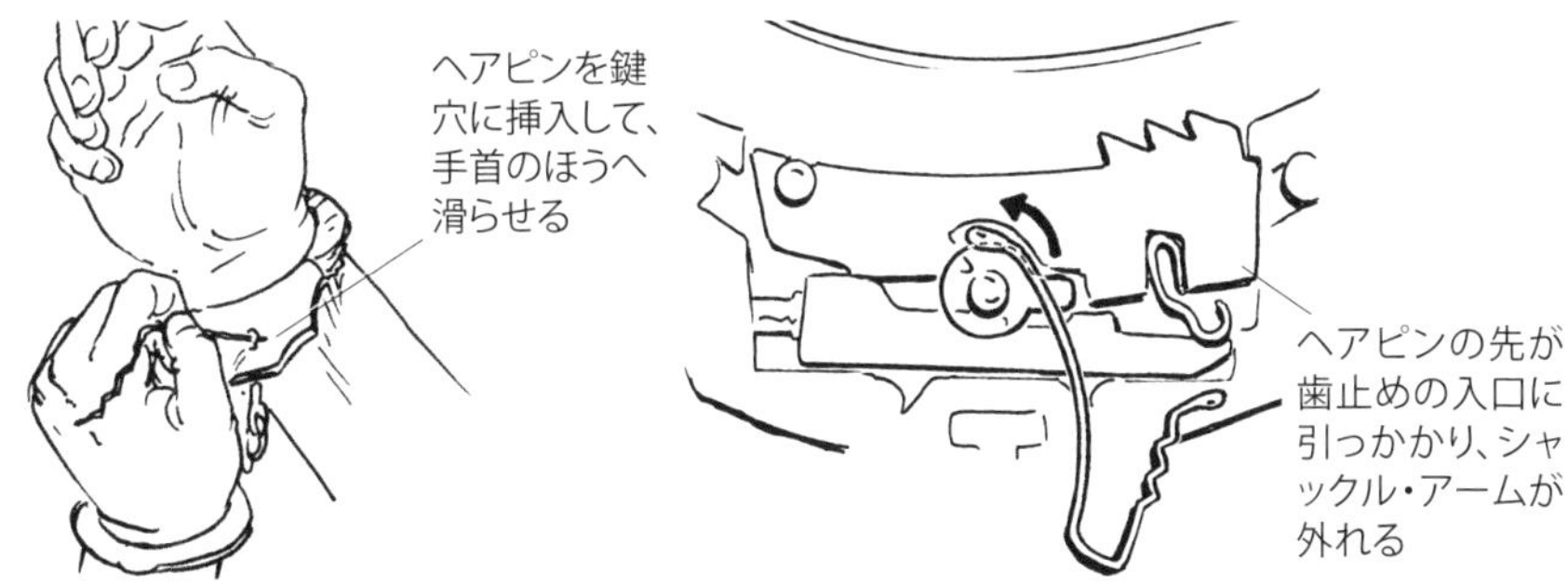

3　ヘアピンをシムとして使い、錠をこじ開ける

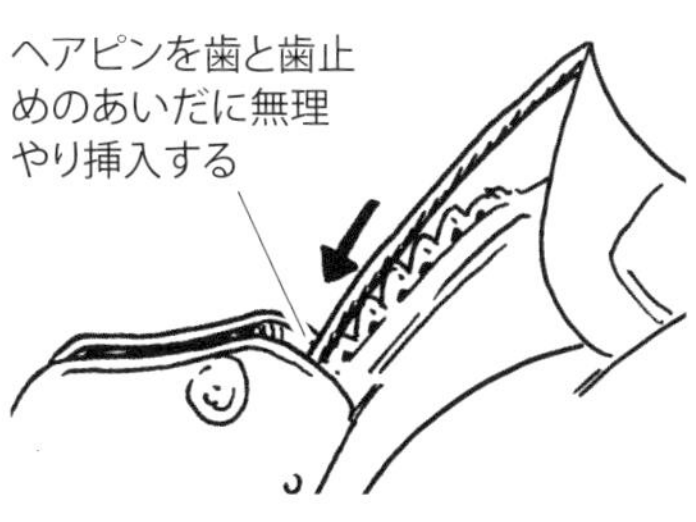

4　シートベルトのバックルの舌を使って、てこの力で手錠を壊す

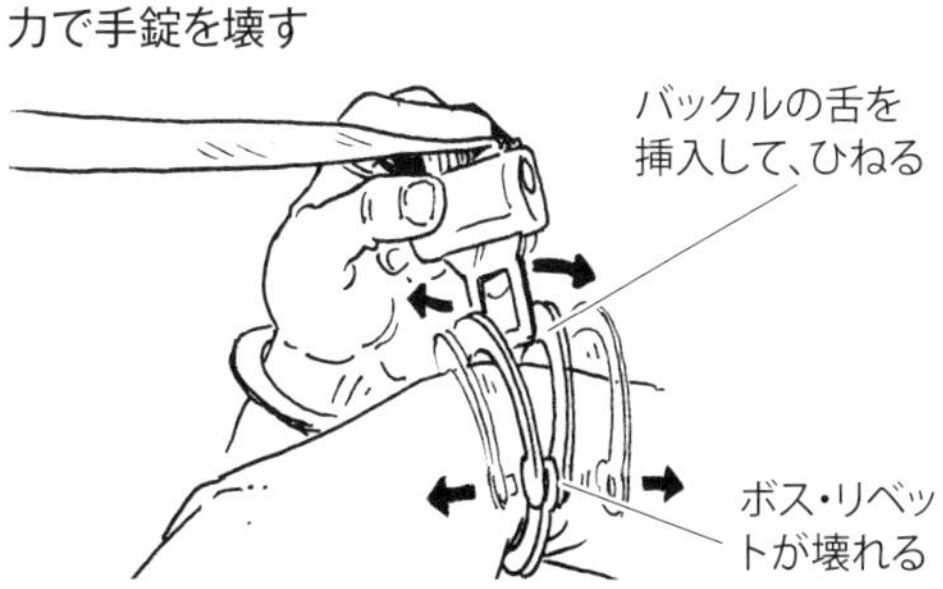

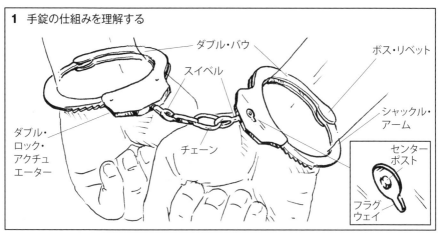

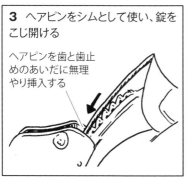

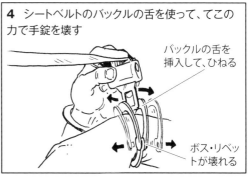

099
結束バンドを外す

結束バンドとは、軽くて単純ながら、非常に効果的な道具である。それが犯罪者の手にかかると、便利な拘束道具になってしまう。

もともとは、ケーブルやワイヤーをまとめるために考案されたもので、一度縛ると取り外せないように固定される仕組みになっている。外すときは、普通は大バサミを使う。

だが、結束バンドで拘束されても焦ることはない。外すのはきわめて簡単である。

結束バンドはプラスチックでできているため、繰り返し摩擦を加えれば、すり減ってくる。コンクリート・ブロックやレンガ、セメントの壁など、表面の粗い物が手近にあれば、これにこすりつける。すると、結束バンドはすぐにすり減って切れるだろう。

近くに適当な物がなければ、ヘアピンのような道具を使って外す方法もある（左図参照）。

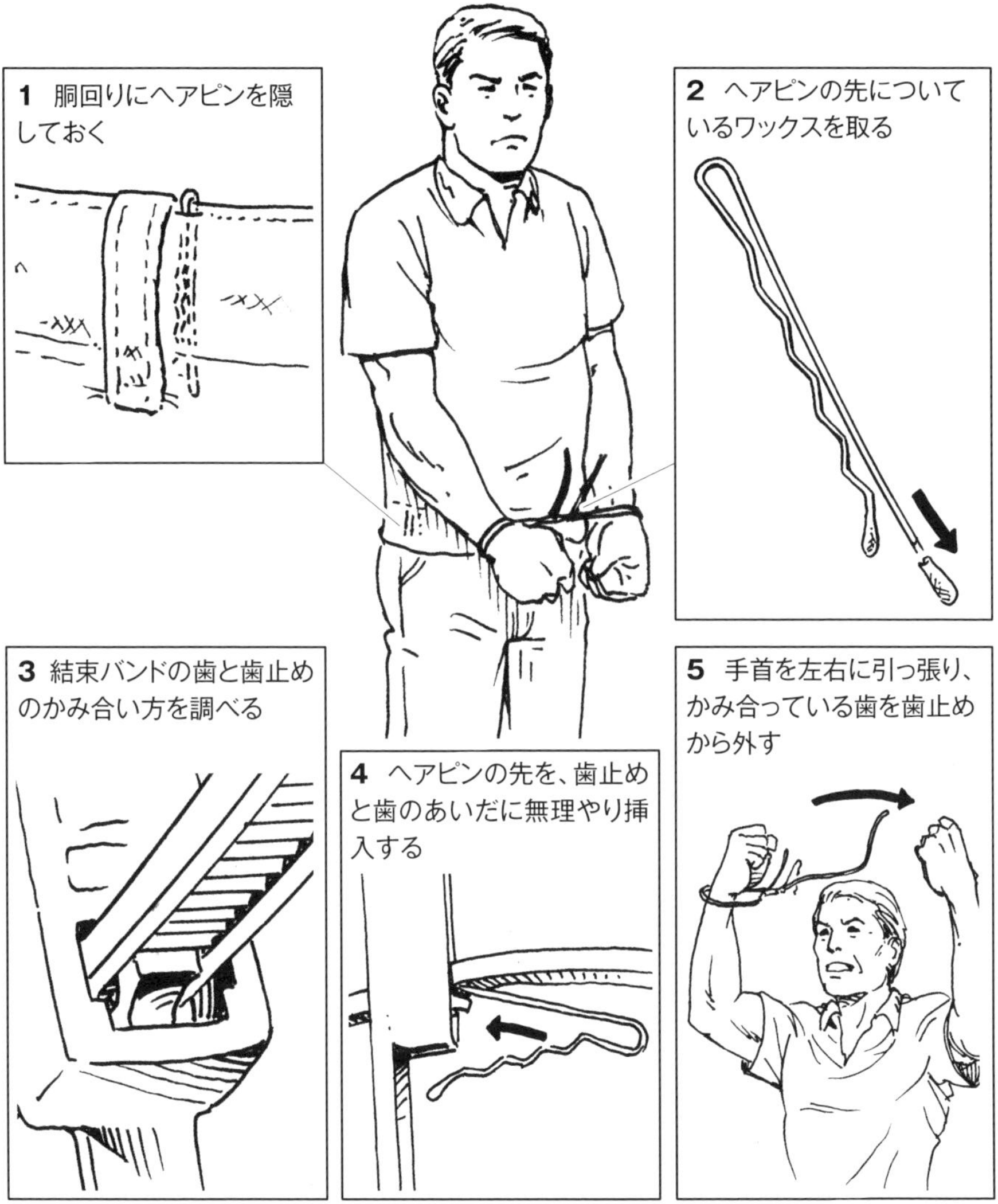
1 胴回りにヘアピンを隠しておく
2 ヘアピンの先についているワックスを取る
3 結束バンドの歯と歯止めのかみ合い方を調べる
4 ヘアピンの先を、歯止めと歯のあいだに無理やり挿入する
5 手首を左右に引っ張り、かみ合っている歯を歯止めから外す

100 ダクトテープを破る

ダクトテープは粘着テープの一種で、その耐久性と応用範囲の広さが売りである。ぶつけた車のバンパーの補修や、家の間に合わせの修繕など、日常生活でもおなじみの製品だ。

そして、このダクトテープは、ほとんどの誘拐犯が最初に使いたがる拘束具でもある。入手しやすく、値段が安く、簡単にすばやく巻けるからだ。

誘拐犯が被害者を第2の場所に移動させると、拘束具はより手強い結束バンドや手錠、ナイロンの紐に替わる可能性がある。ただ、こうした拘束具は、特に結び目をつくる場合、しっかり締めつけるのに時間がかかるため、最初の段階では使われない。

被害者にとってみれば、誘拐犯が時間をかけてゆっくり縛れる第2段階までは行きたくない。したがって、最初のダクトテープの段階でいかに脱出するかがカギとなる。

ダクトテープやガムテープを何重にもきつく巻かれると、一見、外すのが不可能に見えるかもしれない。だが、体の動きをうまく使えば、拘束を解くことができる。

ダクトテープは裏に布地がついているため、透明のフィルムでできた配送用テープなどと比べて簡単に裂ける。逆にポリプロピレン製の配送用テープは、何重にも巻くと硬いプラスチックの塊になり、外すことができない。

すべてのタイプのテープに言えることだが、重要なのはすばやく一気に動かすことだ。筋肉の力よりも、はじけるような動作の勢いを使ってテープを裂くのである。

左図のように、足首の拘束は一気にしゃがんで破る。手首の拘束は自分の胸を激しく打つような動作で破る。

いずれの場合も、突発的な一瞬の動作で力を加えることが重要だ。テープがしわくちゃの塊になってしまうと、硬くて裂くことができなくなる。

1　足先がV字になるように広げて立つ

2　一気にしゃがみ、尻をかかとにぶつける。テープが裂け、足首が自由になる

3　両手を体の後ろから前に持ってくる（244ページ参照）

4　縛られた両手を肩の高さで前に伸ばし、肘を一気に曲げて手首で胸を打つ動作をする。テープが裂け、両手首が自由になる

5　誘拐犯の車が最初に止まった地点で、後部ドアから逃げる

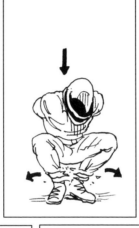

最後に――

決定的瞬間に「生き残る人」とは?

本書で紹介したすべてのスキルの根底に流れる命題は、絶えず変化し、先の見えないこの世界において、訓練された一般の人々こそが「見えない軍隊」となり、最強の武器となり得るということだ。

危機に襲われたとき、犠牲者と生存者を分かつのは、ごく基本的な知識を持っているか、持っていないかである。知識がなければ、パニックを起こして犠牲者となる。知識があれば、そのパニック集団を導いて命を救うリーダーにもなれる。

この本を書いた真の目的は、皆さんをますます危険にさらすためではなく、大いに安全に暮らしていけるようにするためである。

「極限の状態にあっても生き残る究極のスキル」について実用的な知識を得た人は、他人の弱みに付け込む悪人の思考パターンを理解できるようになっている。そのおかげで、攻撃者の一歩先を行き、その餌食にならないように身を処することができるのだ。

だが、最も大切なのは本書に書かれたスキルそのものではなく、シークレット・エージェントと同じ心構えを持つこと。つまり、機転を利かせて物事に対処する精神と、あらゆる種類の脅威に対してすばやく行動することが、犠牲者と生存者を分けるのである。

謎に包まれた特殊作戦の世界は、秘密のままでなければならない。でなければ、完璧な任務を遂行することなど不可能だ。その点、この本には機密情報がひとつも書かれていないので、犯罪者やテロリストにとって目新しい手法ではない。だが一般市民である皆さんにとっては、犯罪者たちの思考回路を明らかにすることで、多種多様な脅威に気づく力、そして自分たちを守る力を養う道標《みちしるべ》となるだろう。

現実世界において、危険はますます増大し、身近になってきている。そんな時代を生き抜くためには、「究極的な事態に備えておくこと」を新たな標準にする必要があるのかもしれない。

100 DEADLY SKILLS
by Clint Emerson

Published by arrangement with the original publisher,
Touchstone, a division of Simon & Schuster, Inc.
through Japan UNI Agency, Inc., Tokyo

アメリカ海軍《かいぐん》SEAL《シール》のサバイバル・マニュアル

著　者――クリント・エマーソン

訳　者――小林朋子（こばやし・ともこ）

発行者――押鐘太陽

発行所――株式会社三笠書房

〒102-0072 東京都千代田区飯田橋3-3-1
電話：(03)5226-5734（営業部）
　　：(03)5226-5731（編集部）
http://www.mikasashobo.co.jp

印　刷――誠宏印刷

製　本――若林製本工場

ISBN978-4-8379-5776-8 C0030

全図解

世界最強部隊

アメリカ海軍SEALのサバイバル・マニュアル

災害・アウトドア編

日常のトラブルから
絶体絶命のピンチまで

元SEAL隊員 クリント・エマーソン／竹花秀春［訳］

最後に頼りになるのは「この知恵」だけだ！

「サバイバル」の基本の心構え／水を確保する／火を起こす／安全なシェルターを確保する／自然災害に対応する／応急処置をする／強盗の侵入を防ぐ／テロの危機から身を守る／爆発的感染を避ける……etc.

すべてのことに対策はある！

◎建物にいるときは、つねに“出口”を確認しておく
◎携帯電話はこうフル活用せよ。たとえバッテリーが切れても
◎ケガ人は「ＡＢＣ法」で処置の優先順位をつける　……

TM0024